蒙台梭利幼儿教育原版翻译教材

蒙台梭利早期教育法

THE MONTESSORI METHOD

[意] 玛利亚·蒙台梭利
Maria Montessori / 著

如何让孩子自主地学习

中国发展出版社

中文版序

I

玛利亚·蒙台梭利，意大利教育家和医生。出生于意大利的安科纳地区。她是意大利第一位女医学博士，于罗马大学毕业后，在本校附属精神病院作临床助手，致力于弱智儿童教育的研究，后成为弱智儿童学校的主任教师。没过多久，蒙台梭利又进罗马大学学习心理学、教育学、哲学等，并创办了第一所“儿童之家”。她在实验、观察和研究基础上形成的对世界教育带来革命性变革的蒙氏早期教育法，赢得了各国同行的尊敬和崇高评价，如英国教育家赞誉她是“20世纪赢得世界承认的、给科学带来进步的最伟大的教育家之一”；美国教育家认为，“当代讨论学前教育问题，如果没有论及蒙台梭利体系，便不能算完全”；德国教育家更是不吝溢美之词，“在教育史上能像蒙台梭利这般举目众知的教育家并不多见。在短期内能够超越国界、世界观、宗教上的差异而在世界上普及的教育理论，除了蒙台梭利教育之外，别无他选。”从蒙台梭利成名至今，世界各国的孩子已经和正在通过她的著作所传播的理念，接受着与传统教育完全不同的自主教育。迄今为止，蒙台梭利的著作已被译成37个国家的文字,在世界许多国家都成立了蒙台梭利协会或设立了蒙台梭利培训机构，完全的和不完全的蒙台梭利学校遍及110多个国家。在日益重视素质教育的中国，以她的思想为基础创立的蒙台梭利婴幼儿班和学前班，也越来越受到家长和幼儿园的青睐。

Ⅱ

蒙台梭利教育法之所以能影响整个世界的教育体系，关键在于她在总结卢梭、裴斯泰格齐、福禄贝尔等人自然主义教育思想的基础上,形成了自己革命性的儿童观念。她认为儿童有一种与生俱来的“内在生命力”,这种生命力是一种积极的、活动的、发展着的存在，它具有无穷无尽的力量。教育的任务就是激发和促进儿童“内在潜力”的发挥,使其按自身规律获得自然的和自由的发展。她主张,不应该把儿童作为一种物体来对待,而应作为人来对待。儿童不是成人和教师进行灌注的容器;不是可以任意塑造的蜡或泥;不是可以任意刻划的木块；也不是父母和教师培植的花木或饲养的动物,而是一个具有生命力的、能动的、发展着的活生生的人。教育家、教师和父母应该仔细观察和研究儿童，了解儿童的内心世界,发现“童年的秘密”;热爱儿童,尊重儿童的个性,促进儿童的智力、精神、身体与个性自然发展。她还利用第一手观察资料和“儿童之家”的实验,提出了一系列有关儿童发展的规律。

儿童发展有一个“胚胎期”。即人有生理和心理两个胚胎期,其中心理胚胎期是人类特有的,新生儿期就是这个胚胎期的开始,它是儿童通过无意识地吸收外界刺激而形成各种心理活动能力的时期。成人应专门设置能满足儿童各种内在需要的环境,以尽量排除不利于生命力成长的各种不利因素。

儿童发展有一个敏感期。“正是这种敏感性,使儿童以一种特有的强烈程度接触外部世界。在这一时期,他们能轻松地学会每样事情,对一切都充满着活力和激情”。她还通过观察,总结出儿童所具有的各种敏感期,以此作为对幼儿进行教育、引导和帮助的参考,促进幼儿的心理正常发展,以免延误时机,给儿童的心理发展造成障碍。

儿童发展具有阶段性。第一阶段(0~6岁)是儿童各种心理功能形成期,其中从出生到3岁是“心理胚胎期”,这一时期儿童没有有意识的思维活动,只能无意识地吸收一些外界刺激;另一个是个性形成期,儿童逐渐从无意识转化为有意识,慢慢产生记忆、理解和思维能力,并逐渐形成各种心理活动之间的联系,获得最初的个性心理特征。第二阶段(6~12岁)是儿童心理相对平稳发展时期。第三阶段(12~18岁)是儿童身心经历巨大变化并走向成熟的时期。

儿童是在“工作”中成长的。蒙台梭利认为,游戏会把儿童引向不切实际的幻想,不可能培养儿童严肃、认真、准确、求实的责任感和严格遵守纪律的行为习惯。只有工作才是儿童最主要和最喜爱的活动,才能培养儿童多方面的能力,并促进儿童心理的全面发展。她将儿童使用教具的活动称之为“工作”,而将儿童日常的玩耍和使用普通玩具的活动称之为“游戏”,儿童身心的发展必须通过“工作”而不是“游戏”来完成。她通过对儿童的观察和研究发现,儿童在工作中有一种对秩序的爱好与追求:他们要求独立工作,排斥成人给予过多的帮助;他们在工作中要求自由地选择工作材料、自由地确定工作时间;在工作中非常投入,专心致志;他们对于能够满足其内心需要的工作,都能一遍又一遍地反复进行,直至完成内在的工作周期。

Ⅲ

为了让中国读者全面了解蒙台梭利的思想,学习与借鉴她所总结的教育方法,我们推出了这套《蒙台梭利幼儿教育原版翻译教材》。

《蒙台梭利早期教育法》,是蒙台梭利博士的第一本儿童教育专著,被译成20多种文字在许多国家出版,本书是她对自己亲手创立的"儿童之家"的经验总结。正是这本书的问世,使她成为全球儿童教育的理论与实践方面最有影响力的教育家之一。本书是蒙台梭利博士对她所进行的教育创新背后的理论原则的揭示,向父母、教师和教育行政人员传授如何"让孩子通过自己的努力去自由地学习"。本书向人们介绍了蒙台梭利方法的指导原则,通过本书所介绍的方法,孩子能发展自己的秩序意识和逻辑思维。

《蒙台梭利儿童教育手册》,是蒙台梭利博士在美国传授蒙台梭利教育方法期间,应无数对她的教育方法感兴趣的父母和教师的要求而写作的一本操作性手册。该手册向人们传授了"儿童之家"所运用的教具和技术,如何为孩子们提供一个进行"自我教育"的环境。从蒙台梭利创办第一所"儿童之家"至今,所有蒙台梭利教室的教具都极为相似,蒙台梭利博士在本书中解释了如何对学前儿童使用这些教具,以刺激他们的观察力、认知力和判断力的成长。蒙台梭利博士强调,对每个孩子的施教方法是不同的,成人的作用,无论是老师还是家长,应该让孩子自己去试验,让他们自己意识到自己的错误,让他们在学习中自己冒必要的风险。它是蒙台梭利方法的全面传授,堪称父母、教师和教育家的必备手册。

《童年的秘密》,阐述了揭开儿童成长奥秘的革命性观念,是一个最富爱心的教育家对儿童发育与成长特征的最生动刻画。正如蒙台梭利所言:"儿童只有在一个与他的年龄相适合的环境中,他的心理生活才会自然地发展,并展现他内心的秘密。"她认为,一个儿童之所以不能正常地发育和成长,主要是因为受到了成年人的压抑,是社会赋予了成年人截然相反的使命:让他们有权决定儿童的教育和发展。在本书中,蒙台梭利博士详细而生动地描绘了儿童的生理和心理特征,揭示了成年人对儿童心理发育的忽视和抑制,提出了儿童发育中有一个"敏感期"的观念,刻画了儿童在智力、秩序感、行走、节奏感、观察力等方面的发育特征,是一本了解儿童发育和成长秘密的最生动的著作。

《发现孩子》,揭示了如何培养孩子的新观念和新方法。蒙台梭利认为,每个孩子都有去观察、对外界作反应、去学习、去集中注意力,甚至让自己独处的需要。为此,她一直致力于打破已有的教育传统,去寻求了解孩子和爱孩子的新方法。在本书中,她描述了孩子的特性,以及如何更充分地唤起孩子学习热情的方法。正如她所言:"即便是对那些非常幼小孩子的教育,我们的目的不应是为他们上学作准备,而是为了他们的生活。"

《有吸收力的心灵》,是蒙台梭利博士的封笔之作,是集她思想和方法大成之作。本书是蒙台梭利博士最受欢迎、并且最能表现她富有革命意义理论的书。在本书中,我们处处能见到她那至今仍显得超前又十分重要的思想。如,教育并非"老师做了什么",而是人类自身自然发展的结果；孩子的知识不是通过教育得到的，而是通过儿童在他们特定的环境中吸取经验而得来的；教育不应该再停留在课程和时间表上，它必须符合人类自身的实际，等等。国际蒙台梭利协会会长克劳德·克莱蒙特这样评价此书："如果我称本书为有史以来最为重要的著作，也许有些言过其实。但我却无法说出有哪本书对人类的未来福祉比这本书更有价值。"

目录

contents

contents

contents

c o n t e n t s

c o n t e n t s

contents

PART 1

重塑教育和教学方法

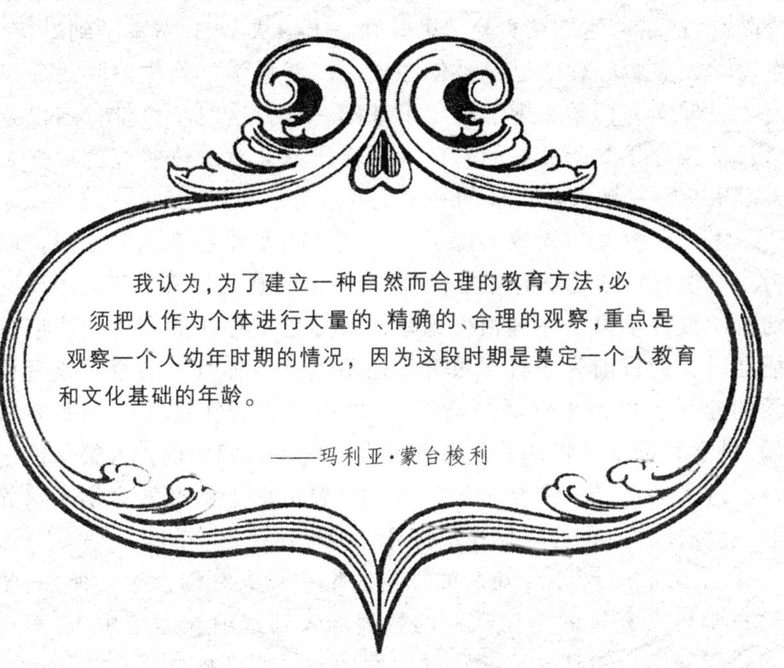

我认为，为了建立一种自然而合理的教育方法，必须把人作为个体进行大量的、精确的、合理的观察，重点是观察一个人幼年时期的情况，因为这段时期是奠定一个人教育和文化基础的年龄。

——玛利亚·蒙台梭利

在这里，我并不打算给大家介绍有关科学教育学的专题文章。这篇文章最朴素的目的就是根据我不完整的记录给出一种实验结论，很明显，这种实验结论为新型科学原理在实践中的应用开辟了道路，近些年来，这些新科学原理正在逐渐推动着教育工作的改革。

在过去的十年中，沿着医学发展所走过的足迹，人们讨论了很多有关教育学发展趋势的问题，这些讨论已经超越了纯粹的理论阶段，而把结论建立在实验结果基础之上。从韦伯、费克纳到冯特，生理学或实验心理学已经被创办成一门新科学，就像旧时的形而上学心理学为哲学心理学奠定了基础一样，这门新科学肯定也会给新型教育学奠定良好的基础。用于研究儿童身体状况的形态人类学也是新型教育学发展的一个主要成分。

尽管在教育学领域出现了许多良好的发展趋势，但是到目前为止科学教育学还没有建立，也没有一个明确的定义。我们所谈论的科学教育学只是一种模模糊糊而实际还不存在的东西。我们可能会说，到目前为止科学教育学还不过是一种科学的直觉或者科学的建议。借助于曾经更新了19世纪思想的实证科学和实验科学，科学教育学必将冲破重重云雾而出现在人们面前。人类借助于科学进步创造了一个新世界，人类也要借助于新型教育学来培养和发展自己，但在这里我并不打算详细地讨论这个问题。

几年前，一位十分知名的外科医生在意大利创办了一所“科学教育学校”，其目的是让学校的教师加入到这项新运动中来，教育界已经能够感知到这项新运动的发展。这所学校在二三年里就取得了很大的成功，应当说是非常巨大的成功，以至于意大利全国各地的教师潮水般地蜂拥到这里，米兰市当局还给学校捐赠了许多良好的科学仪器设备。实际上，这所学校创办伊始就很顺利，得到了许多人的鼎力援助，人们希望通过在那里进行的实验，建立起一门"培养人的科学"。

这所学校之所以受到人们热情的欢迎，在很大程度上要归功于杰出的人类学家塞吉，他给予这所学校热诚的支持。30 多年来，塞吉一直勤恳地在意大利的教师中倡导一种以教育为基础的新文明理论。他说："今天，在我们的社会中，一种迫切的需求使它感觉到，必须重建教育方法。我自己就在为实现这种伟大的事业而奋斗，为了人类的再生而奋斗。"在他那本书名为《教育与训练》的教育作品全集中，在该书的讲稿摘要中，他鼓励推广这一新运动。他认为，人们期待的人类再生之路就是要以教育人类学和实验心理学为指导，对受教育者进行系统研究。

塞吉说："多年来，我一直在为形成一种指导和教育人的观念而奋斗，我对它考虑得越深入，就越觉得它正确、有用。我认为，为了建立一种自然而合理的教育方法，必须把人作为个体进行大量的、精确的、合理的观察，重点是观察一个人幼年时期的情况，因为这段时期是奠定一个人教育和文化基础的年龄。"

他还说："测量一个人的头部、身高等，这绝不真正意味着我们在建立一种教育学体系，但是它指出了通往这一体系所要走的道路，因为如果我们要去教育一个人，就必须对他有明确的、直接的了解。"

塞吉的声望足以令许多人相信：如果具备了人类个体的知识，那么教育人的技术就会唾手可得。但是，正如经常发生的那样，塞吉的这种论调使他的追随者在思想上产生了混乱，一些人只根据字面意思进行解释，另一些人则夸大了这位大师的说法。他们的主要问题是混淆了对学生进行实验性研究和对学生进行教育二者之间的区别。他们认为，既然对学生的实验性研究是通往对学生进行合理教育的道路，那么通过这种研究，学生的教育也应当得到自然地、合理地发展，于是他们把实际上的教育人类学直接命名为科学教育学。这批塞吉的皈依者高举"传记表"(一种记载学生的性格、健康、智力等情况的表格)的旗帜，认为这面旗帜一旦牢固地插到学校这个战场上，那么它就会赢得胜利。

因此，所谓的科学教育学学校，就是指导教师掌握人体测量方法，使用触觉测量仪器来收集学生的心理学数据，他们认为这样就形成了一支新型科学教育学的教师队伍。

应当说明的是，在这场教育学新运动中，意大利与时俱进，跟上了时代发展的步伐。此外，在法国、英国，特别是在美国，学校在小学中开展了人类学和心理教育学方面的实验，希望在人体测量学和心理测量学中找到学校的再生之路。但是，几乎没有任何教师参与这方面的尝试性研究，在多数情况下，这种实验是由对医学而不是教育更感兴趣的外科医生进行的。通常情况下，他们往往通过实验对心理学或人类学做出贡献，而不是通过进行实验和研究实验结果来建立人们长期以来梦寐以求的科学教育学。我们对这种情况进行简要地总结发现，人类学和心理学还没有致力于学校儿童教育方面的问题，在学校里接受过科学训练的教师也没有达到真正的科学家水平。

事实上，学校要取得实际进步，需要把现代的多种进步趋势在实践和思想上进行真正的融合。这种融合会把科学家直接引入到学校这一重要领域，与此同时，还会把教师低劣的智力水平提升到科学家水平。为了实现这一崇高理想，克里达罗在意大利创立了教育学方面的大学，他们为了实现这一伟大的目标正脚踏实地地工作着。学校的目的在于提高教育学的地位，把它从过去从属于哲学的次要分支科学，明确地提升为一门真正的科学，并如同医学那样具有广泛的、多种多样的研究领域。很明显，教育卫生学、教育人类学和实验心理学是与教育学密切相关的分支学科。

从真正意义上讲，隆勃罗梭、德·乔凡尼和塞吉三位大师的祖国意大利，有资格为它在教育学研究方面取得的杰出成就而引以为荣。事实上，这三位科学家可以被看作是人类学发展新方向的奠基人：隆勃罗梭在犯罪人类学方面独领风骚，德·乔凡尼是医学人类学领域的排头兵，而塞吉更是教育人类学方面的权威。非常幸运，他们三个人都是他们所在领域公认的权威，他们在科学世界中发挥了杰出的作用，他们不仅培养了一大群敢想敢做的优秀学生，而且还给大众的头脑灌输了他们所倡导的科学再生的思想。

毋庸置疑，所有这一切成果都值得我们的祖国引以为自豪。然而，今天我们在教育领域所从事的研究工作，完全是为了全人类和文明发展的利益。在如此伟大的事业面前,我们认识到,我们只有一个祖国——即整个世界。在这一极为重要的事业中,所有为之做出贡献的人,哪怕只是进行了尝试而还没有取得成功的人,也值得整个文明世界里的人的尊敬。因此,在小学教师和学校巡视员的努力下,意大利的各个城市雨后春笋般地出现了许多科学教育学学校和人类学实验室,虽然在它们尚未形成一定的规模之前,人们就抛弃了它们,然而它们仍然具有很重要的价值,因为有激励它们的忠诚信念,也因为它们为理性的人们开启了探索科学教育学之门。

不用说,这些尝试性研究都是不成熟的,人们对尚处在发展阶段的新科学的粗浅理解,导致了这种研究的不成熟。每一种伟大的事业都是从不断失败和不断完善中诞生的。当阿西斯的圣·弗朗西斯在幻觉中见到上帝,并接受了上帝的命令——“弗朗西斯,重建我的教堂吧!”时,他认为,上帝所说的教堂就是他正在里面跪拜的小教堂。他立即开始着手完成上帝交给他的这一伟大任务,亲自搬运石头来重建教堂倒塌的院墙。后来他才醒悟,明白了上帝交代给他的真正任务是通过劳苦大众的精神来复兴天主教堂。但是最初纯朴地挑石头的弗朗西斯和后来神奇般地引领人们取得精神胜利的伟大宗教改革家,是不同发展舞台上的同一个人。因此,为了实现这个伟大目标而奋斗的我们也是同一个人,那些追随我们从事这项伟大事业的人最终会实现这一伟大目标,因为在他们之前有一大群人相信这一伟大的事业并会为之辛勤工作。像弗朗西斯一样,我们相信,只要把实验室那些坚硬的、光秃秃的石头搬运到学校的断壁残垣上,我们就可以重新建造一所崭新的学校。就像当初圣·弗朗西斯希望用他肩膀上扛的花岗岩石块来重新建造那所小教堂一样,我们也曾期望借助于唯物主义科学和机械科学的各门学科来重建新型科学教育学。

就这样,我们在重建教育学上走上了歧途,走上了一条错误而狭窄小路,如果我们想要建立培育后人的真正而有生命力的教育方法,我们就必须迷途知返,走出这条狭窄的小路。

用实验科学方法培训教师并不是一件轻而易举的事情。即使我们尽可能地使用最正确的方法指导他们掌握人体测量学和心理测量学,我们也不过是创造了一种教学机器,而这些教学机器的用处是很令人怀疑的。实际上,如果我们按照这种模式引导教师们进行实验,那么我们将会永远只停留在理论的领域。旧时的学校按照形而上学的哲学理论培训教师,对教师进行培训是为了让他们掌握某些被认为是权威人士的思想。在谈论这些权威思想时,他们唇枪舌剑、滔滔不绝,在阅读这些权威思想时,他们目不转睛、聚精会神。然而,我们理想中的科学教师不仅要熟悉某些教学仪器,而且还要了解如何动手去操作这些仪器。除此以外,还要通过一系列典型的实验对他们进行智力培训,使他们掌握一定的实验知识和技能,至少要让他们学会用简单的和机械的方法进行这些实验。

尽管做到了这些,他们还是没有本质上的差别,因为最本质的差别不可能只存在于外部技术上,而更主要的是存在于人的内在精神上。目前在培养新型教师时,我们还没有把他们完全引领到科学的实验领域,他们仍然停留在真正的实验科学的大门之外。我们并没有让他们进入最卓越的、意义高深的科学实验研究领域——科学的实验可以造就出真正的科学家。

那么,实际上究竟什么是科学家呢?目前人们还没有对科学家进行准确的定义,那些物理实验室里懂得如何去操作所有实验仪器的人、或者化学实验室里能够灵巧并能安全地处理各种化学反应的人、或者生物实验室里了解如何制作显微镜下观察的生物标本的人,或许都会被人们称为科学家。而实际情况却是,科学家的助手往往比科学家本人的实验技术还要熟练,但他们并不是我们所说的真正科学家。那些通过实验方式来探询生命奥秘、揭示生活真谛的人揭开了令人着迷的神秘现象面纱的人,感觉到在自己内心深处油然而生地产生了一种喜欢探询大自然的神奇奥秘的情绪、并且因为这种情绪特别强烈以至于自己都无法控制的人,才可以被称为真正的科学家。真正的科学家并非是那些能够熟练地操作实验仪器的人,他是大自然的崇拜者,就像宗教教徒虔诚地笃守宗教的教规那样,从他的外部特征就可以看出他对大自然的狂热。真正的科学家就像中世纪的特拉普派苦行僧那样忘记凡尘俗世的人;就是一头扎进实验室里忘记了衣食而对自己的衣食漠不关心的人;就是那些长年累月不知疲倦地在显微镜下进行观察而害瞎了眼睛的人;就是那些对科学具有炽热的感情而把结核病菌接种到自己身上的人；就是那些为了迫切了解疾病的传播途径而触摸霍乱病人粪便的人；就是那些明知某种化学实验可能会爆炸而仍冒着生命危险坚持试验他们理论的人。这就是从事科学的人所具有的高贵情操。对于他们,大自然愿意自由地向他们展示自己的神奇奥秘,赏赐他们发现大自然奥秘的荣誉,以表彰他们忘我辛勤的工作。

科学家的“精神”是远远高于他的“机械技巧”的。当他们的精神战胜了机械的时候,科学家就达到了他成就的最顶峰。当他达到这一点时,他对科学的贡献不仅在于他揭开了大自然的秘密,而且他还对纯粹的思想进行了哲学综合。

我认为，我们应当在教师中培养这种为了科学而勇于献身的科学家精神,而不是简单的机械操作技巧。也就是说,我们对教师的培养方向应当是“精神”,而不应当是“机械操作”。比如,如果我们在对教师进行科学培训时仅仅考虑让他们掌握科学技术，那么我们就根本没有尝试着使这些小学教师变成完美的人类学家、专门的实验心理学家或儿童卫生学家。我们所做的只不过是希望把他们引入到实验科学的领域，教会他们在某种程度上熟练地操纵各种仪器设备。然而,现在我们则希望通过联系教师自己的专门领域——学校,来指导他们,努力使他们在内心深处真正意识到科学精神已经向他们敞开了大门，让他们拥有更广泛、更有前景的未来。换句话说,我们在很大程度上希望从教育工作者的头脑和心灵深处唤起他们对各种自然现象的兴趣，从而使他们能真正热爱大自然，他们将会理解一个人准备进行实验并盼望着从实验中揭示某个问题的那种急迫的和满怀期待的心情。

实验仪器就像字母表一样,如果我们想要了解大自然,我们就必须了解如何操作和使用它们。但是正如一部揭示作者最伟大思想的书一样，字母表中的各种字母只是组成了它的外部符号或者文字,而大自然则通过实验的机械装置,向我们显示出她无穷无尽的现象,也向我们吐露了她的奥秘。

即使剧本印刷得清晰无误，也没有人在仅仅学会了机械地拼写课本中所有单词的情况下，就能够以同样的方式读懂莎士比亚剧本中那些单词的真正含义。一个只知道做纯粹实验的人,就像在单词拼写课本中只是拼写出单词的文学含义的人一样。如果我们把教师的培训只是局限于技术能力方面，那么他们也只能停留在技术水平上,而不可能具备真正的科学知识。

我们必须设法把他们培养成为大自然的崇拜者和解释者。他们必须像那个已经学会了单词拼写的人一样，有一天他突然发现自己也能够理解莎士比亚、歌德、但丁作品中隐藏在字面符号后面的思想了。可以看出,二者之间有很大差别,如果要达到后者的水平,前者仍然有很长一段路要走。然而,在这里我们却犯下了一个显而易见的错误。一个掌握了拼写课本上所有单词的孩子给我们的印象是,他已经知道了应该怎样读书。但是,他实际上只能读懂商店门口的招牌、报纸的名称和出现在他眼中的每个单词,而不求甚解,不明白其字里行间的真正含义。如果这个孩子走进一家图书馆,他就会被假象迷惑,也认为他能够读懂那里的每本书籍,这很正常。但他在真正开始读书的时候,他很快就觉察到自己“只知道如何机械地去理解书本的字面含义”，这其实一点用处都没有,自己还需要重新返回学校进行学习。我们通过教授人体测量学和心理测量学来培训科学教育学教师的这种做法,情况也是如此。

我们姑且不谈培训真正科学教育学教师时所遇到的困难。我们甚至不打算概要性地描述一个培训科学教育学教师的培养方案,因为这样会把我们引向不必要的讨论。反过来,让我们做一个假定,假定经过我们长期而耐心的培训,我们已经使教师做好了进行自然观察的准备,比如,我们已经把他们引导到了那些研究自然科学的学者所具有的忘我的工作精神，那些科学家会在夜间动身出发,走进树林和田野,他们或许会对他们所感兴趣的一些昆虫家族的睡醒和那么早就开始活动而感到惊奇。在这里我们假定有一个这样的科学家,尽管由于长途跋涉而变得困倦不堪,但他仍然充满了警觉,他没有意识到他身上是沾满了泥浆还是布满灰尘,也没有注意到雾水已经打湿了他的衣服或是炽热的太阳在烘烤着他,而是专心致志地隐藏起自己,以连续不断地对昆虫进行观察。他希望观察到昆虫平静地保持着它们的自然动作时的情形。我们假定这群教师已经达到了这位科学家的立足点，而科学家却对他们视而不见,仍在通过他的显微镜观察一些长着特殊纤毛的微生物。对于这位科学观察者而言,这些生物以自己的模式彼此相互避让,并以自己的方式来选择食物,它们的智力低下。然后,他通过电刺激打乱了它们呆滞的生活,观察这些微生物中处在正、负极两组的情况。进一步通过光刺激实验,他注意到了一些微生物是如何爬向光源的,而另外一些微生物是如何飞离光源的。他观察到了这些情况以及一些类似的现象,他在脑海中始终思考着这个问题:是不是昆虫逃离和走近刺激物是同样的特性,这个特性就是它们彼此避让或选择食物——也就是说,是否它们对刺激物不同反应的原因是它们意识迟钝,而不是由于像磁铁那样同性相互排斥、异性相互吸引呢?让我们假定这位科学家发现的时间已经是下午 4 点了,而他却还没有吃午饭,他快乐地发现原来自己一直是在实验室而不是在家里工作,几个小时前,为了让他回家吃饭,一些教师曾经来喊过他,打断了他那饶有兴趣的观察。

现在让我们设想一下,如果这位教师不依赖于科学训练就已经对观察自然现象具备了这样一种兴趣,在工作时达到了忘我的、痴狂的精神境界。这当然很好,但是这还不够。事实上,教师的特殊使命不是观察昆虫或细菌,他要真正懂得他观察的对象是人。他不是根据人在日常生活中所展现出来的身体习惯来对人进行研究,不像研究昆虫家族的那位昆虫学家那样,早上一睡醒就开始观察昆虫的活动,教师要研究的东西是在人清醒的时候研究他的智力活动。

我们希望培养教师对于人类研究的兴趣,这种兴趣必须具有如下特征:观察者和被观察的个体之间具有亲密的关系。而研究动物学或植物学的学者与他所研究的自然形态之间则不存在这种亲密的关系。一个科学家如果没有做出自我牺牲,他就不会喜欢上他所研究的昆虫或者化学反应。从世界观的角度来看,这种自我牺牲精神,包含着不惜生命的代价来追求自己热衷的事业,这简直就是在殉道。

但是,人与人之间的爱是一件极其亲切的事情。她是如此纯朴,简直无时不有、无处不在。所有的人都拥有这种爱,爱并不是只有受过教育的知识阶层才具有的一种特权。

为了说明教师培训的第二种模式——即心理培训,让我们设想一下耶稣基督的第一批弟子的头脑和内心世界，想一想当他们听耶稣基督给他们到那个不属于这个世界的王国——比地球上任何国家都伟大的王国、一个无比庄严神圣的王国时的情形。他们天真地问耶稣基督："主啊，请您告诉我们，谁是天国最伟大的人？"耶稣基督听了这个问题，便抚摸着一个小孩的头，这个小孩眼神中充满了崇敬而好奇的神情，正瞪大眼睛望着耶稣的脸，然后回答说："谁能变得像这些小孩，谁就将成为天国中最伟大的人。"现在让我们想象一下，有一个热情的、虔诚的信徒牢记了耶稣基督的所说的每一句话。崇敬、爱戴、神圣的好奇心和对实现这种灵性伟大的期盼等复杂的感情交织在他的心中，于是他便开始认真观察这个小孩的一举一动。即使把那样的一个观察者放入到一个满是孩子的教室中，他也不是我们希望培养的那种新型教师。但是，如果我们尝试着在他的心灵中灌输科学家自我牺牲的精神和耶稣门徒那种崇敬虔诚的爱，那么我们就培养出了教师的科学精神。从这个孩子身上，他会学会如何完善自己，如何成为一名完美的教师。

让我们另外举一个例子来研究一下这位教师的心态。在你的脑海中想象这样的一个人，他是一位有技术观察或实践经验的植物学家或动物学家，是一位为了研究天赋存在原始环境中的"某种真菌"而去野外进行观察的人。这位科学家在野外进行了精心的观察以后，又回到实验室，借助于显微镜和其他一切实验室仪器，尽可能详尽地进一步开展他的独创性研究工作。实际上，他是一名真正的科学家，他懂得研究大自然的重要意义。为了进行这次实验研究，他精通了现代实验科学所提供的所有工具和手段。

现在让我们设想，由于这位科学家所做的独创性研究工作，他被某所大学任命为大学的科学部主席，其任务是利用膜翅目昆虫进一步开展他的独创性工作。让我们假定，在他就任科学部主席之后，有人给他看了一个盖着玻璃盖的盒子，这个盒子里面装着许多美丽的蝴蝶，它们的翅膀张开着，被一些大头针固定成了标本，一动不动。这位科学家会说，这只不过是一种小孩子的玩意，并不是科学研究中所使用的仪器。更确切地说，他认为这个盒子里面的蝴蝶标本更像是小孩子游戏的一部分，孩子们追逐蝴蝶，并用网子捉住了它们。如果这位实验科学家使用这样的东西进行实验研究，那么他将会一事无成,得不到任何有用的实验结果。

如果我们把一位已经按照我们的要求进行了科学培训的教师安置到一所公立学校里，那么他也会遇到类似于我们上面所讲的那位科学家所遇到的情况，因为在公立学校里孩子们受到了严格的约束,不能无拘无束地展示他们的个性特点,被约束的简直如同死人一般。在这样的学校里,孩子们如同盒子里被大头针钉住的蝴蝶标本一样,被固定到属于他们自己的地方——课桌旁边,伸展着他们所获得的贫瘠乏味、毫无意义的知识翅膀,而实际上这种翅膀已经失去了振翅高飞的能力。

使我们的教师们准备好科学的精神还不够，我们还必须为他们准备好学校,让他们能够进行科学观察和科学实验。如果在学校里诞生了科学教育学,那么学校就必须放松对儿童的约束,允许他们自由自在、无拘无束地展示他们的个性。这是一种根本性的改革。

没有人能够断言，我们现在的学校中已经出现了这种科学教育学。有一些教师受到了卢梭教育思想的启迪,他们呼吁还给孩子们自由,并提出过一些不切实际的想法和模糊不清的愿望,这是事实。但是,对教育工作者而言,他们实际上并不真正了解究竟什么才是真正的自由。他们往往把鼓励人们反抗奴隶制度的那种自由,或者把社会自由与真正的自由等同起来。尽管社会自由是一种更崇高的思想,但它仍然不可避免地受到了限制。“社会自由”就像是雅各在梦中所看见的天梯那样的一级阶梯。换句话说,它只是表明了一种不完整的自由,一种部分的解放,是属于一种国家、一个阶级或一种思想的解放。

然而,鼓励教育学所发展的自由概念要宽泛得多。当 19 世纪的生物科学为我们提供研究生命的手段时，它就已经向我们显示出了这种自由。因此,如果旧式的教育学预见或者模糊地表达了在学生接受教育前要对他们进行研究，要让他们自由自在地展示出他自己的个性,这种不明确的和模糊的直觉思想,也只是由于上个世纪实验科学的贡献才变得切实可行。在这里我们并不是要辩论或者讨论这个问题,我们只不过是阐明我们的观点。如果有人说我们今天的教育学中已经具有了自由的原则,那么我们就会笑他,认为他就像一个小孩子,站在那个装着蝴蝶标本的盒子面前,坚持说蝴蝶还活着、还能飞翔。奴隶制的教育思想一直充斥在教育学中,因此,学校里也同样弥漫着奴隶制的束缚思想。我们只需要给出一个例证——学校固定学生的桌椅,就能说明这个问题。我们这里有一个明显的例证来证明,早期的唯物主义科学教育学思想是错误的,这种教育学思想满怀错误的热情和干劲,搬运着科学贫瘠的石头,去修复学校那早已破烂不堪的断壁残垣。最初,学校里只有一些长长的、窄窄的板凳,学生们只好一个个挤坐在这些板凳上。后来,科学的到来改进了这些板凳。在板凳改进这项工作中,最近的人类学起到了很大的作用。学校在设计学生的座位时考虑了他们的年龄大小和身体的高矮,把他们的座位安排到了合适的高度。学生的座位和课桌之间的距离经过了精确的计算,使他们坐着听课时保持直立的姿势,以防止他们的脊柱发生弯曲变形,后来,学校把学生的座位彼此隔开,认真仔细地计算了其间的宽度,每个座位上只能勉强坐下一个人,学生根本不能做侧向运动以舒展身体。学校这样设计学生座位的目的是把学生与他的邻桌隔开。这样设计课桌的主要目的是使学生坐着不动,并且可以被教师看见。把学生隔开的一个目的是防止教室里出现不道德的行为。在教育中只要一谈到性道德准则就会被人们认为是一种可耻行为的社会状态里,我们又能对学校的这种审慎作法说什么呢?因为我们担心这样会玷污孩子们的纯真心灵。然而,我们却引导科学向这种虚伪的形式发展,使他们变成了“捏造事实的机器”。不仅如此,热心助人的科学还做了更为过分的事情,它以限制学生自由为代价,改进了学生的板凳,最大限度地限制了孩子们的自由,让他们坐着不动,这样就约束了孩子的每一个活动。

所有一切就是这样安排的,当孩子坐到他的座位上时,课桌和椅子迫使他采取那种直立的坐姿——一种被认为是有利于他身体健康的舒适坐姿。学校精心地安排好了学生的座位、脚凳和课桌的位置,以至于孩子们在学习时不能自由伸展他们的身体,而只能专心于他的功课。他获得的那一点有限的空间只能让他挺直了身体坐。教室里的课桌和板凳就是以那些方式朝着完美化发展的。每一个所谓的科学教育学的崇拜者都会设计出一种科学型的模范课桌。很多国家对它们所设计的“民族课桌”极其自豪——在课桌发展的激烈竞争中,这些各式各样的课桌还被授予了发明专利。

毫无疑问,建造这些板凳具有一定的科学依据。在人体测量和年龄诊断的时候利用了人类学,在研究人体肌肉的运动时利用了生理学,在考察直觉的反应中利用了心理学。最重要的是,学校在努力防止学生的脊椎骨弯曲时利用了卫生学。这些课桌的确是有科学依据的,是学校对儿童进行了人类学研究以后才建造的。如上所述,学校所建造的这些桌椅就是我们机械地照搬科学,把它应用到学校的一个例子。

我相信,不久以后我们将会对学校的这种做法感到极大的震惊。很难理解,人们普遍在关注婴儿卫生学、人类学和社会学的研究以及人类思想的综合进步时,竟然没有及早地发现学生课桌的这种根本性错误。如果我们考虑到,近些年来几乎每个国家都在流行一种保护儿童的运动,那么我们就更会对这件事情惊奇不已。

我相信,无需多少年,人们就会不再相信这些关于科学板凳的描述。也许人们就会满心好奇地用他们的手来摸一摸这些防止学生脊椎骨弯曲的桌椅,看看这些令人惊奇的桌椅。

这些科学板凳的发展意味着学生们受到一种束缚制度的支配,即使他们生来强壮、腰板挺直,学校的这种束缚体制也可能会让他们发生驼背!从生物学观点来看,脊柱被认为是人体骨骼中最主要的、最基本的和最老的一部分,是我们身体中最坚韧的一部分骨骼,因为脊柱是生物体中最坚固的部分——当原始人与沙漠雄狮决斗时、当他战胜猛犸象时、当他开采坚固的岩石以及为了使用方便而塑造铁器时,在他与外界的殊死斗争中变得坚忍不拔的强壮脊柱,竟然被学校束缚的沉重枷锁压弯了,再也没有抗拒压力的能力了。

很难理解,那种所谓的科学板凳竟然没有受到正在世界各地蓬勃发展的社会解放运动的一丝启迪,竟然还在学校中完善了一种奴隶制下的工具来束缚和抑制学生。科学板凳的年代也就是劳动阶级要求从不公正的劳动枷锁下获得解放的年代。

很明显,社会生活中的每一方面都显示出了向社会自由发展的良好趋势。民众领导人把社会自由作为他们的口号,劳苦大众反复地呼吁,要求获得自由,科学出版物和社会主义出版物表达了同样的呼声,我们的报刊杂志中充满了这样的文章。吃不饱饭的工人没有要求得到滋补品,他要求改善经济条件以预防营养不良。由于矿工每天都要弯着腰工作数个小时,所以他的腹股沟非常容易破裂,但他并没有要求给他们配备腹部的支撑物,为了能像其他人那样过上健康幸福的生活,他要求减少他们的工作时间并改善工作条件。

同样是在这段社会发展时期,当我们发现教室里的孩子们正在不卫生的条件中学习,妨碍了他们正常的发育,甚至他们的脊柱都发生了变形时,我们对这种糟糕情况所做出的反应却是,设计一种科学的板凳,以矫正他们脊柱的变形。这是一种极端错误的做法,简直就像给矿工提供腹部支架或给吃不饱饭的工人提供砒霜一样。

不久前,有一位女士认为我赞同和支持有关学校的一切科学革新,她自鸣得意地向我展示了一个叫做保护架或者支架的学生用装置。她发明了这个装置,她认为这种装置完全可以起到作为学生的板凳所起的作用。

外科医学还有其他治疗脊椎弯曲的手段。我或许得提一下整形仪器、支架和定期把孩子悬挂起来的"悬挂疗法"。这种方法通过把孩子的头或者胳膊定时悬挂起来,以使他的身体重量伸展并拉直他的脊柱。在今天的学校里,这种课桌形状的整形仪器非常受宠爱,一些人甚至建议使用支架进行脊柱支护——这是一种进一步的整形措施。这就意味着,使用悬挂疗法来矫正学生的脊柱变形,这等于给学者们上了一堂系统的课!

所有这一切都是我们把科学方法具体应用到颓废的学校所产生的必然结果。非常明显,真正能防止学生脊柱弯曲变形的合理方法是改变他们的学习方式——不要强迫他们一天到晚长时间地保持那种有害的姿势。学校需要的是给予孩子们自由,而不是改进板凳的结构。

即使这种固定不动的座位有利于孩子的身体发育,但是由于这些座位没法搬动,所以在打扫卫生的时候,很难彻底地把教室打扫干净,那就会使教室变成一处既危险又不卫生的环境。由于孩子们的脚凳被固定不动，他们的小脚白天从大街上带来的灰尘很快就会堆满脚凳。现在，人们家庭中的家具普遍都发生了改变，它们已变得更加轻便、更加简单，这样人们就可以轻易地挪动它们，打扫它们的灰尘，甚至还可以对它们进行清洗。但是，学校看起来却无视社会大环境的这种转变，依然故步自封，坚持着它们那些错误的做法。

这迫使我们进一步思考，那些在这种人为束缚的环境中成长以至于骨骼都发生了变形的孩子们，他们的精神世界会怎么样呢？当我们谈起工人的补偿时，人们通常总是认为，要消除诸如贫血或疝气之类的痛苦，其实，除此之外他们还有其他的伤口，那就是他们的心灵正在遭受着奴隶般束缚的折磨。当我们说必须给予工人更多的自由来补偿他们时，我们所指的是这种更深层的错误，也就是应当消除他们的心灵所受的折磨。我们非常清楚，当一个人的血已经被耗尽或者他由于长时间工作已变得饥肠辘辘时，黑暗就会压抑他的心灵，他就会变得毫无知觉，甚至他的内心还会被摧毁。奴隶的道德堕落是人类进步的沉重负担，人类要奋力前进，就要甩掉这种包袱，甩掉这种精神负担。所以，我们是在为了拯救人们的灵魂而呼喊，而不是为拯救人们的肉体而呼喊。

那么，面对儿童教育的问题，我们应该说些什么呢？

我们十分清楚教师的窘境。通常在上课的时候，她要向儿童的头脑中强行灌输一些支离破碎、枯燥乏味的知识内容。为了成功地完成这种单调无聊的任务，她发现有必要约束她的学生，让他们坐着不动，并强迫他们注意听讲。教师必须强迫那些去听他课的学生头脑和身体都要保持一定的姿态。对他来说，奖赏和惩罚措施是一种现成的、有效的辅助手段。

如今，就像奖赏已经变得不再那么重要一样，在学校里，有必要正式地废除鞭笞和习惯性的殴打处罚，这被人们认为是合适的举措，这些局部性的改革措施得到了科学的认同。它们是另外一种类型的支撑物，支撑着颓废的学校。如果允许我表达我自己的看法，我认为这些奖赏和惩罚简直就是灵魂的板凳，就是奴隶制压迫人的精神工具。然而，在学校里，它们并没有被用来减轻学生身体的畸变，而是被用来制造学生身体的畸变。如果使用奖赏和惩罚措施来激励学生努力学习,那么学生的这种努力就被认为是被迫的,因此,我们绝对不能肯定地说,孩子的自然发展是与奖赏和惩罚有关的。职业赛马骑师在跳上马鞍之前会给他的马一块糖果,马车夫打他的马以让它对缰绳发出的信号有所反应,然而,在这两种情况下,他们的马都比不上田野上自由飞奔的骏马,没有它们跑得那么雄伟壮观。

那么,针对教育的情况,人类会给学生套上枷锁吗?

诚然,我们说,社会中的人就是戴着社会枷锁的自然人。但是,如果我们放宽我们的视野,看一下社会中的道德进步,那么我们将会看到这种枷锁正在一点点地放松,换句话说,我们将会看到自然或生命正在逐渐地走向成功。奴隶的枷锁被仆人的枷锁取代,而仆人的枷锁又被工人的枷锁替代。

奴隶制的所有形式——甚至是女性奴隶,都在一点点地日趋削弱和逐渐消失。人类文明的历史就是一部进行征服和得到解放的历史。我们应当问一下自己,我们究竟处在文明发展的哪个阶段。我们也要扪心自问,人类文明的进步必须要有奖赏和惩罚的措施吗?如果我们已经走过了这个发展阶段,却还应用那样一种教育形式,就会把新的一代人拖回到一个较低的文明水平,而没有把他们引领到真正进步的优良传统中去。

在社会中,存在着非常类似于学校的这种情况。为了整个国家的利益,职员们日复一日地辛苦工作,但是他们却并没有感觉到或看到他们工作中的利益——没有得到任何奖赏或酬劳。这就是说,他们并没有意识到政府是通过他们日常的工作来行使它的伟大职责的,并且整个国家都会受益于他们的工作。他们得到的直接好处就是职务上的晋升,好像学校里的孩子从低年级升到高年级一样。一个看不见他工作所具有的真正伟大目标的人,就像学校里一个被降级的小孩,被放到了一个比他的真实水平低的班级中。他作为人的尊严被贬低了,贬低到如同一台只有加油才能运转的机器一样。一切琐事,诸如渴望获得勋章或奖章等,都只不过是一种人工的刺激,它们只能短暂地照亮一个人所走的黑暗而荒芜的小路。

我们在采用完全相同的方式来奖励学校里的儿童。就像学生由于担心不能升入到高一年级而努力读书一样,职员们则由于担心得不到升迁，迫使他们不想离开他们目前的工作岗位，把他们束缚到了单调乏味的工作中。职员们的上级对他的指责完全就像老师对学生的斥责一样。对职员糟糕的工作进行斧正修改，完全类似于老师给学生拙劣的作文记一个坏分数一样。二者几乎完全相同。

但是，如果政府的行政部门没有以那种看起来能使国家强大的方式运行，如果贪污腐败能很容易施行，那么在雇员心目中就没有了人所追求的真正伟大的含义，为就把他的视野局限到了那些琐碎的小东西——他视作为奖赏和惩罚的直接依据的小东西身上。一个国家之所以能屹立不倒，就在于她有许许多多正直清廉的雇员反对贪污腐败，并且遵循着不可抗拒的正直诚实。就像社会中的生命战胜贫困和死亡并开始征服新的困难一样，自由的本能也会征服所有的障碍，取得一个又一个的胜利。

这是一种个人所具有的生命力量，是一种经常潜伏在心灵中的力量，它推动着世界前进的步伐。但是，一个完成了真正的人所做的工作，一个做出了伟大的事情并取得胜利的人，从来不会通过那些被称为“奖赏”的东西来激励他的工作，也不会由于担心“惩罚”而激发他努力工作。在一场战争中，如果一支伟大的军队与一群不期望得到升迁、肩章、奖章或者担心被射杀而战斗的人作战，如果这支由巨人组成的军队与少数充满了爱国精神的矮人作战，那么胜利将属于后者。在一支军队内，当真正的英雄主义消逝的时候，奖赏和惩罚所起的作用只不过是使他们完成颓废的工作，让人走向腐败和怯懦。

人类的所有胜利和进步都是建立在人的精神动力之上的。

一个年轻人如果靠他的兴趣来激励他学习，把医学当作真正的天职，那么他就有可能成为一名伟大的医生。但是，如果他的工作是希望得到遗产或得到合意的婚姻，或者是受到物质利益的驱动而工作，那么他永远都不会成为一名真正的大师或一名伟大的医生。这个世界也永远不会因为他这种工作而前进一步。一个只有受利益驱使才进行工作的人，他永远也不会成为一名内科医生。每个人都有一种特殊的脾性、特殊的天职，奖赏制度却可能会使一个人转变他天职的方向，或许会使他选择一条对他来说毫无意义的错误道路，并迫使他沿着这条路走下去，人类的自然活动或许会被扭曲、减少，甚至会被消除。

当然，确实存在着一种对人类的外部奖赏。比如，当演讲者看到听众的表情随着他所唤起的感情变化时，他就仿佛经历了一件非常美妙的事情，此时只有用强烈的快乐感来形容他这种情感。这使他发现，人们非常喜爱他。我们的欢乐就是感动并征服别人的灵魂，这是一种能够带给我们真正补偿的奖励。

有时，在很短的一瞬间，我们会幻想我们自己成为这个世界上的一个伟人。一个人得到的这些幸福时刻让他感觉到他还可以继续平静地生活。或许是因为我们得到了其他人的喜爱，或许是因为一个孩子送给了我们一件礼物，在某些时刻，我们感到这个世界上没有人比我们更伟大。在那样的时刻，如果有被别人奉为权威人士的人站出来给我们颁发奖牌或者奖赏，他就成了我们得到的真正奖赏的最大破坏者。

正常人的心灵会由于心情舒畅而变得完美，惩罚通常被认为是一种束缚人的形式。惩罚或许会使那些在邪恶环境中长大的人的、性格变得更加低劣，但是这种情况只是极少数，社会不会受其影响而停止其前进的脚步。如果我们不能老老实实地遵守法律给我们规定的条条框框，那么刑事法规就会用惩罚来威胁我们。但是，我们不会因为害怕法律而变得忠诚老实。我们之所以没有去抢劫、没有去杀人，那是因为我们热爱和平，因为我们的生命的自然倾向引导我们向前发展，引导我们明确地远离那些低俗而邪恶的行为。

如果不去深入地考虑这个问题的道德因素和纯哲学观点，那么我们可以肯定地说，如果一个违法者在犯罪之前了解惩罚的存在，那么他肯定也已经感觉到了刑事法规对他的威慑力量。他已经知道刑事法规，或者已被引诱而犯了罪，他自欺欺人地认为他能够逃脱法律的惩罚。他的脑海中也出现过犯罪与惩罚之间的斗争。无论刑事法规是否有效地阻止了犯罪的发生，但是毫无疑问，它是为极为有限的一类人制定的，也就是说，是为罪犯制定的。绝大多数市民都是忠厚老实的人，他们不会考虑任何法律的威胁。

对正常人来说，真正的惩罚就是没有意识到个人力量的伟大，这才是一个人精神生活的源泉。在这种情况下，教育经常会对人有所帮助。今天,我们让学生进入学校学习,用那些损害他们身心健康的工具——课桌、物质奖赏和惩罚,来限制他们的活动。我们这样做的目的是让他们坐着不动、保持安静,这会把他们引导到哪里去呢?经常无法把他们引向明确的目标。

我们对儿童的教育经常是向他们的智力中灌输学校计划中的知识内容。学校的教育计划经常是官方的教育部门编制的,法律强迫老师和儿童必须使用这种计划。

唉!孩子们的内心中正在滋生着那种愚钝而无知的无视生活的情绪。对于这种现象,我们应当羞愧地掩藏起我们的头,用双手捂住我们内疚的脸!

塞吉真诚地说:"今天的社会迫切要求,要重新改造教育和教学方法。那些为了这个事业而奋斗的人,就是为了人类的再生而奋斗的人。"

PART 2

蒙氏教育法源起

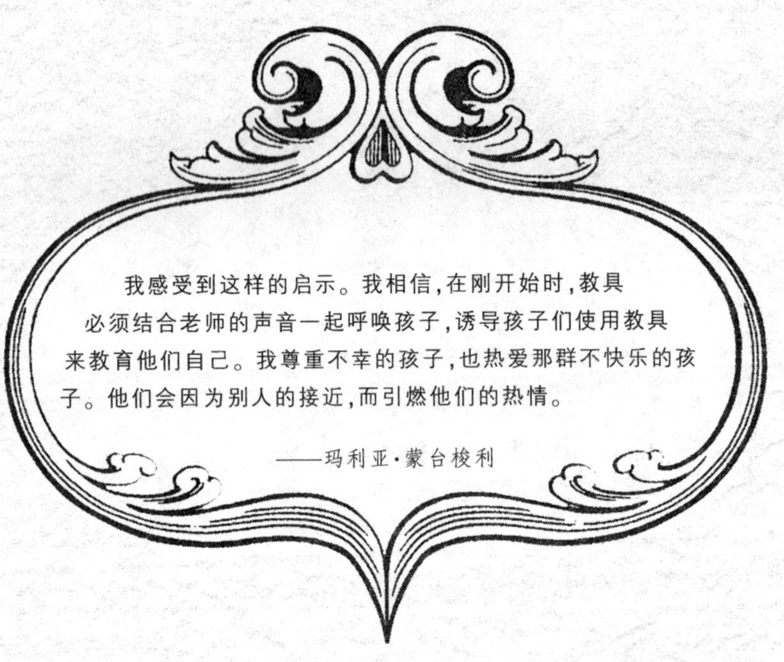

我感受到这样的启示。我相信,在刚开始时,教具必须结合老师的声音一起呼唤孩子,诱导孩子们使用教具来教育他们自己。我尊重不幸的孩子,也热爱那群不快乐的孩子。他们会因为别人的接近,而引燃他们的热情。

——玛利亚·蒙台梭利

如果我们要发展一种科学的教育学体系，就必须走一条崭新的发展道路，一条与以前教育学的发展截然不同的道路。学校的转变必须与教师的培训同步进行。要使一个教师成为一名观察者，使她熟悉实验方法，那么我们就必须让她能够在学校内进行观察和实验。科学教育学的基本原理就是学生能够得到足够的自由，那种自由是允许儿童个性的发展，可以让他们无拘无束地展露自己的个性。如果这一新的科学教育学来自于对儿童个体的研究，那么在这项研究中观察的对象必须是自由自在的、不受任何约束的儿童。

实验科学的每一门分支学科都是来自于把一种方法应用到它自身的结果。正是运用隔离方法和细菌文化才产生了细菌学的科学内容，而犯罪人类学、医学人类学、教育人类学所取得的进步，则归因于人们把人类学方法应用到了诸如罪犯、精神病患者、临床病人和学者等各种各样的人身上。因此，从出发点来说，实验心理学需要对实验中所使用的技术进行精确的定义，而要精确地定义某种方法和技术，等待从实验科学的应用中得到确切的结果，而是只有通过实验研究才能得到，这点非常重要。在对实验进行解释时，实验科学不带有任何影响最终实验结果的偏见，这是它的一个重要特征。比如，人的大脑与人的智力差异是密切相关的，如果我们希望对人的大脑发展进行科学的观察，进行这一实验就必须具备一个条件，那就是在对被研究的学者中那些最聪明的人和最迟钝的人进行测量时，不带任何偏见。那种认为最聪明的人大脑发育会更完善的先入为主的想法，会不可避免地改变我们研究的结果。

做实验的人应当去除所有个人成见。如果我们希望利用实验心理学的方法，那么首要的事情就是要抛弃以前的所有信念，在寻找真理的过程中通过实验心理学的方法，并使之付诸实践。也就是说，我们一定不要怀有任何教条思想，而我们在儿童心理学这个问题上或许就有这种教条思想。为此,我们去掉已有的教条思想,尽可能地使儿童得到彻底自由,如果我们想通过对儿童自然行为的观察得到某些有用的结论,而这些结论将会引导我们建立真正科学的儿童教育学,那么我们就必须抛弃头脑中的所有教条思想。

要构建儿童心理学和儿童教育学的科学内容,就必须通过实验方法连续不断地战胜各种偏见。

因此,我们所面临的问题是,要建立一种特别适合于实验教育学的方法,这种方法不能是其他实验科学中所使用的方法。科学教育学被卫生学、人类学和心理学包围着,尽管它把自己的研究范围局限在仅对被教育的个体进行特殊的研究,但它采用了这三种学科的部分技术方法特性,这是一个事实。目前的研究工作有部分与实验教育学使用的方法有关,它是我在"儿童之家"的两年工作经验所得到的结果。我只是给这种研究方法开了一个头,它可以应用对 3~6 岁儿童的研究。我相信这些尝试性的实验研究将会成为启发人们持续开展这项工作的工具,因为它们给出了一些令人吃惊的研究结果。

实际上,在我们的教育体系中,经验的作用非常显著,这一点已经得到证实,尽管截止到目前教育体系尚未完全建立,我们所建立的这种教育体系也并不完善,还不能实际应用到所有从小学一年级开始就进行孩子们管理的学校中。

当然,我说目前的研究工作来自于我过去两年的工作经验,这句话或许并不确切。实际上,"儿童之家"使用的这种教育体系起源已经很久远了,我们应当记住它是来自于先前从畸形儿童的教育实践中得到的经验。它体现了人们为探索正确的教育体系而进行的长期的、颇有见地的努力。

大约 15 年前,我那时还是罗马大学精神病治疗诊所的一名助理医生,我有机会经常出入精神病院,对精神病人进行研究并为诊所挑选研究对象。由于这一工作,我开始对研究弱智儿童感兴趣,那时他们都住在普通的精神病院里。当时甲状腺器官疗法已经十分发达,这引起了外科医生对身体有缺陷儿童的注意。我在完成正常的医院工作以后,也把注意力转移到了对儿童疾病的研究上。

就这样我对弱智儿童的研究产生了兴趣。我精通了爱德华·塞昆针对这些不幸儿童所设计的特殊教育方法，学习了这种教育方法的整个思想。“教育疗法”对于诸如耳聋、中风、白痴、佝偻等各种精神性疾病疗效显著，外科医生中开始广泛流行这种思想。人们认为，在治疗疾病的时候，必须结合教育学和医学两种方式。这种论调是时代进步的产物。因为有了这种思想倾向，通过体育锻炼来治疗疾病的方法开始流行起来。然而与我的同行观点不同，我认为人的智力缺欠主要是一种教育问题，而并非一个医学问题。在研究如何治疗和教育弱智儿童的医学大会上，人们发表了很多不同观点。1898年在意大利都灵举行的教育学大会上，我发表了一篇题为“精神教育”的演讲，表达了自己不同的观点。我相信，我拨动了已经在震动的琴弦，因为我的这种思想在外科医生和教师中产生了反响，由于它给学校提出了一个生动有趣的问题而迅速传播开来。

我的导师盖都·巴克西里这位伟大的教育部长曾拜访过我，他让我给罗马大学的教师们讲一堂有关弱智儿童教育的课。之后我又在我已经管理了两年多的州立行为心理学学校讲授过有关弱智儿的教育课。

在这所学校里，我全天都给儿童上课。他们在小学里被人们认为是头脑愚钝、无可救药的学生。后来，在慈善机构的帮助下，成立了一所医学教育学院，我们除了接收公共学校的儿童外，还接纳了罗马所有疯人院的全部白痴儿童。

在同事的帮助下，我花费两年时间为罗马的教师们设计出了一种特殊方法，用来观察和教育弱智儿童。我不仅对教师进行培训，而且更重要的是，在我为钻研一种教育弱智儿童的切实可行方法而往伦敦和巴黎呆了一段时间后，我自己也全心全意地投入到儿童教育的实际工作中去了。

从某种意义上说，我就是一名小学教师，因为我要直接给孩子们上课，从上午8点不间断地一直上到晚上7点。这两年的实践使我在教育学方面得到了第一个学位，实际上也是我所得到的一个真正学位。在我刚开始从事有缺陷儿童方面的工作时，我就认为，我所使用的方法在教育弱智儿童方面确实有明显不同的地方。我相信，与人们正在使用的方法相比，我们的教育原理更加合理，借助于这一方法，儿童低下的智力能够获得发展和进步。我在这方面的感情如此深厚，它已深入我的内心，在我为了寻求教育弱智儿童的更好方法而离开学校以后，它差不多控制了我的全部思想。我逐渐确信，如果把相同的方法应用到正常儿童身上，它们将会神奇地、令人不可思议地发展和解放儿童的个性。

从那以后，我开始真正详尽地研究矫正教育学，希望从事正常儿童教育学及其原理的研究。为此我注册成为一名大学哲学系的学生。尽管我还不知道自己是否能够验证我的思想，但是，被一种伟大的信念所鼓舞，为了深化和拓展这种观念，我放弃了其他一切工作。我差不多已经做好了思想准备，承担这项未知的任务。

对弱智儿童教育方法的探索起源于法国大革命时期一位外科医生的工作，那个外科医生所取得的成就在医学史上具有显著的地位，他是医学分支学科——耳疾的奠基人。他是第一个尝试对人的听觉进行教育的人。他曾在佩雷拉于巴黎创建的一个聋哑人机构进行实验，并成功地使那些还未完全丧失听觉的人能够听清了。后来他又用8年时间去看管一个被人们称为“阿威龙野孩”的白痴男孩。他的方法在治疗人的听觉能力方面取得了良好成效，他还把那些方法扩展到了治疗人体所有的感知官能。

伊塔德的教育学著作也非常有趣，它详细描述了自己的教育成果和经验，任何读过这些作品的读者都承认，这些教育成果和经验实际上是人们在实验心理学方面进行的最早尝试。不过，正是爱德华·塞昆完整地建立了真正的弱智儿童教育体系。他最初是一名教师，后来成了一名外科医生。他把伊塔德的教育经验作为自己的出发点，通过对疯人院的弱智儿童长达十年的研究，并把这种经验应用于巴黎的鲁·皮加勒的一所小学。1846年，在巴黎出版的一本名为《白痴儿童教育中的心理卫生治疗》的书中，他第一次阐述了这种方法。后来，塞昆移民去了美国，他在美国创立了很多教育机构用于教育弱智儿童。在总结了自己20年的工作经验以后，他出版了此书的第二版，来阐述他的教育方法与理论。第二版的标题与第一版迥然不同，为“白痴及其生理学方法治疗”。这本书于1886年在纽约出版。在这本书中，塞昆详细解释了他的教育方法，他把这种教育方法称为生理学方法。在这本书的标题中，他没有再提及只是用于“白痴教育”的方法，他现在陈述的是用心理学方法来治疗白痴。

当我在精神病诊所做医生助手时，我怀着极大的兴趣阅读了爱德华·塞昆的法文版。20年后它的英文版才在美国纽约出版事实上，尽管这本书以英文形式出版，但它在英国并不出名，这让我想到，人们并没有真正理解塞昆的教育体系。实际上，尽管所有涉及弱智儿童的机构在它们的出版物中都不断引用塞昆的教育方法，但是，它们所讲述的却与塞昆的教育体系大相径庭。

我发现，应用到弱智儿童身上的教育方法，都或多或少与应用到正常儿童身上的教育方法有相似的地方。特别是在德国，尽管在弱智儿童学校的教育博物馆里四处摆放着特殊的教学仪器，而实际上这些仪器很少被使用。该国的教育工作者一直坚持用教育正常儿童的方法来教育弱智儿童。

我在比色特呆过一段时间，我看到那里的老师手中尽管也拿着塞昆编写的法文课本，但他们只是使用了他的教学仪器，并没有采用他的教育方法。他们的教学纯粹是机械式的，每个教师只是严格按照字面含义去执行相应的规章条例。然而，在我去任何地方甚至伦敦和巴黎，我所期待的那种新鲜教育方式和经验只不过是一个幻想而已。

在对整个欧洲的教育方法进行研究以后，我在对罗马进行了两年弱智儿童教育工作。我按照塞昆书中所介绍的方法进行教学，也从伊塔德的著名实验中得到了很大帮助。

在这两人所做工作的指导下，我制造了大量各式各样的教学仪器。我可以说在任何机构都没有见过如此完整的教学仪器。它们在那些知道如何使用它们的人手中，变成了一种最出色、最有效的工具。

我能理解那些从事弱智儿童教育的人为什么会感到泄气，我也能理解为什么在很多情况下他们会放弃这种方法。人们认为，教师应当把自己和被教育的人摆在同样的地位，这种偏见把弱智儿童的教师贬低为一类没有感情的人。他自认为他正在教育一个智能低下者，正是由于这个原因，他才没有成功。那些教师经常通过游戏并常常用愚蠢的故事来接近弱智儿童，尝试着把自己和弱智儿童放到同样的地位。我要求他们应知道如何唤醒潜伏在儿童心灵中的那个真正的自我。我相信这不是教学仪器所能做到的,而是要发出向他们呼喊的声音,唤醒这群孩子,鼓励他们使用这些教学仪器,通过这种仪器来教育他们。在我的工作中,对这些不幸儿童的深切关心和如何使周围的弱智儿童醒来的关爱深深地影响了我。

在这个问题上,塞昆也表达了相同的看法。我在对他的那些尝试性工作进行研究之后清楚地理解到,他所使用的第一台教学仪器是一台心灵的仪器。事实上,在他出版的那本法文书的结尾部分,作者曾简要地介绍过他的研究工作,他说,如果学校教师在他们的工作中不做好准备,那么他所建立的一切都将失传或者根本毫无用处。他对那些培训弱智儿童的老师有一种独特的期待,他要老师们看起来很和善、声音悦耳,对他们个人容貌中的每一个细节都要非常在意,尽最大努力使他们具有迷人的魅力。他说,他们必须使自己的声音和举止具有吸引力,因为他们的任务就是唤醒弱智儿童脆弱而疲倦的灵魂,引领他们掌握生活的美丽和力量。

我们必须遵照心灵来做事这种信念是一把揭开秘密的钥匙,它为我开启了对爱德华·塞昆所作的精彩教学实验的真正理解,在对白痴儿童的教育中,这些被人们正确理解的实验是真正最有效的工具。通过使用这些实验,我得到了最惊人的成果。同时也感悟到,我们所谓的鼓励、舒适、情爱、尊重等都是来自于人的心灵,我们给予它们越多的自由,我们就会越多地恢复和振作我们生命的活力。没有这种精神上的激励,这些弱智儿童对任何最完美的外部刺激都会视而不见。

从此,我自己开始独立地进行这一新的实验。我在这里并不想介绍这些实验,我只是要说明一下,我正在尝试一种教学生进行阅读和写作的新颖教学方法,这是儿童教育的一部分内容,而这种方法在伊塔德和塞昆的著作中,都不太完善。

我成功地教会了许多来自于精神病院的白痴儿童,使他们具有了良好的阅读和写作能力,我还带他们到公共学校与正常儿童一起参加考试。他们都成功地通过了考试。

看到这些成果的人会对此感到不可思议,对我来说却并不奇怪。之所以那些来自于精神病院的孩子们可以和正常的儿童同场竞技,原因就在于他们接受了一种与众不同的教育方式。在他们心灵的发展上,他们得到了帮助,而正常儿童心灵的发展却受到了阻碍与抑制。我自己在想,如果有一天这些使白痴儿童得到奇迹般发展的特殊教育方式能被应用到正常儿童的教育上,我的朋友们所谈论的“奇迹”就不可能再出现了。一旦正常儿童得到了全面发展,那么白痴儿童愚钝的智力和正常儿童正常的智力这条鸿沟就永远不可能架起一座桥梁。

当人们还在羡慕我在教育白痴儿童方面所取得的进展时,我却在探询究竟是什么原因使得普通学校里的这些健康快乐的儿童的智力停留在那么低的水平,以至于在智力测试中,我的那些不幸的白痴学生都和他们不相上下。

一天,一位弱智儿童学校的女校长让我给她读一段伊齐基尔的预言,因为这段预言就像是对弱智儿童教育的预言,所以给她留下了深刻印象。

上帝的手抚摸着我的头,把我引领到了他的圣灵中,把我放到了一条满是人体白骨的河谷中央。

上帝让我走过这些白骨,我在开阔的河谷中目睹了大量的白骨。瞧!它们都枯干了。

上帝对我说,孩子,这些白骨还能活吗?我回答说,哦,上帝,只有你能知道答案。

上帝又对我说,你去对这些白骨进行预言,哦,这些枯干的白骨听到了上帝的话语。

上帝就这样对白骨说,看哪!我将让气息进入你们的身体,你们就会活过来;

我将在你们上面挂上筋腱,赋予你们血肉,给你们覆盖上皮肤,给你们注入气息,你们就会活过来;你们就会知道我就是上帝。

因此,我按照上帝的吩咐进行了预言。当我预言的时候,我听到了一种声响,看到了白骨在摇动,这些白骨聚拢到了一起,还有了骨架。

当我目睹这些的时候,瞧,这些白骨又有了筋腱和血肉，并覆盖上了皮肤，但是它们还没有呼吸。

然后上帝又对我说，预言风，孩子，去预言，去告诉风，就像上帝说得那样；风啊！从四面八方吹来吧，哦，呼吸，呼吸这些风，它们就能活过来。

因此我遵照上帝的旨意进行了预言，气息进入了这些白骨，它们活过来啦，它们用脚站了起来，变成了一支伟大的军队。

后来上帝对我说，孩子，这些白骨是以色列的整个家族，瞧，它们说，我们的骨骼枯干了，我们的希望没有了，我们被切成了碎块。

实际上，在我看来，这些话——“我将让气息进入你们的身体，你们就会活过来，”是指教师在指导学生学习功课，鼓励、唤醒并帮助学生，准备好对他们的教育。至于其他话——“我将在你们上面挂上筋腱，赋予你们血肉，”使人想起了概括与总结塞昆全部方法的基本短语：“从肌肉系统的教育到神经和感官系统的教育，我们都要对儿童进行引导，或者说亲手引领他们。”就是这样，塞昆才教会了白痴儿童如何走路、如何在最困难的身体运动中保持平衡——诸如爬楼梯、跳高等动作。他从一开始就让他们接触和了解温度差别，对他们进行肌肉感觉的教育，一直到训练他们有特殊感觉的教育，最后教会了他们如何进行感知判别。

但是，如果不对弱智儿童进行进一步训练，那我们就只能使这些孩子适应一种低等的生命方式。我们要做到“唤醒心灵”，正如预言中所说的那样，让心灵进入白骨，使白骨具有生命。实际上，塞昆改变了对白痴儿童植物般呆板单调的生命方式教育做到了“从感官能力到普通观念的教育，从普通观念到抽象思维的教育，从抽象思维到精神上的教育。”正是在完成了这件神奇的工作以后，通过详细的生理学分析和教育方法的逐步改善，白痴儿童才变成了智力正常的人，不过与智力正常的人相比，他的智力仍然不及其他人，他还是一个永远都不能全面适应社会环境的人。

所有人都感觉到了这一点，许多人说：“对于智力正常儿童的教育，仍有很多工作要做！”

我相信塞昆的教育方法是正确的，在对弱智儿童进行教育的实际工作中，我证明了这一点。之后，我又开始更详细地研究伊塔德和塞昆的著作。我感到我需要进行深思。我做了一件我以前从来没有做过的事情，或许没有几个学生愿意去做那种事情——我把伊塔德和塞昆的著作翻译成了意大利语，自始至终我都亲手进行抄写，这有助于我编写自己的书。

我之所以选择进行亲手抄写，主要是为了能有时间斟酌每个字的含义，使自己能真正领悟作者的精神。当从纽约收到 1866 年出版的塞昆英文版著作的一个副本时，我刚刚抄写完了他那本 600 多页厚的法文版著作。在一位英国朋友的帮助下，我把它翻译成了意大利语。这本书中并没有太多有关新型教学实验方面的内容，但是它涉及了第一部作品中所描述的经验哲学方面的内容。对正常儿童进行了三十多年研究的塞昆认为，生理学方法的基础是对个体进行研究，它通过分析人的生理和心理现象形成了相应的教育方法，它肯定也会被应用到对正常儿童的研究中。他相信，这种手段将会为人类完美的再生指明道路。

塞昆的声音就像正在狂野地呐喊的先驱者的声音，它可以彻底改变学校和教育的状况。

到这一时期，我已经注册成为一名哲学系的大学生，学习实验心理学课程，意大利的大学——确切地说，就是都灵、罗马和那不勒斯三个地方的大学，最近才设立这些课程。与此同时，我还在小学里开展教育人类学的研究，以这种方式来研究正常儿童教育中所使用的组织方法。我的这项工作使得罗马大学添加了教育人类学方面的课程。

很久以来，我就希望能使用这些教育弱智儿童的方法来对小学一年级的正常儿童进行实验，但是，我却从来没有想到过利用看管年幼儿童的学校或机构进行实验。就在 1906 年年末的时候，我刚从米兰回来，在米兰举行的一个国际展览会上，我作为其中的一名委员给科学教育学和实验心理学领域的人颁奖。这时，一个伟大的机遇来到了我的面前，因为我得到艾多阿多·塔拉莫的邀请，这位罗马优质建筑物协会的局长邀请我去组织创建模范公寓里的儿童学校。把公寓里所有住户家中 3~7 岁的小孩都聚集到一个大房间,这是塔拉莫先生理想中的想法。这些小孩的玩耍和功课都要在老师的指导下进行,而老师在公寓住宅中有自己的房间。他设想每所住宅都要有相应的学校。由于优质建筑物协会在罗马已经拥有400多栋公寓，这项工作看起来会有极好的发展前途。1907年1月,在圣洛伦佐区的一座大型公寓住宅里建立了第一所学校。优质建筑物协会在圣洛伦佐区已经拥有了58座大楼,按照塔拉莫先生的计划,我们很快就能创办16所这样的“住宅学校。”

奥尔加洛蒂是我和塔拉莫先生共同的朋友，他给这种新型的儿童学校起了一个幸运的名字——“儿童之家”。使用这个名字,我们的第一所儿童学校于1907年1月6日正式开张。这所学校交由肯迪达·奴西特里管理,而我则负责对它进行指导和监督。

同一年,即1907年4月7日,第二所“儿童之家”在圣洛伦佐区开张。1908年10月18日,慈善家协会在米兰市的工人居住区创立了另外一所学校。慈善家协会的工厂还承担了另外一项任务——制造我们使用的教学仪器。11月4日,第三所“儿童之家”在罗马开张,这所学校没有设在平民居住区,而是设在了一座中产阶级居住的现代化大楼里,这座大楼坐落在维阿·法吗高斯塔。1909年1月,瑞士开始对其孤儿庇护所和儿童收容所进行改造,抛弃了过去所使用的福禄贝尔教育体系，转而使用我们目前在“儿童之家”所采用的教育方法和教学仪器。

“儿童之家”具有双重的重要性。一方面,由于它采取在住宅中建立学校这种独特的办学方式，所以它具有社会重要性；另一方面,它在对幼儿进行教育时所采用的教育方法,又使它具有教育的重要性。我目前正在对这种教育方法进行试验研究。

我说过,塔拉莫先生的邀请给了我一个极好的机会,使我可以把弱智儿童的教育方法应用到正常儿童的教育上。我所说的正常儿童的年龄并不是上小学的儿童那样的年龄，而通常是婴儿收容所里婴儿那样的年龄。

如果弱智儿童和正常儿童的智力有可能相同的话，那么肯定是在他们非常年幼的时候才可能出现这种现象，那时他们还没有发育的能力，在某些情形上，那些智力还没有发育的儿童与此类似。

对于非常年幼的婴儿来讲,他们的肌肉运动还不能协调进行,因此他们走路不稳,无法完成诸如扣上和解开外衣等正常的生活举动。他们的感觉器官——比如眼睛的适应性调节能力,还没有得到完全的发育。语言是人最基本的行为,通常那些非常年幼的婴儿会有语言缺陷。很难固定注意力、身体通常站不稳等,是正常婴儿和弱智婴儿所共有的特点。在普雷耶对儿童的心理学研究中,他也阐明了由疾病引起的语言缺陷和正常儿童发育过程中的语言缺陷是相同的。

那些可以增长弱智儿童智力的教育方法同样会有助于幼儿的发育。因此,我们应当对之加以调整,让它们构成一种可用于正常人品格教育的重要部分。许多儿童之所以由暂时的缺陷变成了永久性的缺陷,比如语言缺陷,就是因为在婴儿发育这一最重要阶段,即在他3~6岁这段,形成并建立他最主要身体器官功能的时期,对他的发育没有引起足够重视,由此就会形成一些永久性的缺陷。

这表明我在“儿童之家”的教育实验是非常重要的,它代表了我所做的一系列实验取得的成果。在这些实验中,我尝试着使用教育弱智儿童的方法去对正常儿童进行教育。我的工作并不只是任何一种形式的应用,它只不过是一种塞昆教育幼儿的纯粹而简单的教育方法,任何看过塞昆著作的人都会很容易地看到这一点。不过,可以肯定的一个事实是,这两年的教育实验为正常儿童的教育奠定了实验基础,这种实验基础可以追溯到法国大革命时期,它代表了伊塔德和塞昆两个人一生中最热心的事业。

对我来说,在塞昆的第二本书出版30年以后,我又开始继续利用他的教育思想,甚至可以说,我是在精神饱满地继续从事着这位伟人的事业,而塞昆则是从他老师伊塔德那里继承了这一事业和思想。在这10年中,我不仅按照他们的教育方法进行实验,而且我还通过自己虔诚的思考,吸收了这两个崇高而神圣的伟人著作中的思想,他们为人类留下了最生动的证据。

因此,从某种意义上说,我十年的实验工作可以被认为是对伊塔德和塞昆两个人40年工作的一个总结。从这一点来看,在这只有两年时间的极其短暂的实验之前,我们已经进行了50年的勤勉工作,为这两年的实验工作做好了准备,我认为这些实验代表了从伊塔德到我三位外科医生连续不断地工作。我的这种观点是正确的,它在一定程度上说明了我们已经沿着精神病治疗法的道路迈出了第一步。

毫无疑问,"儿童之家"推动了人类文明的进展,因此值得我们单独撰写一本书来详细描写它。实际上,"儿童之家"通过乌托邦般的儿童教育方式,解决了很多社会问题和教育问题,是学校进行现代化改革的一部分。可以肯定,这种改革很快就能够实现。在这一方面,它们直接接触到了社会问题中最重要的一面——涉及到了人们之间的亲密关系和家庭生活。

PART 3

孩子们的理想家园

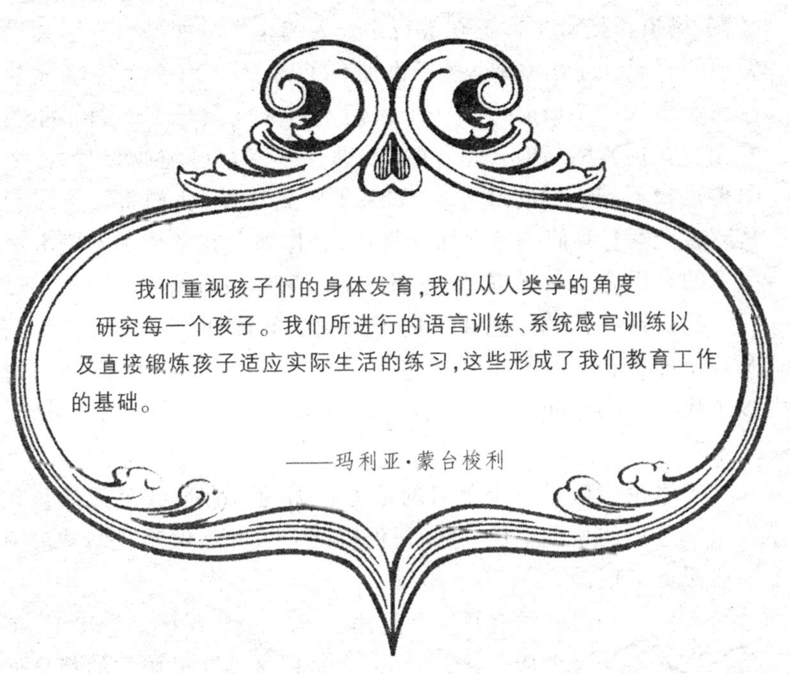

我们重视孩子们的身体发育，我们从人类学的角度研究每一个孩子。我们所进行的语言训练、系统感官训练以及直接锻炼孩子适应实际生活的练习，这些形成了我们教育工作的基础。

——玛利亚·蒙台梭利

今天在座的诸位可能从来没有真正意识到穷人的生活是多么贫困。你们也许只是从一些名著的艺术描写中体验到了人类贫困的苦难；或从一些天才演员所演绎出来的悲惨生活中感受到贫困的恐怖，你们的灵魂为之而震撼。

让我们来想象一下。假如现在有人对着你们大喊："走，让我们去看一看那些悲惨的贫困家庭吧。因为他们那里出现了幸福、洁净和和平的征兆，他们将拥有自己理想的家。在贫困和罪恶严重的地区，一场道德拯救工作正在进行中。人们正在从罪恶的麻痹和愚昧无知的阴影中走出来。小孩子也拥有了属于自己的'家'。新生的一代正在步入一个新时代，一个人们不再为贫困与不幸而悲痛的新时代。在这样的新时代里，罪恶和悲惨不幸都已经成为过去，生活中再也找不到它们的踪迹。"如果了解到这些，我们将经历多大的情感转变啊！我们一定会加快脚步，就像那些在梦想和希望之星指引下的有识之士一样，赶紧到那些贫困家庭去看看吧。

我讲这些，就是想让你们了解到这间简朴的房子的伟大意义及其里面真正美好的东西，它看起来就像母亲从房子里分出的给孩子玩乐的小空间。这就是建立在圣洛伦佐贫民区的第二个"儿童之家"。

圣洛伦佐区是一个著名的地方，因为所有报纸每天都会刊登发生在这里的恶性事件。然而，仍有许多人并不熟悉我们城市的这个居民区的起源。

人们一开始并没有打算在这里建立一个居民区。事实上，圣洛伦佐区并不是一个居民区，它是一个贫民区。这里居住的都是低收入的、失业的工人。刑满释放的犯人在被监管期间也会到这里居住，他们聚集在一起，混杂在一起。

圣洛伦佐区是1884~1888年期间建设大热潮时期兴建起来

的。这些房子既不符合社会标准也不符合卫生标准,它们只是在地面上一英尺一英尺地垒起来的墙。所有这些都完全忽视了其对将来造成的严重后果。很显然，没有人会关心他所建的房子是否坚固,因为建筑工人是不会住在这种房子里的。

1888~1890 年大风暴爆发时期,这些房子不可避免地遭到了厄运,它们长期无人租住。不过后来,随着对房屋需求的增加,这些房屋又渐渐开始出租出去了。但是,那些亏本的投资者不愿意进行再投资以修缮和维修这些房子,因此,这些初建时就完全不顾卫生法的房子,在作为临时住所使用后,情况就变得更为糟糕了,它们现在逐渐地成为了城市最贫困阶层的居住地。

可是,这些不是专为工人阶级建造的套间,都太大了,每个套间有五六个甚至七个房间。虽然租金相对于其面积而言是相当便宜了,可是对于任何一户穷家庭来说还是太贵了。这就导致了转租现象。有的房客以每月 8 美元的价格租赁一个有六个房间的套间,然后他再以每间每月 1.5 美元或 2 美元的价格把这些房间分租给那些只能承担这个租金的房客,甚至把房间的一角、或一个走廊租给更穷的房客,这样他的月收入就能达到 15 美元或更多,远远超过了他的租金。

他这样在很大程度上解决了自己的生存问题，并可以在每次交易中通过放高利贷来增加收入。二房东在房客们处于极端困境的时候,就以一定的利率借给他们一小笔钱,通常,2 美元的贷款每星期要付 20 美分的利息,相当于 500%的年利率。

这就在转租中出现了高利贷这种最残酷的方式，只有穷人才知道这些欺诈穷人的高利贷方式是多么残酷。

我们在这些地区还发现了诸如生存环境拥挤、混乱、罪恶和犯罪等情况。报纸不时地向我们披露这样的情况:一个大家庭里,成年男孩和女孩睡在一个房间,而房间的角落里却住着一个外地人,她是一个每晚都接客的妓女。他们的所作所为都被孩子们看到了,邪恶的念头在他们心头激发出来,于是犯罪和流血事件就出现了。这些只是大量悲惨描述中的一个小小的细节。

无论谁第一次进入这些屋子的时候都会感到惊讶和恐惧,因为展现在他眼前的真正悲惨的景象，根本不是想象中的那种过分夸张的虚构场景。我们进入了一个阴暗的世界,这里给我们印象最深刻的是黑暗,即使是在中午,我们也很难看清房间里的摆设。

当我们适应了这里的昏暗后,我们看到了一张床的轮廓,上面蜷缩着一个人——可能是病了。当我们给他们送互助金时,我们必须在数钱和签署收据时点燃一枝蜡烛。遗憾的是,每当我们谈到社会问题时,通常总是含糊其辞、不切实际的,而不是对客观事实和真正具体环境进行认真调查,然后再做出明智的判断。我们常常热情洋溢地讨论孩子的家庭学习问题,然而,家对于许多孩子来说仅仅意味着是一个黑暗的茅屋角落里铺着的稻草垫子。我们希望建立一些流动图书馆,这样穷人就可以在家阅读了。我们计划送一些书给他们中的一部分人,这将有助于他们形成自己的文学知识,通过书的影响力他们将会逐渐提高自己的生活水平。我们希望这些书籍能使他们懂得一些关于卫生、道德和文化方面的知识。但是,这恰恰反映了我们根本不知道他们目前迫切需要的东西。他们中的许多人根本没有灯光条件来阅读这些书籍!目前急需社会改革者解决的问题,实际上是改善穷人生活质量的问题,而不仅仅是提高他们的文化水平。

谈到出生在这个地区的儿童,我们甚至不得不改变我们习惯的表达方式,因为他们不是"一睁开眼睛就看到了光明"。他们来到了一个阴暗的世界,他们生活在阴暗笼罩的有害环境中。这些孩子身上必然是肮脏的,因为一个套间的水原本是计划供应三、四个人使用的,而现在要二、三十个人共同使用,这几乎连饮用水都不够!

我们意大利人把意大利语中的"家"(casa)提高到英语中近乎具有神圣意义的"家"(home)的地位。这是一个充满温馨、只有亲人才能进入的圣殿。

但是现实状况却远远不是一回事。许多人没有"家"(casa),他们只有苍白可怕的墙壁。在这苍白的墙壁里,连最隐私的生活行为都被曝光示众,让人笑话。这里没有隐私,没有谦逊,没有亲切感,甚至经常没有阳光,没有空气,没有水!然而,我们却在这里大肆宣扬我们的观念:家是普及大众教育的必要条件,它作为必需设施,是社会建设的唯一的坚实基础。在这一点上,我们不是实际的改革者,而像是好幻想的诗人。

我认为,穷人还不如露宿街头,这比我刚刚所描述的环境还要更有秩序、更清洁。但是这些街道经常发生流血事件、争吵事件,甚至发生几乎不可思议的恶性事件。报纸上有报道说,妇女被她们的醉鬼丈夫追杀!年轻的女孩更害怕的,也许不是死亡,而是卑鄙的男人向她们扔石头。我们还目睹了一件难以言状的事情——一个可怜的妇女被一个醉鬼强奸后,被扔进了水沟里。天亮后,附近的孩子都聚拢到这里,像一群食腐动物围着死尸一样,大喊大笑,肆意嘲笑着这个可怜的妇女,甚至用脚去踢她那躺在水沟污泥里的伤痕累累的污秽身体!

这种极端残忍的事件可能会发生在这个文明的摇篮、艺术王国的国际大都市的门口,因为过去的几个世纪从来没有这样的事实:即对贫穷大众的隔离。

在中世纪,麻风病人被隔离了;天主教徒曾隔离过犹太人区的希伯来人;但是从来没有这么大张旗鼓地把贫穷看作是多么危险和可耻的事而必须隔离穷人。穷人们的家散落在富人家中间,两者形成鲜明的对比,这在我们现在的文学作品中是很常见的。事实上,我上小学的时候,老师在道德教育课上就经常用一些这样的例子:善良的公主常帮助隔壁木屋里的穷人。或是富人家的好孩子常给附近顶楼里生病的妇人送食物。

现在,所有这一切都像神话故事一样,是不真实和虚幻的。穷人再也不会从他们富人邻居那里学到礼仪和好的教养,穷人再也不能奢望在他们急需帮助时得到富人的帮助。我们把他们驱赶出我们的居住区,远离我们,不给他们房子住,让他们在饱受绝望折磨中相互了解野蛮和罪恶的残酷。任何一个有社会意识的人都会清醒地意识到:我们就这样创造出了一个严重危害城市的传染区。即使我们原本想按照贵族式的理想,希望建造一个美好、光明的城市,但我们却给这个城市强行带来了一切丑恶和疾病。

当我第一次走过这些街道时,我仿佛置身于一个刚经历过大灾难的城市中。我仿佛看到了与命运抗争所留下的阴影依然折磨着那些不幸的人们。他们苍白的脸上充满了恐惧,失魂落魄地走在寂静的街道上,与我擦肩而过。这种寂静仿佛意味着这个社区的生活已被中断了、崩溃了。这里没有车水马龙声,没有街头小贩欢快的叫卖声，更没有街头卖艺人的琴声，甚至没有贫民区的喧闹声，整个街道显得如此忧伤，就像死一般的寂静。

看着这些坑坑洼洼的街道，歪歪斜斜、破烂不堪的门阶，我们几乎可以想象这里曾发生过大水灾，洪水冲走了这里的泥土。但是我们看到这些空荡荡的房子，破损不堪、千疮百孔的墙壁，我们由此认为也许一场大地震刚刚席卷了这个地区。后来，我们再进一步观察，我们发现在这些地区周围连一个商店都没有。这个社区简直太穷了，连一个最普通的提供人们日常生活用品的廉价商店都没有。仅有的是一家廉价的酒店，它敞着门，从里面散发出一股低劣的酒味。看到这一切，我们深深感到，人们所受的最深重的苦难并不是来自自然界的灾难，而是来自贫穷——与罪恶密不可分的贫穷。

我们不时地关注着这些不幸和危险的状况。报纸上那些关于暴力事件和不道德的犯罪的新闻报道，震撼着每一个慈善工作者的心灵和良知。也许有人会说，每种苦难形式都会有相应的解决方法，然而我们已经尝试过了所有的方法：从挨家挨户宣传卫生准则，到建立孤儿院、“儿童之家”和社区诊疗所。

但是慈善工作到底是什么呢？它充其量只是一种表示悲痛的方式，这种形式的慈善行为的收益不可能很大。由于缺少持续的收入和必要的组织，它仅局限于一小部分人。另一方面，这种大范围的罪恶危险，需要一个广泛的、全面的工作组织来指导整个社区的拯救工作。只有这种为他人谋福利的组织，才有可能同全人类共同发展并繁荣起来，只有这样的组织，才能在这样的社区从事工作，完成这项持久的有意义的事业。

罗马住宅改善协会所从事的宏伟慈善事业，恰恰满足了这种迫切需求。根据协会总干事爱德华·塔拉莫的计划，协会工作正以先进的高度现代化的方式进行着。他的计划是首创性的、全面的、且切实可行的，在意大利或世界其他地方都是独一无二的。

这个协会是三年前在罗马成立的。它的计划是首先取得城市的地产权，然后对其进行重建改造，改善其居住条件，并像一个好父亲管理一个家庭一样，妥善管理它们。

协会购买的第一批地产包含圣洛伦佐区的大部分房子，现在协会在那儿已拥有58栋房屋，占地面积约30000平方米，包括底楼和1600个小套间。这样，成千上万的人将从协会房改中获益。承包这个有益的慈善项目之后，协会开始着手按照最现代的卫生、道德以及建筑标准改造旧房屋。建筑结构的改变会给他们带来实际的利益和不断的增值，而卫生和道德状况的改变，可以提高居民的居住环境，从而使这些公寓的租金更加物有所值。

因此，建筑协会制定了一系列逐步实现这个目标的计划项目。分步进行是有必要的，因为房子紧缺，一次性腾空一栋房子是很不容易的，而且整个进程我们都要注意到人道主义原则，这也使重建工作不可能快速进行。所以，到目前为止，该协会在圣洛伦佐地区仅仅改造了三栋房子。随后的改造计划如下：

1. 拆除建筑中那些不是为了居住而是纯粹出自商业角度，为了多收租金而建的所有部分。也就是说，新的工程要拆除旧建筑中那些阻挡了中心庭院的部分，拆除那些阴暗的、通风差的套间，从而使其他房间有充足的空气和光线。宽敞的通风的庭院取代了通风差、采光不好的房子，使剩余的房屋更有价值，当然更令人满意。

2. 增加每栋房屋楼梯的数量，以更切实可行的方式划分房间的空间。把一个有六七个房间的套间改造为带厨房的一居室、二居室或三居室。

房改工作的重要性可以从经营者的经济角度和承租者的实际利益角度两方面来看。增加楼梯的数量就可以减少由于人多而对墙壁和台阶造成的过分损害。房客们会更自觉地爱惜这些建筑设备，养成清洁、有序的好习惯。不仅如此，还能减少每个套间里房客们的接触机会，尤其是深夜，这大大提高了居民的道德健康水平。把一栋房子分成几个小套间有助于改善道德水平。这样每个家庭都被分开，就有了真正意义上家的概念，而且从根本上解决了转租所带来的过分拥挤和不道德而造成的罪恶威胁。

这种房屋改造，一方面减轻了住户们的负担，另一方面也增加了经营者的收入，他们现在也获得了过去分租体制中不合法的收入。当经营者以每月8美元的价钱租出一个六个房间的套间后，把它分成三个小的、有阳光、通风的、带厨房的一居室。很明显，他由此而增加了收入。

现在看来,当时房改的道德意义是非常巨大的,因为它消除了坏影响,降低了过分拥挤和男女混杂接触的机会,第一次给这些人带来生命,让他们第一次有那种自由呆在自己家中的感觉,第一次有了家庭的亲密感。

然而,协会的计划还远不止这些。这些房子不仅为住户提供了充足的阳光和空气,而且提供了良好的秩序和后勤保障,一切似乎都闪烁着光芒,散发着纯洁和清新的气息。但是住户如果想享受这里美好的东西,就必须承担一定的责任:他必须上缴一定的爱护房屋税和善意税。住户必须保持这里整洁的环境,必须保护楼房里从公共走廊到自己房间的所有墙壁。那些保持房子良好环境的住户将得到表扬和尊重。这样所有的住户一起努力搞好卫生,最后就有可能完成这样的简单任务:保护完美的生活环境。

这里确实有一些新颖的东西!到目前为止,只有国家建筑才有持续的维护资金。而现在,这里房屋的维修都委托给一百个左右的工人,也就是说,这里所有的住户。他们对房屋的爱护心几乎是接近完美的。他们把房子保护得很完美,没有一点污垢。现在我们看到的这些建筑两年来完全处于房客们的保护之下, 所有的维护工作也都交给了他们。令人惊讶的是,我们的家很少有像穷人的家那么整洁、清新的。

我们这个试验的结果是值得人们注意的。人们用爱心一起建造家园,并保持这里的整洁。他们更多地希望美化自己的家园。为此,协会在院子和大厅的周围都种上了花草树木。

出自对幸福生活的追求, 他们对新社区自然而然地有一种自豪感,正是这种自豪感使所有住户更加细心地照顾这所房子,去追求更高更文明的生活质量。他们不仅是住在房子里,而且他们知道如何居住,如何爱护他们所居住的房子。

初步的房改引起了其他方面的改革。他们从房屋的整洁转到个人卫生。他们再也不能容忍脏家具摆放在干净的房子里。长期住在整洁的房子里的人也逐渐要求个人卫生。

该协会最重要的卫生改革就是对浴室设备的改造。每栋改建的房子都有公共浴室,浴室里有浴盆和淋浴喷头,并且供应热水和冷水。所有的住户都可以轮流使用浴室,就好像大家轮流使用院子里的水池洗衣服一样。这大大鼓励了人们爱清洁的习惯。房子里的冷热水浴相对于一般公共浴室而言是一大进步。用这样的方式，我们就有可能使他们同时得到健康和清洁，那些在罪恶黑洞里曾经有的恶劣习惯也消失了。

但是，当协会在努力进行大楼维护时，又遇到了一个困难，即，那些学龄前儿童在父母外出工作时不得不整天单独留在家里。这些小孩子不能理解要求他们父母爱护房子的真正意义，于是成为了无知的捣蛋者，他们在墙壁和楼梯上乱涂乱画。这样我们就有了另一项改革，其花费由住户间接承担，我们用住户上缴的“爱护房屋税”创办了“儿童之家”——一个专门属于学龄前儿童的家。在外工作的母亲可以很放心把孩子托付在“儿童之家”，从而可以全身心地投入到工作中去。但是如果住户不上缴“爱护房屋”和“善意”税，他们就不能享受这样的待遇。“儿童之家”墙上贴的制度规定：

母亲有义务把孩子干干净净地送到“儿童之家”，与教员共同教育孩子。

母亲有两个义务，即在身体上和精神上照顾好自己的孩子。如果通过交谈，孩子表现出家中的那种态度，破坏了学校的教育工作，那么他就会被送回到父母那里，以让那些父母得到教训，使他们懂得要好好珍惜这么好的机会。那些生活质量差、爱打架、行为粗鲁的父母会感到教育孩子的重担。他们明白自己曾经过着被人忽视的黑暗生活，他们不想让自己的孩子重新过这种日子。也就是说，父母必须学会享受“儿童之家”给他的孩子带来的良好教育。

只要父母们有“美好的愿望”，愿意按照协会的要求去做就足够了，因为女教员都做好了准备，并很愿意教这些孩子。规章制度规定，母亲每周至少要与女指导员交谈一次，以了解孩子的情况，接受女教员提出的有益建议。这些建议无疑会对孩子的健康和教育有很大的启蒙作用，因为“儿童之家”会给每个孩子指派一名医生和一位女教员。

女教员通常充当母亲的角色，她作为有文化、有教养的人，是这栋房子里居民的榜样。她必须住在这栋房子里，与她的学生生活在一起。这一点非常重要。生活在这些几乎是粗野的人中间,没有人敢在夜里赤手空拳地进入这些房子。她们来到这里不仅是为了教学,她们还要过他们那样的生活。一个文化人,一个专业教育者,决定把自己的时间和生命都用于帮助她周围的人!她是真正的传教士,是他们中的道德女王。只要她有足够的技能和热忱去工作,她将在工作上取得前所未有的成功。

这个居住区真的很现代,就像一个无法实现的梦一样。在此之前确实也有人尝试过,他们曾努力走到穷人中,与他们生活在一起,教育他们。但这样的工作是不实际的,除非穷人的房子有良好的卫生条件,让他们可能过上更好的生活。除非这些有共同利益的住户向着美好的目标共同努力,否则这个目标是不可能实现的。

居住区很现代,也因为有了“儿童之家”这种教育机构。这不仅仅是一个可寄托孩子的场所,它不只是一个儿童收容所,而是一所真正教育孩子的学校,它的教学方法是根据科学的教育学基本原理而形成的。

我们这里重视孩子们的身体发育,我们从人类学的角度研究每一个孩子。我们所进行的语言训练、系统感官训练以及直接锻炼孩子适应实际生活的练习,这些形成了我们教育工作的基础。这种教学工作有明确的目的,而且需要非常丰富的教学用具。

在这里,我不可能叙说学校的所有细节。然而,我必须提到的是,学校里已经有了浴室,孩子们可以洗热水澡或凉水澡,他们可以学会洗手、脸、脖子、耳朵。如果有可能,罗马住宅改善协会还会为孩子们提供一块空地,让他们学会在上面种一些日常的蔬菜。

我有必要在此谈谈,“儿童之家”作为教育机构在教育学上取得的进步。这是很重要的。那些熟悉学校主要问题的人都知道,目前特别关注的一个重要原则是:家庭和学校在教育目标上要协调一致。这个原则是理想化的,是不现实的。家庭总是与学校有一定的距离,而且常常违背它的理想。这是学校无法插手干涉的。家庭不仅同教育进步,还常常同社会进步切切相关。在这里,我们第一次看到了实现人们长期谈论的教育理想的可能性。我们已经把“儿童之家”学校建在居民区,但这还不够。我们把学校当作居民区的一种集体财产,我们要把老师完成神圣的教学任务的整个生活都展现在孩子家长面前。

学校的这种集体所有的概念很新颖，非常美好，并具有很大的教育意义。

家长们都知道，“儿童之家”是他们的财产，是由他们交纳的一部分房租来维持的。母亲们可以随时去观察、评价、思考那里的生活。他们就是用这样的方式，不断反思并帮助他们自己的孩子。母亲们都喜爱“儿童之家”，也很尊重女教员，这些好心的母亲非常关心孩子们的老师，他们经常在教师窗台上放些糖果或鲜花。

经过“儿童之家”这样三年的训练后，母亲把他们的孩子送到普通小学，为此他们就能很好地配合教育工作，并且产生了这样的想法：她们通过自己的行为和自己的品德证明她们值得拥有这么有教养的儿子。

“儿童之家”作为教育机构所取得另一个进步是与科学的教育法有关。到目前为止，教育学仍建立在对学生人类学研究的基础上，它仅仅涉及到了教育改革中的一些实际问题。因为人不仅是生物体，还是社会的产物。在受教育过程中，个人的社会环境就是家庭。科学的教育法如果不能成功地影响新一代的生长环境，那么它想教育好新一代的努力也是徒劳的。因此，我认为，我们只有在居民区宣传新的真理，取得文明的进步，我们才能解决新一代直接的环境问题，才有可能实际运用科学教育法的基本原理。

“儿童之家”的另一个成功之处是，它迈出了家庭教育社会化的第一步。居民们发现能在他们的屋檐下，能有这么一个方便地寄托自己孩子的好地方——“儿童之家”，这里不仅安全而且对孩子还很有益。

让我们记住这些，居民楼所有的母亲都能享受这种特权，她们可以轻松放心地去工作。以前社会上只有一个阶层可以享有这种特权。有钱的女士们可以把孩子放在保姆或女佣那里，自己出去工作或去娱乐消遣。现在，住在这种改建过的居民楼的妇女们也可以像贵妇人一样说“我已经把儿子留在了保姆和女佣那里了”。除此之外，她们还可以像公主一样说，“家庭医生照料他们，指导他们健康成长”。这些妇女，就像英国和美国最先进阶级的母亲一样，她们有孩子的“成长登记表”，女教员和医生为母亲们在上面登记了孩子的成长和健康状况。

我们的“儿童之家”在意大利或其他地方是独一无二的。它的意义是十分深远的，因为它符合时代的需求。我们不再说“儿童之家”所提供的服务可以使母亲不再承担那些自然的社会责任，即照顾和教育孩子的责任。是的，现在社会和经济的发展要求职业女性去赚钱，并强行剥夺她们认为最重要的责任！母亲能在任何时候丢下她的孩子，甚至要忍受她的孩子被遗弃的痛苦。“儿童之家”所带来的好处不仅仅局限于劳动阶级，它也会给中产阶级中的许多脑力劳动者带来好处。教师、教授经常在课余时间要给私人上课，经常把孩子留给粗鲁的、无知的全职女佣来照顾。实际上，对“儿童之家”最初的需求是来自一些高级阶层人士，他们纷纷来信要求在他们的社区里也能进行这些有益的改革。

那时，我们正在社区里把“母亲的职能”——女性的职能共有化。我们在这里可以看到这个举措解决了许多似乎无法解决的妇女问题。有人会问，如果妇女都离开了家，那么家会变成什么？家的功能将会被转化，家将承担妇女的责任。

我们以“社区医务所”为例。妇女天生就是家人的护士，但是又有谁知道最近她经常不得不忍痛离开她病床上的亲人而出去工作。竞争是很激烈的，她不上班就可能丢掉这份谋生的工作。现在可以把生病的人送到“社区医务所”里，她可以在晚上随时来探望，这显然对这样的妇女大有帮助。

家庭卫生状况也取得了很大进步！这与隔离和消毒有关。难道有人会不知道当穷人的孩子得了某种传染病后把他同其他孩子隔离起来是多么的困难？这样的穷家庭一般在城市里没有亲属和朋友，因而不能把其他的孩子送到别处去。

更远的，但并不是不可能的，是社区食堂。住户早上在社区食堂订餐后，哑巴侍者就会把饭准时送到各个家庭的餐厅里。事实上，这在美国已经成功试行了。这对那些中产阶级家庭来说是很有益处的，因为他们过去必须把自己的健康和餐桌上的欢乐交到一个无知的、常把饭菜做坏的仆人手里。目前解决这种问题的唯一方法就是走出家门，到餐厅里吃便宜的快餐。

事实上，社区改革弥补了家庭妇女成为职业工作者后的家庭损失。这样社区已成为一个中心,集中所有迄今为止所缺乏的好东西:学校、公共浴室、医院等等。

因此,这种趋势大大改变了整个社区,原来是罪恶和危险的地方,现在已变成教育中心、文化中心和娱乐中心。这里除了为孩子们兴建学校外,还为居民们建立了俱乐部、阅览室,这是有帮助的,尤其是那些男人们,他们就可以愉快地正当地打发晚上的时间。社区俱乐部就像“儿童之家”一样,在社会各阶级中都是切实可行的、有用的。这些俱乐部将促使关闭那些赌博场所和酒吧间,大大有益于人们的身心健康。我相信,优质建筑协会在不久的将来就会在圣洛伦佐地区那些改建的社区里建立这样的俱乐部。俱乐部建好以后,居民们可以在俱乐部里读书看报,还可以听一些简单的有益的讲座。

我们看到了这样的事实:由于变化的社会和经济状况,妇女们被迫用她的时间和精力做一些有偿工作。但是我们不要因此而担心家庭的解散。家本身充当了家庭主妇的角色。也许会有这样的一天,住户们只要付给经营者一定数目的钱,就能换回舒适的生活环境所必需的东西,换句话说,管理部门将变成家庭的管家。

可以这么认为,这个“住房”(house)经过演变后,将包含英语单词“家”(home)更崇高的意思。这个家不只是由墙壁组成,家将不仅仅只是这些。它是有生命的!它是有灵魂的。可以这样说,它像母亲一样张开温柔、宽容的双臂去拥抱她的亲人;它是道德和幸福的给予者;它关心、教育、哺育着这些孩子。在家里,疲惫的工人可以得到很好的休息,以崭新饱满的精神去迎接生活。他在这里能找到家庭的幸福与快乐。

获得新生的妇女,像蝴蝶一样脱蛹而出,她们不再是男人的附属品。她将像男人一样,成为一个独立的人、一个自由的人,成为一名社会工作者。她将像男人一样,能在改建过的住所里得到幸福和充分的休息。

她应该希望被人爱,而不再是一个供人享乐和消遣的玩物。她应该希望不再做任何奴役性的工作。人类爱情的目标不是实现自我满足,它的崇高目标是增强人类的自由精神力量,从而使爱情变得更加神圣,最后在这种美好纯洁的爱情里,传宗接代。

这种理想的爱情曾在尼采所描述的查拉士特拉的妇女身上具体表现出来：她真诚地希望自己的儿子比自己幸福。她问他的男人，“你为什么需要我？也许是因为独居生活的危险吧？”

“如果是那样的话，请远离我吧。我希望你是一个可以征服自己的男人，一个心胸宽广的男人。我希望你有整洁健壮的身体。我希望我们的身体和灵魂都结合在一起，来创造我们的儿子！创造一个前所未有的、更好更完美健壮的儿子！”

男人婚后的目标就是这样：有意识地培育更优秀的后代。但是这个崇高目标很少有人去想。将来社会化的家充满了生机，它是有远见的，是很亲切的，它既是教育者又是安慰者。那些有意识地培养更优秀后代的并使人类繁荣延续下去的夫妻非常期待的这样的家，他们认为这才是他们真正值得的家。

“儿童之家”的规章制度

罗马住宅改善协会在××号居民楼建立“儿童之家”，凡居住在该居民楼的居民的学龄前儿童均可入学。

“儿童之家”的主要目的是：为那些需要外出工作无人看管的孩子的父母提供免费服务。

“儿童之家”着重关注儿童的教育、健康、身心发展情况。我们将根据孩子的年龄采取合适的工作方法。

“儿童之家”聘请女教员、医生和保育员各一名。

“儿童之家”的计划和时间表由女教员安排。

凡本居民楼内3~7岁的儿童均可入“儿童之家”。

凡愿意享受“儿童之家”这种优惠待遇的家长，无需缴费，但他们履行以下义务：

1. 家长必须按规定时间把孩子送到“儿童之家”，保证孩子身体和衣服都是干净的，并穿上合适的围裙。

2. 家长必须尊重“儿童之家”的女教员及所有工作人员。在儿童教育方面必须同女教导密切合作。母亲们每星期至少与女教员交谈一次,向她介绍孩子在家中的表现,并听取教员的有益建议。

凡发生下列情况,孩子将被“儿童之家”开除:

1. 那些没有梳洗、或穿着脏衣服被送到“儿童之家”的孩子。

2. 那些屡教不改的孩子。

3. 那些家长不尊重“儿童之家”工作人员、或家长的恶劣行为破坏了“儿童之家”的教育工作的孩子。

PART 4

儿童之家的教育方法

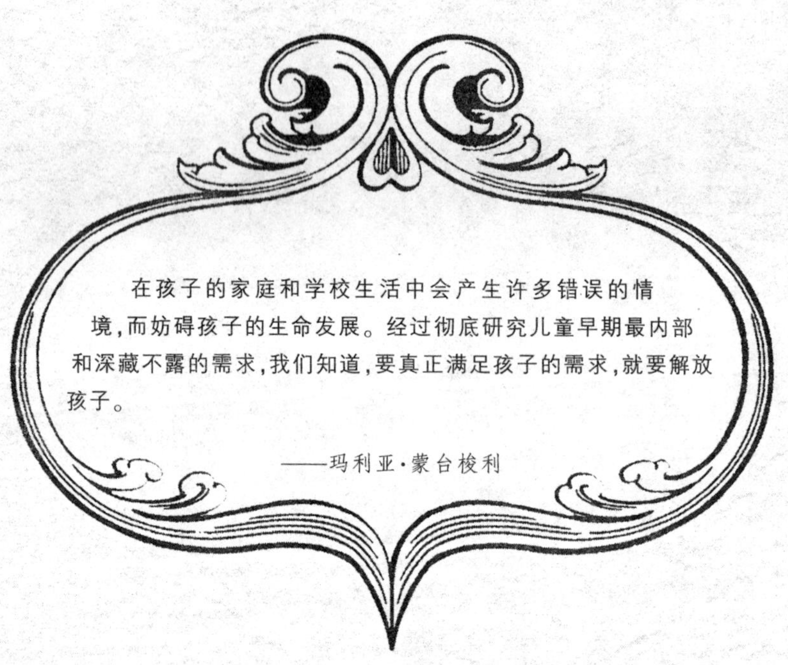

在孩子的家庭和学校生活中会产生许多错误的情境，而妨碍孩子的生命发展。经过彻底研究儿童早期最内部和深藏不露的需求，我们知道，要真正满足孩子的需求，就要解放孩子。

——玛利亚·蒙台梭利

当我知道我已是“儿童之家”里的一名幼儿教员时，我就希望把这个班级当作一个科学实验教育法和儿童心理学的场所。我一开始就同意冯特的看法，认为“儿童心理学还不存在”。事实上，关于儿童期的实验研究，如普拉尔和鲍德温的研究，就只是把他们自己两三个孩子作为实验对象进行研究。而且，那些心理测量仪器也要在对孩子进行测试之前必须大大改进和简化，因为孩子们不会主动地作为实验对象的。

儿童心理学研究只有通过外部观察的方法才能进行。我们必须抛弃进行内心记录的任何念头(想法)，因为内心只能通过实验对象自身的内省世界才能反映。用于教育学研究的心理测量仪器至今为止还局限于触觉研究时期。

我还打算尝试其他的研究，但又要保持自己研究的独立性，不带有任何的偏见去从事自己的研究工作。作为最精华的部分，我记住了冯特的一个主张或者说是定义，即“实验心理学所有研究方法可以归结为一种方法；那就是对实验对象进行详尽的记录观察”。

对儿童进行研究，我们有必要考虑到另一方面：儿童发育的研究。在这里，我也保持相同的一般标准，但是不坚持任何根据年龄区分孩子活动的教条主义。

人类学研究

对于儿童身体发育的研究，我的第一个想法就是对儿童定期进行人体测量的观察，并选择最重要的进行观察。

我设计了一种米制人体测量仪器，它的范围是 0.5~1.5 米。我们可以把一个高30厘米的小凳放置在这种人体测量仪器的地面台上来测量儿童的坐姿高度。我现在建议设计一种立柱两侧带有刻度的人体测量仪器,一侧量立高,一侧量坐高。在测量坐高的一侧,把零刻度指向30厘米,也就是相当于放置的小凳子的高度。立柱两侧的指示刻度是相互独立的,我们可以同时测量两个儿童。这样我们就能避免挪动凳子带来的不便和时间的浪费,同时也能避免不同刻度换算的麻烦。

配备了这样的研究技术后,我决定每月测量儿童的高度:坐姿身高和立姿身高。为了使这些定期测量尽可能准确地反映他们的发育情况,同时也为了使教员研究工作更具规律性,我做出规定,我们必须在孩子满月当天进行这些测量。为此我设计了以下的登记表:

日 期	9 月		10 月		……
	身 高		身 高		
	立 高	坐 高	立 高	坐 高	
1					
2					
3					
4					
5					
……					

每个日期数字对应的空格用来登记每个儿童的出生日期。这样教员就知道哪天测量哪些孩子,并把测量结果填写到相应的空格里。用这样的测量方法,我们就能获得一张非常准确的儿童体重登记表(参见下表),而且不会让教员们感到负担过重或者很疲劳。

关于儿童的体重,我安排他们在洗澡前用浴室里的磅秤每周测量一次。根据孩子们的出生日期,如星期一、星期二、星期三等,我们在孩子们准备洗澡时,测量他们的体重。如果我们假设一个班级有50个学生,那么这些孩子们就被分成7天洗澡,每天有3~5个孩子洗澡。当然,理论上我们需要每天洗澡,但是要做到这些,我们需要一个大浴室或者许多小浴室,以便我们能立即给许多孩子洗澡。即使每周给他们洗一次澡也给我们带来很多困难，为此我们有的时候不得不放弃。在许多时候，我们安排测量体重就是为了安排和确保孩子定期洗澡。

我似乎认为上述人类测量、身高体重的测量和记录应该是女教员需要从事的唯一事情，因此事实上也是我们应该在校园内从事的唯一事情。我计划让一个已经成为或者准备成为儿童人类学专家的内科医生进行其他测量。同时，我自己也会进行这种特殊测量。

儿童体重记录表

	9 月			
	第一周(磅)	第二周(磅)	第三周(磅)	第四周(磅)
星期一				
星期二				
星期三				
……				

内科医生的检查必须是综合的。为了使这些测量简单便利和有规律性，我设计并印制了以下体检表：

编号 ____________ 日期 ____________

姓名 ____________ 年龄 ____________

父母姓名 ____________ 母亲年龄 ______ 父亲年龄 ______

职业 ____________

遗传情况 ____________

本人情况 ____________

人体记录

站立身高	体重	胸围	坐高	身高指数①	体重指数②	头部			
						头围	前后直径	左右直径	头部指数

身体素质情况 ____________

肌肉状况 ____________

肤色 ____________

发色 ____________

备　注

____

____

____

____

如上所见,这些体检表非常简单。我之所以把体检表制作成这样,就是希望医生和女教员能够自由独立地使用它们。按照这种方

① 蒙台梭利医生的身高指数包括站时的身高和坐着时的身长指数。

② 衡量指数是由身高和体重结合起来得出的。

法,人类记录将会有次序地进行,同时操作的简单性和体验表的清楚性将保证我们顺利进行这些基本的观察。根据医生的成长登记表,我建议我们每年进行一次以下测量:头围;头部的两大直径;胸围;头部指数;体重指数和身高指数。关于如何选择这些测量的进一步信息可以参阅我的论文《人类教育法》。这些测量要求医生在孩子满一岁的那个星期或者至少那个月内进行,如果有可能,最好在生日当天进行测量。这样医生的工作就变得很简单,因为它具有规律性。我们学校每个班级最多50个孩子,他们的生日分散于365天里,这就使医生能不时地进行测量工作,工作负担不是很重。教员的职责就是通知医生孩子们的生日。

进行这些人类测量对于孩子们也有教育的一面。当他们离开"儿童之家",他们就知道怎么清楚肯定地回答以下问题:

你的生日是星期几?
你的生日是几月几日?
你的生日是什么时候?

而且通过进行这些测量,他们将会养成有条理的习惯,最重要的是,他们将形成自我观察的习惯。事实上,我可以在这里说,孩子们对测量非常感兴趣。一听到老师说要量身高,孩子就立即开始脱鞋子,欢笑着跑到人体测量器的地面平台上站好。他站得非常标准,教员只要操作指示器并读出结果就行了。

医生除了用普通器械进行测量外(测径器和金属码尺),他还要对孩子们的肤色、发色、肌肉、淋巴腺及血液情况进行观察。他注意观察任何的畸形情况,并向家长详细描述任何的病理症状(佝偻病、少儿麻痹症、视觉缺陷的任何迹象)。对儿童进行这种有目的性的研究,将指导医生在适当的时候同孩子的父母讨论一下孩子的病情。如果后来医生发现有这个必要性,他会给孩子家做一个全面的清洁检查,建议采取必要的治疗方法,从而使他们避免湿疹、耳炎、发烧症状、肠功能紊乱等疾病的干扰。

我们手头这种仔细的工作可以得到居民诊疗所的大力协助,他们可以对孩子进行直接治疗和持续观察。

我发现，我们在诊所里对病人进行的常规询问不适合在我们学校使用,因为这些住户的家庭成员大部分是非常健康的。

因此，我鼓励女教员们从她们与孩子母亲的交谈中收集一些实际的信息。她必须了解到孩子父母的教育程度、习惯、工资水平，他们花在房子上的钱等等信息，并从这些信息中了解每个家庭过去的情况,这种做法大多基于让·布莱采用的次序。当然,这种方法只有当女教员同孩子们居住在一个社区时才是可行的。

然而,医生告诉母亲如何对孩子进行清洁照料,以及提醒他们注意清洁的用法说明,这些证明都是非常有用的。女教员应该是这些事情的中间人,因为这些母亲相信她,她可以把医生的建议转达给母亲,这样母亲们就很自然地采纳这些建议。

为孩子创造良好的教育环境

观察方法,无疑必须包括对孩子形态发育的系统观察。但是我重申一下,虽然这种观察是非常必要的,但是其方法的建立并非基于这种特殊的观察。

观察方法是建立在一个根本基础上——学生自发表现的自由原则。

当看到这时,我首先想到环境问题,这当然包括教室设备。我想,作为学校环境的重要部分,我们应考虑建一个带有花园的大操场,这不是一个新建议。

新颖的部分可能是如何使用这些户外空间，它应与教室直接相通,这样孩子们就能整天随意地自由出入。我将在后面详细叙述这些。

学校设备最主要的改动就是撤掉所有的课桌、课椅或固定椅子。我制作了一些又大又结实的八边形桌子。它既稳定又轻便。实际上,两个4岁的孩子就能轻易地把它搬动。这些桌子是矩形的，而且足够大,可以容纳两个孩子。如果孩子们坐紧一些,这张桌子可以容纳三个孩子。也有一些只可容纳一个孩子的小桌子。

我也设计和制作了一些小椅子。我一开始计划用竹制椅子,但是经验表明竹制椅子对孩子的衣服磨损非常大，为此我现在改用全木制椅子。他们非常轻便而且外形美观。除此之外,我还在每个教室配备了许多舒适的木质或柳条制的小扶手椅。

学校的另一类设备就是那些小脸盆架。脸盆架非常矮,即使是3 岁的孩子也能用。它外面漆成白色防水瓷釉。盆架除了有一些较宽的放白色瓷盆和带柄杯子的上下架子外，侧面还有一些小格子可放肥皂盒、指甲刷和毛巾等。教室里还有一个水容器,用来盛放倒出来的脏水。如有可能的话,我们还将为每个孩子配备一个小橱柜,放各自的肥皂、指甲刷、牙刷等。

我们还为每个教室配备一排存放教具的矮长橱柜。橱柜门要容易打开,孩子们自己负责照管这些教具。这些柜子顶上将放一些植物盆、小鱼缸、或者各种各样的给孩子随意玩的玩具。我们有很多大黑板,挂的非常低,连最小的孩子都能在上面随意画画。每块黑板旁边都有一个装粉笔的小盒子和一块擦黑板的白布。

在黑板上方的墙壁上挂着许多漂亮的图画，这些图画都是精心选择的,代表了那些能自然引起孩子们兴趣的简单景色。在我们罗马“儿童之家”教室挂的图画中,我们选择了拉斐尔的“圣母像”作为“儿童之家”的象征。其实,这些“儿童之家”不仅代表了社会的进步,而且代表了人类的普遍进步。它与母性观念的提高、妇女的进步以及保护子孙后代事业密切相连。在这副美丽的图画里,拉斐尔不仅向我们展示了圣母是一位怀抱着比她自己还要伟大的婴儿的神圣母亲,而且在所有母性象征的旁边,展现了代表人性的圣约翰。因此,从拉斐尔的图画中,我们可以看到人性是人们对母性的敬意;母性,是人性胜利的崇高事物。除了美好的象征意义,这幅图画的价值还在于它是这位意大利伟大艺术家的得意之作。如果有那么一天,在全世界范围内建立“儿童之家”,我希望在所有“儿童之家”学校的每个教室里都挂上拉斐尔的图画,并且可以理直气壮地说,最早建立“儿童之家”的国家是意大利。

当然,孩子们不能理解“圣母像”的象征意义,但他们从中看到了比在其他更多普通画里更加美好的东西,他们看到了爸爸、妈妈和小孩。长期与这幅图画相伴将唤醒他们心灵的宗教情感。

这就是我为孩子选择的教育环境。

我知道那些习惯于旧式教学方法的人首先反对的是：孩子们在学校里到处乱跑，会打翻小桌子，会制造噪音和造成混乱。这是人们长期以来存在的偏见，没有确实的根据。

许多世纪以来，人们认为襁褓对于新生婴儿、学步椅对于刚学走步的孩子而言都是必需的，为此他们也认为，在学校里，有必要把笨重的桌子和椅子固定在地板上。所有这些都基于这样的一种观点：孩子们应该在不动的环境中成长。这些想法都根源于这种奇怪的偏见，即在实施任何教育活动时，我们必须保持一种特殊的身体姿势，就像我们祈祷时必须呈一种特殊姿势一样。

我们的小桌子和各式各样的椅子都非常轻，容易搬动。我们允许孩子自由选择他认为最舒服的位置。他能舒坦地坐在自己的位置上。这种自由不仅是自由的外部象征，而且是一种教育方法。如果孩子们由于笨拙的动作而把椅子翻倒在地板上制造出噪音，他就会发现并改正自己的缺点。如果同样孩子绊倒在固定椅子之间，孩子就不会注意到自己的过失。因此，孩子就有改正自己的一些方式。这样做以后，孩子将拥有改正自己不足的实际能力：它可以无声地把这些小桌子和椅子放回原位。这清楚地表明孩子已经学会了控制自己的行动。

在旧式教学方法中，纪律建立在与此完全相反的事实上，即孩子们必须保持不动并保持安静。这种不动和安静的环境阻碍孩子学会举止文雅，辨别准确，并让他处于不锻炼的状态。当他一旦处在一个板凳和椅子都不固定在地板的环境时，他不把这些轻便的桌椅翻倒就不能走动。在“儿童之家”，孩子不仅学会了举止文雅和得当，而且逐渐明白了这么做的道理。他在这里获得的能力将对他终身有用。虽然他仍是个孩子，但是他已经能举止文雅得体，而且还完全自由。

在米兰，“儿童之家”的女教员在教室窗户下做了一个可放小桌子的狭长架子，桌子上可摆放图画课备用的金属几何模型。但是这个架子太窄了，孩子们在选择自己想用的模型时，常常让小桌子掉到地板上，桌上的所有金属模型也被摔得怦怦作响。女教员打算把架子加宽些，但是木匠迟迟不来。就在等待木匠的时间里，她发现孩子们已经学会小心去取用这些模型。虽然这些架子很窄并有些倾斜,但是小桌子再也没有被碰落到地板上。

通过小心地指导自己的行动，孩子们已克服了这个狭长架子的不足。外界设备的简陋或不足常有助于增强孩子的主动性和灵敏性。这就是我们应用于“儿童之家”的教学方法的惊其之一。

看来,一切都富有逻辑,现在一切都被事实证明并付诸行动。毫无疑问,对于每个人来说,它就像哥伦布的鸡蛋那样简单。

PART 5

纪律与自由

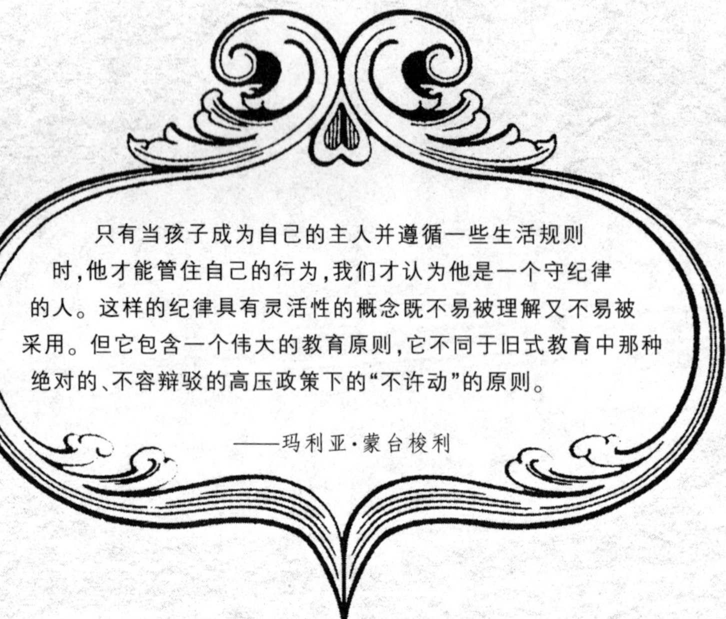

只有当孩子成为自己的主人并遵循一些生活规则时，他才能管住自己的行为，我们才认为他是一个守纪律的人。这样的纪律具有灵活性的概念既不易被理解又不易被采用。但它包含一个伟大的教育原则，它不同于旧式教育中那种绝对的、不容辩驳的高压政策下的“不许动”的原则。

——玛利亚·蒙台梭利

观察教学法是基于孩子的自由基础上的。自由就是灵活性。纪律必须通过自由来实现。这是一个奉行一般教学法的人很难理解的重要原则。一个人怎样才能在自由的班级里维持纪律？当然，在我们的体系中，纪律的概念同普遍接受的纪律观念不同。如果纪律是建立在自由基础上的，那么纪律本身也需要是灵活的。我不认为，一个人只有当他像哑巴一样默不出声和像瘫痪病人一样不动弹才是守纪律。此时，他只是一个失去自我的人，而不是一个守纪律的人。

只有当他成为自己的主人并遵循一些生活规则时，他才能管住自己的行为，我们才认为他是一个守纪律的人。这样的纪律具有灵活性的概念既不易被理解又不易被采用。但它包含一个伟大的教育原则，它不同于旧式教育里那种绝对的、不容辩驳的高压政策下的“不许动”的原则。

如果那些教员想让孩子终身受益，并不断完善他们的自制能力，那么她就要有一些引导孩子遵循这些纪律的特殊技能。一旦孩子们现在学会了走动而不是坐着一动不动，那他就不是为学校而学习，而是为自己谋生活了。他将通过自己的习惯和实践变得很能干，在社会或社团活动中谈吐自如、举止得体。塑造孩子性格的环境不仅局限于学校环境，还可以延伸到社会环境。

当然，孩子的自由应该被限制在集体利益之内。从行为方式上，他们要达到我们普遍认为的有好教养。因此，我们必须察看孩子是否有冲撞或激怒他人的行为，是否有粗鲁或不礼貌的行为。至于其余的行为，不管是怎样的行为，表现为怎样的行为方式，教员一方面要允许，另一方面还必须进行观察。这是最重要的一点。教员在经过科学训练后，不仅要有能力，而且要有愿望去观察这种行为。在我们的体系中，教员必须是一个被动的观察者，而不是一个主动并施加影响力的观察者。她的被动性应该表现为一种带着渴望的科学好奇心，而且必须绝对尊重她所观察到的一切。这个教员必须理解和遵守作为一名观察者的立场：灵活性就体现在现象中。

这一原则肯定适用于学校里那些首次展示出自己心理的孩子。可怕的是，我们竟然不知道扼制孩子刚开始表现出来的积极的自发行为的后果，此时也许我们扼杀了生命本身。人类在幼年时期所表现出来的智慧就如早晨初升的太阳、含苞初放的花朵。我们必须虔诚地尊重孩子个性的初次展现。无论任何教育行为，如果它要行之有效的话，它就只能是帮助生命充分发展。要达到这样的效果，我们就非常有必要避免那些抑制自发行为和任意强加的行为。对那些没有进行过科学观察训练的教员，我们有必要对他们进行实际的训练和实践练习，以让他们适应这种新的教育方法。那些已习惯了普通学校那种旧式教育方法的人，尤其有必要接受这样的训练。我在学校训练教员的经验使我深信：这两种教育方法之间存在巨大的差别。即使是一个理解了这一新教育原则的聪明教员也会发觉，把它付诸实践也是很困难的。她不明白她要从事的新工作是那样被动，就像地球在太空高速旋转时，天文学家只能坐在望远镜前一动不动一样，正是生命扮演着生命本身。为了去研究它、探索它的秘密或指导它的活动，我们有必要不加干扰地观察和理解它。我认为，这种想法是很难被人理解并付诸实践的。

只有经过训练，教员才能完全学会成为学校的自由活动者。因为长期以来，她的职责就是抑制孩子的行为。当她刚到“儿童之家”的日子里，她没有让孩子保持次序和安静下来。她看上去很尴尬，还表露出请求人们原谅她，并期望那些在场目击者证明她的清白。我们不断向她说明，开始时期的混乱是必然的。实在不行的话，我们责成她不要做任何事，只是看着孩子。她请求说，她这样做还不如辞职，因为她觉得自己不再是一名教员。

这个旧学校的教员感觉自己很空虚，开始询问她是否不适合她的新工作。实际上，由于没有经过科学训练准备，她会长时间感到困窘和无助。然而，这位教员在实验心理学的科学文化知识和实践经验越广泛，她就能越快地适应这个工作，越快地创造她生命中的奇迹。渐渐地，她开始发觉她的责任是辨清哪些行为应该制止，哪些行为应该进行观察。

诺塔利在他的现代习俗批判小说《我的百万富翁叔叔》里，极具说服力地旧式纪律教育方法的例子生动描述了这位“叔叔”小时候做过许多调皮捣蛋的事，简直闹翻了整个小镇。后来他无可奈何地被限制在一所学校。在这里，人们叫他“福福”。他在这里第一次体验到了自己想做善事的心灵经历。当他接近美丽的小福费塔时，发现她非常饥饿还没有吃午饭时，他的内心第一次被感动了。

“他向四周看看，又看看福费塔，站起来拿起自己的小午饭篮子，一句话没说，把篮子放在她的怀里。”

“接着，他就跑开了。他不知道他为什么要这么做，他低下头，突然大哭。”

“我的叔叔不知道怎么解释他自己抱头大哭的原因。”

“他第一次看到一双满含伤心泪水的善良的眼睛，他感觉自己被感动了，同时他感觉自己非常惭愧，惭愧自己竟然在一个饥饿的人面前吃东西。”

“他不知道怎么表达自己心灵的冲动，也不知道怎么请求她接受这个午饭篮子，更不知道如何找借口证明提供午饭给她是正当的，他只有让自己幼小的心灵承受第一次深深的感动。”

“小女孩福费塔非常困惑地飞快地跑向他，她非常温柔地挪开他藏在脸里的双臂。”

“不要哭，福福，”她轻轻地对他说，好像在恳求他。她好像在同她喜爱的布娃娃说话，她的脸是如此慈爱和专注，她的举止温和文雅。

“接着，小女孩吻了他。我的叔叔内心的感动让步了，他双臂搂着她的脖子，仍然沉默着，哭泣着，回吻了小女孩。最后，他深深地吸了一口气，擦掉了脸上和眼睛里的泪痕，又开始笑了。”

“就在这个时候，刺耳的声音从院子的另一头传来。”

“喂喂，你们两个在那里干什么，你们快，快进教室，你们两个！”

“那是他们的监护人——教员。她用盲目的粗野行为粉碎了叛逆者第一次的轻微激动，她就像在处理两个孩子打架一样。”

“现在所有人都回到教室，每个人都必须遵守规则。”

我发现我们“儿童之家”实验学校的老师在最初日子的行为就像上面述说的一样。他们不自觉地想要求孩子“不许动”，没有观察和识别他们制止的行为的性质。有这样一个例子，一个小女孩把她的伙伴们召集到身旁，她站在他们中间开始一边讲话，一边打手势。教员立即跑向她，抓住她的手臂，告诉她不要动。但是我观察了这个小女孩，发觉她是在扮演别人的教师或母亲的角色，教他们做早祷，向圣人祈祷和画十字架。她已经把自己当作一名教员。另一个孩子，他经常做一些无组织和捣蛋的行为，被认为是叛逆的人。有一天，他非常小心地开始搬动桌子。不久，他就被教员要求站在那里不要动，因为他弄出了太大的噪音。然而，这是孩子第一次想好好表现，这本应该是值得尊重的行为。事实上，从那以后，不管是搬动任何小东西或者在他自己的桌子上摆放任何东西，他都像其他孩子一样，开始安安静静、高高兴兴地去做。

在“儿童之家”，经常发生这样的事情，当女教员把用过的教具放回到盒子里，一个孩子就会走近，拿起这个教具，想模仿教师。但教员的第一想法就是让孩子回到座位上，他对孩子说：“别动，回到你的座位上”。然而，孩子只是想通过这个来表达他们想成为有益的人的欲望。本来对于女教员来说，这次是教会孩子东西要摆放有序的一个好时机。

有一天，一群孩子又说又笑地围成一个圈，圈中间是一盆水，水里浮着一些玩具。我们学校有一个两岁半的小男孩，他独自一个人呆在圈外。很显然，我们看到他充满了好奇。我在远方很有兴致地观察着他。他首先走近那些孩子们，试图挤进去。但是他不够强壮，接着他站在那里看着他的周围，他脸上的表情是非常地有趣。我希望有一架照相机把这个情景照下来。他看到了一张小椅子。很显然，他打算把它放在这群孩子的后面，然后爬到椅子上。他开始向椅子走去，脸上闪烁着希望。但是这个时候，教员用双手残酷地(或者他可能说是轻轻地)抱起孩子，把他举过其他孩子，让他看到了这盆水，说：“来，可怜的孩子，你也可以看到的”。

毫无疑问，小男孩看到了浮在水中的玩具，但他却没有享受到用自己的力量克服困难所得到的快乐。看到那些玩具并不算什么，而他所作的努力将开发他的内心智慧。在这个事例里，教员阻碍了孩子的自我教育，没有给他任何补偿的机会。这个小家伙打算让自己成为一个征服者，但他发现自己被压制在一双手臂之间，无能为力。让我大感兴趣的是孩子脸上那高兴、焦急和充满希望的表情，但是现在它们慢慢地消失了，留在脸上的只是孩子知道别人会为他做任何事情的傻傻的表情。

当教员厌烦了我的观察方法后，他们开始允许孩子任其所为。我发现，有的孩子把脚放在桌子上，有的孩子把手指塞进鼻孔里。但是没有人去纠正他们。我看到有的孩子推搡他们的伙伴。在他们的脸上我看到了暴力的表情。这也没有引起教员的任何注意。后来，我不得不去干涉一下，向他们指出孩子哪些行为绝对要阻止，哪些行为要逐渐制止，以及他们必须不能做的行为。只有这样，孩子们才能慢慢地辨别清楚好与坏。

一旦采用这种维持纪律的方法，我们就必须这样做下去。最初的日子是教员们最困难的日子。为了能够积极遵守纪律，孩子学会的第一个思想就是能辨别好与坏。而教员的职责就是观察孩子们有没有混淆好与不好、坏与不坏这些概念。旧学校的纪律常常混淆这些概念。所有这些是因为我们的目标是建立一个积极的纪律、工作的纪律和有益的纪律，而不是一个不动的、被动的和顺从的纪律。

所有孩子在教室里走来走去，做一些有益的、充满智力的自觉活动，没有任何的粗鲁行为。在我看来，这样的孩子才是真正遵守纪律的。

在普通学校里，教员让孩子一排排坐着，给每个孩子分配一个空间，并告诉孩子安静地坐着，整个教室就像集会一样井然有序。我们在以后可以达到这样的效果，这是集体教育的开始，因为我们有的时候必须全体就坐并保持安静，如我们参加音乐会或讲座。我们知道即使是我们成年人做到这样也不容易。

当建立了个性化纪律后，我们将安排孩子各就各位，让他们到自己喜爱的位置，保持秩序。我们要尽力让他们明白这样的道理，即，这样的安排看起来很好，这样的井然有序是件好事，房间的布置非常好并令人愉快,他们为此应保持秩序,安静地呆在教室。后来,他们就安安静静地默不作声地呆在自己位置上了。这是一种教育的结果,而不是强迫接受的结果。让他们明白这个道理,而不是强迫他们去做,让他们采用这种集体主义原则,这才是最重要的。当他们明白了这个道理后,他们就再也不会不加思考地站起来,大声说话或者坐到另外的位置上了。即使他们这么做了,也是因为他们希望站起来,或希望大声说话等。也就是说,他们要离开那种安静有序的状态,去做一些自发行为。这是可以理解的。当他们知道这些行为是被禁止的后，他们就将有新的冲动去记住并区分好与坏。

随着时间一天天过去，孩子有序的活动将变得日益协调和完美。事实上,他们已经学会了反省自我的行为。现在孩子们已经明白了有序的道理，我们则已经观察到了孩子们从无序行为过渡到自发的有序行为。

孩子们经过这样的训练后，他们就在一定程度上有了可以选择自我行为的倾向。这种倾向一开始被与不知觉的无序活动相混淆。我们可以说,只要这样进行下去,孩子将能清晰地表现自己的个性。他们将自觉地自由地展示自己。

也有一些孩子,他们静静地坐在座位上,显出毫无兴致或昏昏欲睡的样子。有的孩子则会离开位置,去同别人争吵、打架或打翻各种各样的木块和玩具。后来则有另外一些孩子开始做明确的判断性行为,如,把一张椅子搬到一个特殊的地方,然后坐在上面,把一些不用的桌子搬过来,像她们玩游戏一样布置它们。

由于孩子生来具有的不能自立的特性以及他作为社会个体的性质,他总是被镣铐限制着自己的活动。我们必须采用以自由为基础的教育方法,来帮助孩子克服这些各式各样的束缚。换句话说,对他的训练应该用合理的方式帮助他减轻约束他活动的社会镣铐。

独立性

没有独立就没有自由,因此,我们必须指导孩子的个性得到自由、积极的表现,使之通过自己的活动达到独立。小孩子从断奶起,就开始努力走上这条独立的道路。怎么样的孩子是断奶的孩子?实际上就是不依赖母乳的孩子。他可以用各种各样的食物来代替母乳。对他而言,生存的方式增多了,虽然他一开始只是局限于一种营养食品,但是他能在一定程度上选择自己的食物了。

不过,他仍有依赖性,因为他还不会走路,还不会洗衣服和穿衣服,也因为他还不会用清楚简单的语言要东西吃。他在很大程度上仍处于被所有人控制的阶段。当到了3岁时,他就可以在很大程度上独立自由地表现自己了。我们之所以还没有彻底认识独立的最深刻含义,是因为我们居住的社会仍是极具奴役性的。在文明时代里,只要有仆人,生活中就没有真正意义的独立概念。我们的仆人不依赖我们,而是我们依赖他们。在奴隶制社会,自由的概念也是被扭曲的,被弄模糊了。

我们普遍接受仆人作为我们社会结构的一部分,而不考虑其对道德产生的巨大影响,这种做法是不可能的。我们常认为,我们是独立的,仅仅因为没有人命令我们,而我们则可以命令别人。但是,那些需要仆人帮助的贵族,由于才是真正有依赖性的无能的人。瘫痪病人不会脱鞋是由于病理因素,王子不会自己脱鞋则是由于社会因素,但是在现实生活中,他们却被归结为同一原因。

有些国家接受了奴役的思想,并认为人必须服侍人。这些国家本能地承认奴役性,这样,我们很容易学会奉承谄媚,还美其名曰:谦恭、礼貌和仁慈。事实上,那些被服侍的贵族其独立性非常有限。这位贵族应明白:我不想让别人服侍,因为我不是无能的。而且他们必须在感觉自己真正自由之前明白这个道理。

有效训练小孩的所有教育活动,都必须帮助孩子们在独立的道路上前进。我们必须帮助他们学会走路,学会跑,学会上下楼梯,学会捡起掉落的东西,必须学会自己穿衣服和脱衣服,自己洗澡,学会清楚地讲话,并清楚地表达自己所需要的东西。我们必须帮助他们,使他们有可能达到自己的目标和欲望。所有这些都是独立教育的一部分。

我们总是习惯性地侍候孩子。这不仅是在奴化他们,而且还很危险,因为这将抑制他们有益的、自发的活动。我们倾向于认为孩子就像木偶,为此我们像对待洋娃娃一样给他洗澡,喂他吃饭。我们从来不会停下来想一想这些什么都不知道的孩子的感受。孩子必须自己做这些事情。大自然赋予了他们进行各种活动的身体条件和学会如何去做的智力因素。我们对他们的责任是,在任何时候帮助他们征服大自然所赋予他们的有益活动。如果喂养孩子的母亲没有尽一点力教孩子自己去怎么拿住勺子,然后把它放到嘴里;没有给孩子亲自示范她是怎么做的, 这样的母亲就不是一个好母亲, 她就伤害了她儿子最基本的尊严。她把他当作洋娃娃一样看待,而不是当作大自然委托她照管的一个人看待。

谁都知道,教一个孩子自己吃东西、自己洗衣服和穿衣服是一件多么单调乏味且困难的工作。这需要付出比喂养孩子、给孩子洗衣服和穿衣服更多的耐心。但是前者是教育者的工作,后者则只是仆人的简单低微的工作,这样的工作尽管对母亲而言很容易,但对孩子却很有害,因为它关闭了孩子自我学习的大门,并在孩子成长的道路上设置障碍。

这类父母采取这种态度所带来的后果,实际上是非常严重的。那些拥有许多仆人的贵族不仅越来越依赖他们的仆人, 直至最终成为他们的奴隶,而且他的肌肉由于不运动会变得越来越虚弱,最后丧失了活动的自然能力。那些自己什么也不做而只会发号施令的人,他们的思想会变得非常沉重和迟缓。当有一天,这个人清醒地意识到他的处境,想重新获得独立的时候,他将发觉他已经再也没有能力独立了。如果特权阶级的孩子想使用他们的特权,我们应该向他们的父母告诫这些危险性后果。不必要的帮助才是自然力发展的实际障碍。

东方妇女喜欢穿裤子,而西方妇女喜欢穿裙子,这是事实,而且前者所接受的“不许动”的教育比后者更多。这样的教育导致了男人不仅要为自己工作,还要为女人工作。妇女浪费了她的自然力和活动力,并在奴役中衰退。她不仅被人养着,服侍着,而且它作为人的个性也一点点消失。她作为社会成员的一分子,成了一个不重要的人。她放弃了她在生活中保护自己的能力和资源。

让我举这样的例子。一辆载着爸爸、妈妈和孩子的马车正沿着乡间小路行驶。突然一群有武装的土匪拦住了马车,并大声喝道:“要钱还是要命”。面临这样的情况,马车里的三个人表现出三种不同的方式。男人是一名神射手,手里有一把左轮手枪。他迅速拔出手枪进行反抗,孩子只有一双自由轻快的腿,哭喊着,拔腿就跑;而这名妇女既没有枪,又跑不动(因为她的双腿好久不活动,而且被裙子裹着,没法跑),被这个场面吓呆了,坐倒在地上,晕倒了没有知觉。

这三种不同的反应与这三个人各自所处的自由程度和独立状况密切相关。土匪们发现了那个昏倒女人的包袱,他们都忙着去捡丢在地上的东西。这样,她才有机会脱逃。

奴役和依赖的危险性不仅在于它们造成了“生命被白白地浪费”,导致了人的软弱无能,而且它们使得正常人的个性发展明显出现了堕落和退化,这实在令人感到遗憾。在这里,我尤其要谴责那种盛气凌人和专横跋扈的行为,这样的例子在生活中屡见不鲜。对于有专横跋扈习惯的人而言,他们同时也有软弱无能的一面。专横跋扈的人是想让别人来为他工作,以达到他们征服别人的目的。这些人情绪状态的外在表现就是专横跋扈。所以,我们经常看到,主人对待仆人的态度简直就像暴君一样,这就是奴隶主对待奴隶的心态。

让我们看看,有一个聪明而熟练的工人,因为在他的工作环境中具有管理和指导一般操作的能力,因此他不但能够既好又快地制造产品,而且还能向车间提出合理化的建议。因此,这个工人是他工作环境的主人,也就是说,他能驾驭他的工作环境。当别人遇到问题而恼怒时,他会微笑以对,表现出良好的自我控制能力,而这种自我控制能力来自于他对自己工作能力的自信。然而,当他回到家里,如果妻子做的汤不合他的口味或者没有按时开饭,这个能干的工人就会对妻子大发雷霆、一顿斥责,这毫不奇怪。在他的家里,他不再是那个能干的工人,而这时能干的人是侍候他、为他做饭的妻子。在能够表现他的能力、证明他是强者的工厂里,他是个安详而快乐的人。但是在得到妻子伺候的家里,他就变成了一个专横跋扈的人。如果他也学会了做汤,也许他就有可能成为一个完美的人!一个人通过自己的努力,能够完成满足自己生活享受和发展所需要的一切事情,这样就征服了自我,并且在努力工作的过程中,增强了自己的能力,成为一个完美的人。

取消奖励和惩罚

一旦我们接受并建立起这些原则,奖励和惩罚形式就会自然取消。一个享有自由并自我约束的人,会追求那些真正能激发和鼓励他的奖赏。当他的内心具有了人类的力量和自由时,他就会迸发出强烈的积极性。

在我的经历中,我经常看到的事实也确实如此,令人惊奇。我在参与“儿童之家”的最初几个月,就曾发现老师们还没有学会实际运用有关自由和纪律的教育法则。尤其有一个老师,当我不在的时候,她就自作主张地采用了她以前习惯使用的教育方法。有一天,当我意外走进教室的时候,看到班上一个最聪明的孩子的脖子上用一条精致的白色带子挂着一个很大的希腊式银质十字奖章,而另一个孩子则坐在教室中最显眼的地方的一把扶手椅上。很显然,前一个孩子受到了奖励,而后一个孩子是在接受惩罚。不过当我在场的时候,那个老师对孩子没有再进行任何干预。于是我也没有出声,静静地坐在某个地方继续观察。

我发现,得到十字奖章的孩子来回地忙个不停,他把自己用的东西从自己的桌子上搬到老师的桌子上,把其他的东西搬回原处。他高兴地忙着自己的事情。当他来回走动的时候都要经过受罚的孩子坐的地方。他的奖章在走动的时候不小心从颈上滑下来掉到了地上,受罚坐着的孩子把奖章捡了起来,提着缎带摇晃着,翻来倒去地看,然后对他的同伴说:“你知道你掉了什么东西了吗?”那个掉了奖章的孩子转过身无所谓地看了一眼那个小玩艺儿，他的表情好像是在责怪别人打断了他，他回答说："我对它无所谓。"受罚的那个孩子平静地说："你真的无所谓吗？那么让我戴一下吧！"他回答："行，你戴吧。"语气中好像是在说："你让我安静点好吗？"

受罚的那个孩子小心地整理一下缎带，把奖章挂在自己粉红色的兜肚前。这样他就可以欣赏奖章的式样和光泽了，然后他调整一下坐姿，把手搁在扶手上，舒服地坐在小椅子里，神情显得那么轻松愉快。事情就是这样，也完全合乎情理。虽然十字奖章能够让那个接受处罚的孩子感到满足，却不能满足那个积极主动、内心充实、愉快工作的孩子。

有一天，我带一位女士参观另外一所"儿童之家"。这位女士高度赞扬了孩子们。然后她打开了带来的一个盒子，拿出系有红色缎带闪闪发亮的奖章给孩子们看。她说："你们的老师会把这些奖章戴在那些最聪明、最优秀的孩子胸前。"

因为我觉得没有必要用我的方法来指教这位来访者，因此就没有作声，让老师接过了盒子。这时，一个静静地坐在小桌旁的很聪明的4岁小男孩，皱着眉头表示抗议，并一次又一次地喊到："别给男孩子！别给男孩子！"

这给了我们一个多好的启示呀！这个小家伙已经知道他属于班上最聪明的孩子之列，尽管谁也没有这么对他说过。但是他不希望受到这种奖励的伤害。由于并不知道如何维护自己的尊严，他只好借助于他作为男孩子的优点，不让那位女士把奖章颁发给男孩子！

至于惩罚，我们曾多次遇到一些喜欢干扰别人、而又根本不注意纠正错误的孩子。这样的孩子应该立即由医生进行检查。如果检查结果证明孩子是正常的，我们就要在教室的一个角落里放一张小桌子，让他坐在那里，用这种方式来孤立他。我们让他坐在舒适的小扶手椅上，可以让他看见自己的同伴们学习，同时给他最喜欢玩的游戏和玩具。这种孤立总是能成功地使这样的孩子安静下来。在他的座位上他可以看到全体伙伴的学习情况，这对他来说是一次比老师讲什么都更有效的直观教学课。渐渐地，他就会明白，如果能成为在他面前忙碌的伙伴中的一员，他将感到非常优越，他就会真的愿意回去和其他孩子一样学习。我们可以用这种方法教导那些原来不守纪律的孩子,使他们很好地遵守纪律。被孤立的孩子总是应当受到特别的照顾，就好像生病的小孩应当受到特殊照顾似的。我自己就是这样,一走进教室,首先就直接走向这个男孩,去关心他,好像他是最小的孩子似的。对于我们必须进行纪律教育的孩子而言,我并不知道他们的心灵会发生什么样的变化,但可以肯定一点,那就是,经过纪律教育,这些孩子都将变得很好,而且这种良好的态势会持久稳定下去。他们能学会如何学习和如何表现自己,对此他们深感自豪,他们对老师和我也总是表现出亲切之情。

在教育学中自由的生物学观点

从生物学的观点来看,在儿童接受教育的早些年里,自由的概念应当被理解为:儿童成长的环境必须最有利于其个性的发展。因此,不管从生理上来说还是从心理上来说,自由的概念都包括大脑的自由发展。教育工作者必须有一种对生命的尊重感,并由此深受鼓舞。当他带着极大的兴趣去进行时,他必须要尊重儿童生命的发展。这样,儿童的生命就不再是一种抽象的概念,而是每一个儿童真实的生命。这里只存在一种真正的生物形式:活生生的个体。对于每个被观察的个体,都必须对他们进行直接的教育。我们应当这样来理解教育,即教育有利于儿童生命的正常发展,它为之提供了积极的帮助。儿童有着正在成长的身体,有着正在发育的心灵。正是生理和心理构成了一个神圣的整体，它们共有一个永恒的源泉——生命本身。我们既不能损坏也不能抑制这两种正在成长的神秘力量,但是我们必须等待时机。我们知道,这种力量的表现形式将会陆续展现出来。

环境无疑是生命现象的第二个重要因素。环境既可以有利于生命的发展,也可以阻碍生命的发展,它可以改变儿童的生命表现,但他永远不能创造生命。从纳格利到德夫利斯都认为,现代的进化论研究了两大生物分支——动物和植物的发展。他们认为,内因是生物种系和个体变异的基本因素。物种和个体发展的原因都源于内部。儿童成长并不是因为给予他营养,不是因为他可以呼吸,不是因为他有了他适宜的温度条件,他成长的根本原因是因为他潜在的生命力在发展,这种发展是可以看得见的;是因为他生命的胚胎正在按照生物遗传规律发育壮大。青春期的到来不是因为孩子的欢笑、跳舞和做体操或者有良好的营养,而是因为他已经到了那个特定的生理时期。生命本会表现它自己,也就是说,生命是自我创造的。反过来,生命的发展又受到了某些无法逾越的规律的限制和束缚。物种的固有特性不会改变,只会出现某些变异。

聪明的德夫利斯在其物种突变理论里提出了这样的一个概念,他非常鲜明地指出了教育的限制性。我们可以影响与环境有关的可变因素,影响物种和个体有限的微小可变因素,但是我们决不可能影响到其突变。生物突变恰恰被一些生命起源的神秘因素所制约的, 并且这种神秘的制约力量对生物体的影响远远超过了环境因素的改变对生物体所产生的影响。例如,一个生物种类不会通过任何自适应现象而突变或改变为另一个种类。另一方面,一个伟大的人类天才不会被任何条件限制所遏制, 也不会被任何错误的教育形式所窒息。

环境对个体生命的影响作用越强, 个体的生命就会变得越发充满活力和强劲旺盛。但是,环境有正反两方面的作用,它既能有助于生命的成长,也能将生命窒息。在热带地区,棕榈树的种类繁多,就是因为那里的气候条件有利于它们的生长,但是许多动物和植物种类由于不能适应这种气候条件而在热带地区灭绝了。

生命就像那至高无上的上帝, 他通过不断地克服前进道路上的艰难险阻,永远地向前发展。无论是一个生物种类还是一个生物个体,只有那些生机勃勃的具有旺盛生命力的生物,才能不断地保持前进,并最终成为胜利者,这是一个颠扑不破的真理。

PART 6

如何给儿童授课

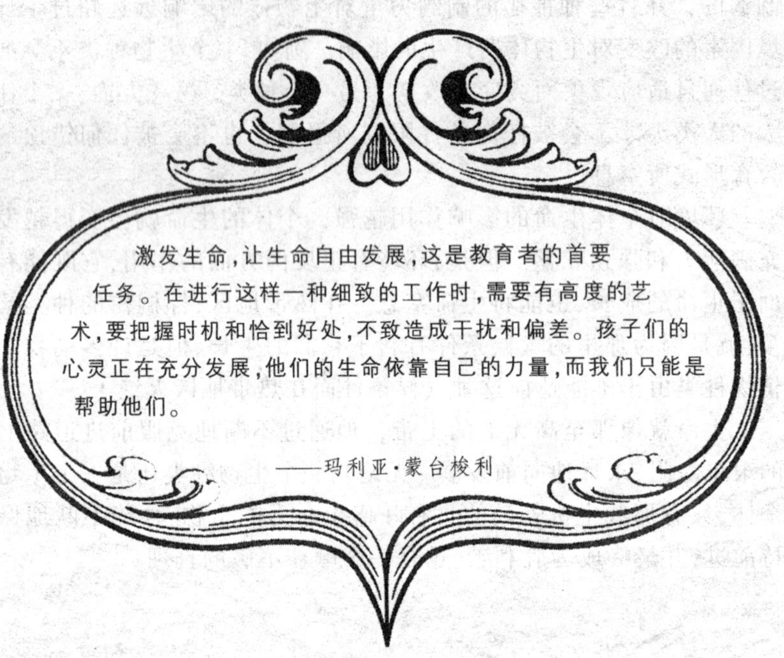

我们假定，只要在学校里推行了自由制度，学生就可以自由自在地展现他们的个性和爱好。基于这一点，我们为孩子准备好了学习环境和学习用具（孩子们用来学习的物品），教师一定不要把自己的作用仅仅局限于对孩子们的观察，而且还必须参与实践。

在我们所用的方法中，上课和实践是一致的。教师对实验心理学的方法了解得越深刻，他就越知道如何对儿童进行培训。的确，如果想使方法用得恰当，就必须掌握特殊的技巧。一个教师要想掌握教学方法的基本原理，并学会应用这种方法，他们至少要参加“儿童之家”培训班。在培训中最困难的部分就是如何进行纪律训练。

在“儿童之家”创办之初，孩子们根本就不懂得集体秩序的概念。只有后来通过纪律训练，孩子们才学会了如何分清好坏，并在他们的头脑中建立了集体秩序的概念。刚开始时，教师不能让孩子们在一起上课，其实，教师也很少给孩子们上这种集体课。因为孩子们开始最需要的是自由，我们没有必要强迫他们安静地呆在教室里听老师讲课，或者看老师在做什么动作。事实上，集体授课并不是很重要的，现在我们基本上已经取消了这种授课方式。

上课要简单、明了和客观

由于上课是针对个体而言的，因此，简单必须是给学生上课的首要特征。但丁给教师们提出过一个很好的建议，他说：“让你说的每句话都要算数。”我们越是少说废话，那么我们上课就越是精彩。教师在准备上课的时候，她应该特别注意考虑和衡量她说的每句话是否有价值。

“儿童之家”给学生上课的另一个特点就是明了。教师必须免去那些不合事实的内容，注意在讲课时要掌握分寸，不要得意忘形。这也包括在简单这一特点之中。第二个特点和第一个特点其实是密切相关的，因此，教师在选用词语的时候，要尽可能地简单易懂、符合事实。

第三个特点就是要客观。在讲课的时候，教师要将自身的个性收敛起来。在她希望讲述一件事情以引起孩子的注意力时，一定要保持事情的真实性。教师应当认识到，简练易懂的授课内容就是对客观对象的解释以及怎样让孩子使用的说明。

教师在上课的时候，其授课的基本指导方法必须是观察法，其中包括让孩子得到并了解自由的概念。因此教师应当观察孩子是否对观察的对象感兴趣，以及他是如何对它感兴趣的，对它感兴趣的时间能保持多久等，甚至去注意观察他脸上的表情。需要特别注意的一点是，教师在观察的过程中要避免违背自由的原则，因为如果她冒犯了孩子的自由，就会使孩子的努力变得不自然、不真实，那么她就再也无法了解什么是孩子的自然行为了。

如果教师严格地按照简单、明了和客观真实的要求去给孩子们讲课，而孩子们还是没有理解课堂的内容，不能接受教师对客观对象的解释，那么这时教师就必须注意两件事情：第一，不要再重复这样的课堂内容；第二，不要让孩子感到他自己犯了错误，或者感到老师不理解他的意思。因为这样的话，就会诱使他故意努力去理解，这样当她对孩子进行心理观察时，孩子的真实情形会发生变化，从而得不到真实的观察结果。

我可以举几个例子来说明这一点。让我们假设，老师希望教会一个孩子识别两种颜色——红色和蓝色。她想要引起孩子对颜色的注意，于是说：“看这个！”为了教会孩子这两种颜色，她先将红色给孩子看，还提高声音并且特别慢而清晰地说：“这个是红色。”然后将另一种颜色给孩子看，说“这个是蓝色。”为了使孩子能够理解颜色的概念，老师就对孩子说：“请把红色的给我”或者说：“把蓝色的给我”。如果孩子在学的时候犯了错误，这时老师就不应该重复和坚持了，她应该对孩子表示友好，比如给孩子一个微笑，然后将那些颜色拿开。

一般老师认为,这样上课过于简单,他们对此感到很吃惊。他们经常说,谁都知道那么做!的确,这就又有点像克里斯托夫·哥伦布的鸡蛋理论了。但是事实是,并不是每个人都知道怎么去做这种简单的事情(即简单地上课)。一个人要控制自己的行为,使他的行为符合标准,并且简单、明了、客观,实际上是一件不容易的事情,尤其对那些习惯了用旧式方法教学的老师更是如此。那些老师经常对孩子说一些多余的话,甚至有时是说假话。例如,在公立学校教课的一个老师经常来我们这里上集体课。这个老师在上集体课的时候对那些简单的东西都要作特别的解释,并迫使孩子认真听他讲课。可能不是所有孩子都很愿意听他这样讲课,这时这个老师可能会以这种方式来上课:"孩子们,看你们能不能猜出我手中有什么东西!"她明知道孩子肯定猜不出来,但她这样做其实是通过一种错误的方式来吸引孩子的注意。然后她可能会说:"孩子们,看看外面的天空。你以前看到过它吗?你以前从来没有在晚上当星星闪耀的时候注意过它吗?不!看我的围裙,你知道它是什么颜色吗?它的颜色看起来不是和天空的颜色一样吗?好,看看我手里的颜色。它是和天空、围裙一样的颜色。它就是蓝色。现在看一下你周围,看看你是否能找到颜色是蓝色的东西。你知道樱桃的颜色是什么样的吗?还有壁炉里燃烧的木炭是什么颜色?"诸如此类,等等。

这样一来,当孩子们白费劲地猜了一阵以后,脑子里会转着一大堆概念:天空呀,围裙呀,樱桃呀,等等。孩子们很难从这些让他困惑的词语里简单明白地分辨出哪个才是这堂课的主要内容,即识别红和蓝两种颜色。这对他们来说,要具有这种选择和分辨能力,几乎是不可能的,他们还跟不上这么冗长的讲课方式。

记得我参加过的一堂数学课,是老师教孩子们3加2等于5。为达到这一目的,老师使用了一个算盘,上面用细线拴着彩色算珠。例如,她在算盘上面的一排拨了2个珠子,然后在下面的一排拨了3个珠子,最后在底下一排拨了5个珠子。我不太清楚那堂课最后进行得如何,但是我知道那个老师在上排除了串有两个珠子外,还串了一个穿蓝裙作跳舞状的小纸人,她以班上一个小孩的名字给这个小纸人命了名,说:"这是玛丽丁娜。"然后,又在另外三个算珠边上添上一个不同颜色的纸人,取名为"吉金娜"。我不太知道那个老师后来是怎么完成这堂课的预定目的的,但可以肯定,关于小纸人她讲了很长时间,还要把它们移来移去,等等。如果连我都只是记得那些小纸人比我做数学的过程更清楚,那么孩子们不也一定会是这样的吗?如果他们通过这种方法可以学会2加3等于5的话,那孩子们肯定费了很多脑筋,而老师会以为与小纸人做长时间的交谈对孩子们是有必要的。

在另一堂课上,一个老师想给孩子们区分什么是噪声和乐音。她是这样安排的,先给孩子讲一个很长的故事,忽然,与她配合的人重重地敲起了门。于是那个老师停下来,大声地喊道:“那是什么?发生了什么事?出了什么问题?孩子们,你知道那个敲门的人做了什么吗?我实在无法再继续讲我的故事了,我现在记不起来了,我只得离开了。……孩子们,你们知道发生了什么事情吗?你们听到了什么吗?现在你们已经理解了吗?这就是噪声,噪声。……喔!我真愿意和这个小婴孩一起玩(一边拿起一个她放在桌面上的打扮好的曼陀铃)。是的,可爱的婴孩,我真想和你玩。你们看见我手臂里抱着的婴孩了吗?”几个孩子回答道:“它不是婴孩。”其他的孩子说:“它是一个曼陀铃。”那个老师继续说道:“不,不,它是个婴孩,真的是个婴孩。我喜欢这个小婴孩。现在请保持安静。我好像听到这个婴孩正在哭叫。可能是他在说话,或许他正想叫爸爸和妈妈呢。”然后这个老师将手放在桌面,弹了一下曼陀铃的琴弦。“听!你们听到小婴孩在哭吗?你们听到他大声的叫唤吗?”那些孩子喊叫起来:“它是曼陀铃,是你弹了琴弦,是你弹了它。”那个老师于是重复说:“安静,安静,孩子们。听我下面要说什么。”然后她拿出了那个曼陀铃并弹了几下,说:“这就是乐音。”

如果孩子要从这样的课堂中来理解噪声和乐音的区别,这是很可笑而荒谬的。孩子可能会产生这样的印象:老师只是想开一个玩笑;这个老师太笨了,因为她一旦被噪声打断,讲课就没有头绪了,因为她误把曼陀铃当成小婴孩了。最可能的是,通过这一授课方式,老师自己的形象留在了孩子的心中,而讲课的目的和对象却被孩子忽视了。

要这些根据普通方法备课的老师把课上得简单明白,对她来说是件不容易的事情。我记得曾经有一次,在我将教材充分而详细地解释之后，我叫了一个老师用几何板镶嵌的方法来教孩子区别正方形和三角形。老师的任务很简单，就是把木质的正方形和三角形嵌到刚好能容纳它们空间的地方。她本来应该让孩子看着并跟着她把木块和空筐架很好地吻合在一起，同时在做示范的过程中，告诉孩子哪个是正方形，哪个是三角形。可是那个老师却开始叫孩子们摸一摸那些正方形木块，说："这是一条线——这是另一条——又是一条——这还有一条线。这个木块一共有四条线，用你们的手指数给我看，然后告诉我一共有几条线。还有角，数数这些角，用你们的手指去摸摸。瞧，也有四个对吧。好好看一下这一块，这就是正方形。"我给那位老师纠正了错误，告诉她这样做不是在教孩子认识几何形状，而是在教他们关于边、角、数字等的概念，这和她要在课上教给孩子的东西不是一回事情。"但是，"那个老师极力给自己辩白，"这是一回事呀！"然而，这是不一样的。一个是几何分析，另一个是算术。对于孩子来说，他可能有一个关于四边形形状的概念，但是他不知道怎么数到四，因而不能理解关于边和角的数目。边和角本身是一个实际不存在的抽象的东西，而只有在一个有形的木块里面才能体现出来。那个老师的详细解释不仅让孩子感到困惑，而且将具体和抽象两类不同的东西(物体形状和数学表达)连接在了一起。

我对那个老师说，我们假定一个建筑师给你看一个圆屋顶，圆屋顶的形状是你所喜欢的。他可以按照两种方法让你观看他的作品：他可以让你注意线条的优美、比例的协调，然后带你走进建筑物里面一直走上圆屋顶，使你充分观赏到各结构部分的相对比例。这样你对圆屋顶的整体印象会建立在对结构各个部分的总的了解上。或者，他让你数窗，宽或窄的檐口，还认真给你画图样，介绍他的建筑设计风格，他可以向你解释静力学原理，写出计算原理及计算所必需的数学公式。在第一种情况下，你能获得关于这个圆屋顶形状的印象；在第二种情况下，你可能了解不到什么，而且离开的时候会留下这种印象：这个建筑师自以为和他说话的不是一个像我这样的旅游者，而是一个同行的建筑工程师。我的目的只是想熟悉一下自己周围的美景而已。如果我不是直接对孩子说："这是一个正方形"，然后让他触摸这个正方形块以建立关于几何形状的概念，而是向他对正方形木块的形状作一番几何分析，这样的做法和上述第二种情况的结果是一样的。

如果在教孩子几何平面图形的同时也教给他们数学概念，我们确实会感到这样会促使孩子早熟。但是我们不能相信孩子因为太小还不能理解简单的几何形状。相反，孩子要看到正方形的窗子和桌子并不难，他可以在日常生活中看到这些形状。我们之所以要让他们注意一定的形状，是让他们对已经获得的关于形状的印象更加清晰，并且让这种形状在大脑中形成一个固定的概念，这就好像当我们无意中在看着湖岸的时候，突然有一位画家对我们说："在峭壁倒影下的湖岸曲线多美啊！"听他这么一说，我们无意识中看到的景色就好像突然被阳光照亮，深印脑海，并且我们能体会到一种以前隐约感觉的东西在变得具体明朗后的一种快感。

这就是我们对孩子的职责：在前进的道路上，不要忘记带给孩子们光明，给他们正确的指引。

关于这些启蒙课对孩子会产生怎样的影响，我想做一个比喻。这就好像一个人独自一边走过一片树林一边沉思，宁静而幸福，任凭自己的内心世界自由地舒展开来。突然，远处传来悠扬的钟声将他从思绪中唤醒，这使得他更加强烈地感到置身此时此境的安宁和美丽。

激发生命，让生命自由发展，这是教育者的首要任务。在进行这样一种细致的工作时，需要有高度的艺术，要把握时机和恰到好处，不致造成干扰和偏差。孩子们的心灵正在充分发展，他们的生命依靠自己的力量，而我们只能是帮助他们。这种艺术必须以科学方法作为指导。

如果老师用这种方法触摸到了每个学生的心灵，那她就像一个看不见的神灵，唤醒和激发他们的生命。她可以占据每个学生的心灵，她的一个手势、一句话都足以影响他们。每个学生都会表现得生动活泼，喜欢她，熟悉她，服从她。将会有那么一天，老师自己会惊奇地看到，所有的孩子都服从她，对她亲切而友好。一旦看到她的手势，孩子们都会情愿而热心地去做，因为她使他们充满活力，所以他们盼望她，希望从她那里继续获得新的生命力。

所有这些现象都已经从经验中得到了证明。这也是为什么让那些参观"儿童之家"的人惊奇的主要原因。我们好像是用了魔力帮助学生建立起集体纪律的观念。五六十个两岁半至6岁的孩子，不管是在一起还是单独的时候，都知道如何很好地保持安静，安静得简直鸦雀无声。如果老师轻声地对孩子说："大家站起来，踮着脚尖绕着房间里走几圈，然后安静地回到你们各自的位置上。"所有的孩子就会一下子立即站起来，并尽可能不出声，按照老师的话走了几圈然后回到自己的位置上。老师对每个学生只说了一句话，但是孩子们都希望从老师那里获得启示，并体会到内心的喜悦。他们怀着这样的感情，像一个个探险家，热切而服从，按照他们自己的方式遵守秩序。

在关于纪律的问题上，我们的做法又有点像克里斯托夫·哥伦布的"鸡蛋理论"了。乐队指挥家必须训练他的队员以便他们能非常和谐地集体完成演奏作品，而每个演奏家作为个体在他准备听从无声命令——指挥棒演奏之前，必须把自己的演奏艺术表现得熟练和完美。

公立学校所采用的方法是多么的不同！就好像一个乐队指挥家在教队员练习不同的乐器和嗓音，但结果却是节奏单调而演奏杂乱无章。

因此，我们发现，最守纪律的社会成员都是经过最好训练的人们，他们自身表现都有很高的素质。而训练和完美都是通过和其他人的接触而获得的。集体的完美无缺不可能来自那些机械缺乏表现力的团体，也不可能单靠那种强制下的集体来实现。

在幼儿心理学方面，我们的偏见甚于实际了解的知识。直到现在，我们还一直希望通过强制性的力量，通过法规的强加，而不是从内心去征服儿童，以便像指引人的灵魂一样去指引他们。可见，我们并不知道孩子的生活，也不了解他们。但是如果我们取消那些曾经限制他们的人为行动，取消那些我们曾经愚蠢地强迫他们守纪的粗暴手段，那么他们就会向我们展示自己全部的儿童天性。

他们的温顺是如此完全，如此可亲，使我们认识到，人的幼年仍然受到各种各样的束缚和不公正待遇的压迫。儿童对知识的渴望是如此强烈，超过了对其他事物的爱，这使我们不禁想到这样一个真理：人类永远都有一种迫使自己去不断征服思想的激情，从而让人类从各种奴役的枷锁里面逐渐解脱出来。

PART 7

生活实践练习

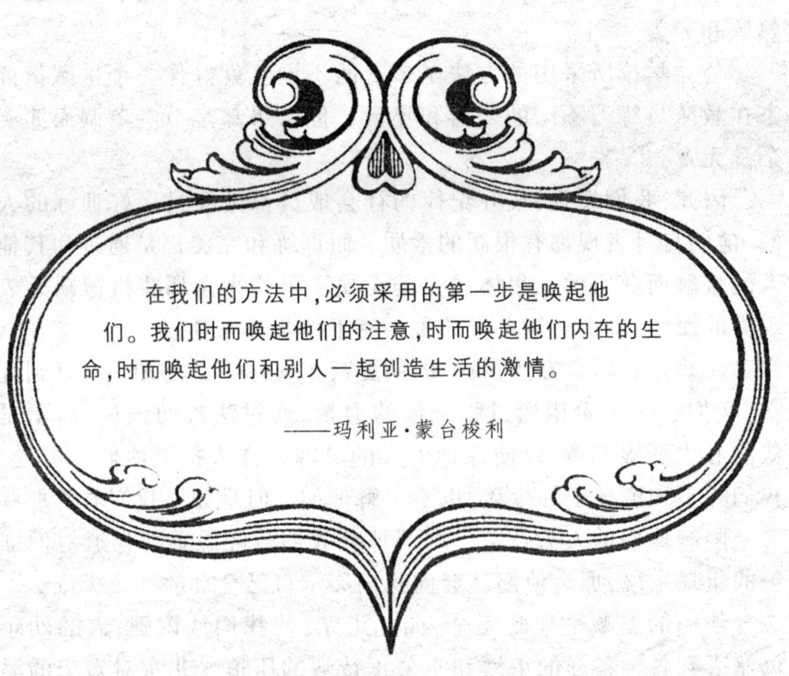

在我们的方法中，必须采用的第一步是唤起他们。我们时而唤起他们的注意，时而唤起他们内在的生命，时而唤起他们和别人一起创造生活的激情。

——玛利亚·蒙台梭利

学校一旦建立起来，怎样安排学习和活动计划就是一个问题。制定作息时间表应当考虑两方面:一是学日的长短;二是学习和生活活动的时间分配。

我认为“儿童之家”应当和“低能儿童学校”一样,学日时间相对较长,整天的时间里都有活动安排。对于穷家孩子,尤其是对工人住宅区附属的“儿童之家”,我建议冬季学日时间从早上 9:00 到晚上 5:00;夏季为早上 8:00 到晚上 6:00。如果我们按照有利于孩子成长的原则考虑,这么长的时间是有必要的。孩子要度过这么长的学日时间,不用说在这种情况下他们应该有至少一小时的午睡。但是实际上存在困难。目前,我们只能让孩子在自己的座位上将就休息。但我想,不久以后我们就会有安静而遮光好的房间,让孩子们在吊床里午睡。不过,我个人认为在室外小睡会更好些。

在罗马的“儿童之家”,因为孩子离家不是太远,孩子可以送回自己的家里午睡。

我们还必须考虑到,这么长的学日,孩子不仅需要午睡,而且需要准备午饭。更重要的是,像“儿童之家”这样的学校,其目的是帮助和指导孩子在 3~6 岁这一重要发育期更好地成长。

“儿童之家”是培养孩子的园地。我们让孩子在学校里呆那么长时间,目的不是让他们成为像其他学校那样的学生。

在我们的方法中,必须采用的第一步是唤起他们。我们时而唤起他们的注意,时而唤起他们内在的生命,时而唤起他们和别人一起创造生活的激情。作一个不太恰当的比较,当我们做实验时,就必须像进行实验心理学或人类学那样,在准备好仪器(环境应当和仪器的要求一致)后,还必须准备好实验对象。从整个方法考虑,我们的工作必须从为孩子适应社会生活方式做准备开始，同时还必须吸引他们对这些方式的注意。

我们在建立第一个"儿童之家"时制定的时间表,并未完全执行,因为教材分发的时间安排不当,不适合自由的学习体系,而是从一系列生活实践练习开始的。

我得承认,这些练习是原方案中仅有的已被证明是完全合适的部分,不会再做变动。这些练习获得了成功,所有的"儿童之家"每天的活动都是这样开始的。

练习的内容依次如下:清洁、秩序、体姿、会话。

孩子一到学校,就进行清洁检查。如果可能的话,我们会当着这孩子妈妈的面进行,这是为了引起她们对检查的注意,但不应过于外露。检查孩子的手、指甲、脖子、耳朵、牙齿,也要注意检查头发是否整洁。如果发现他们的衣服破了,撕坏或弄脏,缺少纽扣,鞋不干净,就应提醒孩子注意。这样可以促使孩子养成注重个人形象和仪表的好习惯。

我们要求"儿童之家"的孩子经常洗澡,当然不可能每天都洗。每班都设有清洗架、水瓶、盆子。老师教孩子怎样进行局部清洗。例如,让他们学习怎样洗手和清理指甲。有时我们还教他们洗脚,教刷牙、漱口,特别教他们小心洗耳朵和眼睛。在此过程中,让他们注意如何清洗身体的各个部位以及不同的清洗方法:洗眼用清水,洗手用肥皂和水,刷牙用牙刷等。我们教大的小孩去帮助小一点的孩子,这样会鼓励较小的孩子更快学会照料自己。

个人卫生检查完毕,就让他们戴上了围裙。孩子们都能自己或靠同伴帮忙戴上围裙。然后开始检查教室,注意查看一切东西是否整洁,教孩子如何将积上灰尘的角落打扫干净,如何使用打扫教室的各种工具,如抹布、刷子和小扫帚等。这些工作如果让孩子们自己去做,很快就能完成。然后,孩子们走向各自的座位,老师向他们讲解坐在座位上时的正确坐姿:保持安静,两脚搁在地板上,手放在桌子上,头保持端正。之后,让孩子们起立唱圣歌,教他们注意在起立和坐下时尽量不要发出声响。通过这样的方式孩子们就能学会在走动的时候小心并保持安静。

最后,我们有一系列的练习培养孩子的举止保持优雅,如见面和分手时的礼仪,互相敬礼,拿东西时轻拿轻放,接受东西时如何保持礼貌等。老师会让大家注意那些保持干净的孩子、收拾好的房

“儿童之家”冬季作息时间表

上午 9:00	开门;
9:00–10:00	进门;问候;个人卫生检查;生活实践练习:互相帮助脱衣,穿戴围裙;检查教室是否干净整洁;语言、会话课;报告前一天的活动;宗教仪式。
10:00–11:00	智力练习,实物课;中间短暂休息;物体名称、感官练习。
11:00–11:30	简单体操:完成各种规定动作;标准体姿练习;列队行走;敬礼;立正;轻放物品。
11:30–12:00	午餐;餐前祷告。
12:00–1:00	自由游戏。
13:00–14:00	在指导下进行游戏,尽可能在室外进行;此期间较大的孩子轮流进行生活实践练习,包括:打扫教室,掸除灰尘;整理教材;清洁大检查;会话。
	手工制作;粘土造型;作图等。
15:00–16:00	集体体操;唱歌,尽可能在室外进行;培养制定计划能力的练习;参观,照管动植物。
	关门。

间、就坐时保持安静的班级,甚至一个孩子做的优雅动作等等,但是教师让孩子注意这些事情的时候,语气应该尽量保持平静,无须大加赞美之词。

我们从这样的起点开始对孩子进行自由式教学。也就是,老师不会对孩子的行为做出好坏的评价,而是给他们以指导,诸如怎样离开自己的座位这些事情等。她只是帮助纠正孩子那些不正规的动作。

老师以这种方式讲完孩子的表现和教室的布置以后, 下一步的活动计划就是和孩子聊天。她会问他们昨天都做了什么事情,在问这样的问题时,教师注意不要让孩子谈论他们的家庭私事,只是报告他们自己的行为、游戏和对父母的态度等。她可以问孩子们是否可以自己上楼而不把自己弄脏, 是否能礼貌地和见面的朋友讲话,是否帮助妈妈干了活,是否把学校里学到的东西表演给家里人看,是否在大街上玩耍等。在休息日之后的星期一,老师和孩子的聊天会长一些,问他们在周末和家人在一起做了什么,是否离开了家外出,是否吃了小孩通常很少吃的东西,如果他们吃了,就告诉他们吃这些东西的害处,以后不要再吃。以这样的方式谈话,能促进孩子语言能力的发展,并且有很大的教育意义。因为老师可以不让孩子一味地讲述家里或邻家发生的事情，而是会选择一些合适的、愉快的话题,这样能教孩子知道哪些是值得讲的事情,比如我们生活中碰到的事情、公众事件或各自家中的事,也可以是孩子们自己的事情，如洗礼、开生日派对以及其他可以临时谈论的话题等。这些话题能够提高孩子谈话的积极性。在进行完午前谈话之后,我们再开始其他的课程。

PART 8

儿童膳食

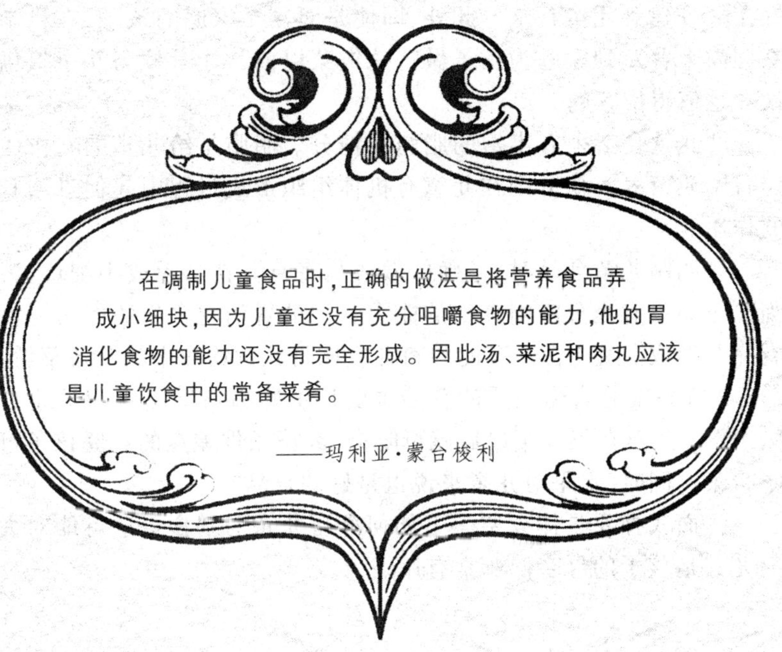

在调制儿童食品时，正确的做法是将营养食品弄成小细块，因为儿童还没有充分咀嚼食物的能力，他的胃消化食物的能力还没有完全形成。因此汤、菜泥和肉丸应该是儿童饮食中的常备菜肴。

——玛利亚·蒙台梭利

童膳食问题应该同他们的生活实践练习联系起来考虑。

为了促进儿童的身体发育,特别是在那些街区,儿童健康标准的知识还没有普及每个家庭,那么最好把儿童的大部分饮食委托给学校照理。众所周知,饮食必须适合儿童的体质,正如儿童服用的药不仅仅是减少了剂量的成人服用的药那么简单,儿童的饮食也不是简单地减少成人每次进食的数量就可以了。因此,虽然处在住宅区内的"儿童之家"的孩子可以回家用餐,但是,我还是建议最好在学校建立儿童食堂。此外,即使是对富裕家庭的孩子,在科学烹调尚未普及到家庭为孩子做特殊饭菜以前,让学校为儿童提供饮食是值得推荐的。

幼儿饮食必须有丰富的脂肪和糖分。脂肪是给儿童的有机体储备物质营养,糖分则在儿童有机体组织形成过程中起促进增长的作用。

在调制儿童食品时,正确的做法是将营养食品弄成小细块,因为儿童还没有充分咀嚼食物的能力,他的胃消化食物的能力还没有完全形成。因此,汤、菜泥和肉丸应该是儿童饮食中的常备菜肴。

2~3 岁儿童含蛋白质的食品主要是牛奶和鸡蛋,2 岁以后也可喝肉汤。儿童在三岁半以后就可吃肉,经济条件差点的家庭孩子可吃蔬菜。同时,水果对儿童来说也是好的食品。

下面我择要具体介绍一下如何准备儿童的膳食,这可能对大家尤其是孩子的母亲们非常有用。

幼儿食用的肉汤

适合年龄段3~6岁。稍大的孩子可以吃家里的普通肉汤。

1克肉加1毫升汤,并将肉放入冷水中,不加香料,适量加点盐。将肉煮2个小时,撇去浮油,代之加入黄油;条件差些的家庭可以用一匙橄榄油代替,忌用人造黄油。肉汤应该现做现吃,保持新鲜。可以在饭前2小时将汤炖在火上,因为汤一凉,化学物质开始分解,吃了对孩子有害,容易引起腹泻。

汤

这里推荐一种很容易做而且对儿童有好处的汤。用盐水或肉汤煮面包,并多加些油调味。这是经济条件差些的家庭给孩子的家常汤食,营养很好。与此类似的有用黄油烤面包丁做成的汤,同时可以将面包丁泡入黄油的肉汤里。面包渣汤也属此类。

通心面条

用黏性强的通心面最好。它比其他食品都容易消化。但是一般只有家境非常好的人才能用得起。

经济条件差的家庭要知道,用陈面包渣做肉汤比肉汁的干粗粉面条汤要好得多,因为干粗粉面条汤幼儿最不容易消化。

最好的汤是用蔬菜泥(蚕豆、豌豆和扁豆等)做成的汤。目前在商店里都可以买到适合做这种汤的蔬菜。先放入盐水中煮烂,去皮,冷却后过滤。也可以在去皮之后直接挤去水分,然后加上黄油,慢慢搅拌成泥，倾入开水，注意搅散不使结块。

菜汤也可以加入猪肉调味。如果不用肉汤的话，可以在蔬菜汤里加含糖的牛奶以代替肉汤。

我极力推荐孩子吃肉汤或牛奶熬成的大米粥，或者吃加有黄油(不是乳酪)的玉米粥。但要注意的是，对于玉米粥，应该长时间熬烂。

经济条件差的家庭如果不能让孩子喝到肉汤，可以喝面包煮汤和加有油的米粥，也同样有益。

牛奶和鸡蛋

这些食物不但含有大量易于消化的蛋白质，而且含有促进机体组织吸收的酶，因此特别有利于孩子的生长。如果食物保持新鲜，营养没有损坏，那么就更容易被吸收。

刚从奶牛身上挤出的鲜奶和母鸡刚下仍温的鸡蛋，最易被吸收。牛奶、鸡蛋煮后反而失去其特殊的可吸收性，使其营养价值降低到一般的蛋白质食物水平。

因此，目前正在建立供应儿童需要的特殊奶场，实行无菌生产。奶牛的生活环境非常清洁，挤奶前，奶头、挤奶员的手和盛奶容器都须消毒，最后对容器进行密封。如果远程运输，则挤奶后必须对奶立即进行冷藏。儿童最好是能喝刚出来的奶，因为保证了牛奶无菌，也无需煮沸消毒，同时保持了营养成分没有受到破坏。

鸡蛋也是如此。给小孩吃鸡蛋最好的方法是鸡蛋刚产趁温吃下，然后让孩子到室外活动，有利于消化。如果不可能这样做时，则须选择新鲜的鸡蛋放入水中稍煮(蛋黄未凝固)食用。

所有其他的食品制备，如牛奶鸡蛋、煎蛋饼，等等，也都是我们比较推崇的食物，但是这些食物还是失去了它们原有的易于吸收的特性。

肉 类

各种肉都不适于小孩食用，即使是按照孩子的年龄来准备不同的制作方法也不适宜。比如,3~5岁的孩子只应该吃少量绞得很碎的瘦肉,5岁的孩子已经可以完全用牙齿把肉嚼烂。但是,我们应该教孩子怎样细嚼慢咽,因为他们容易囫囵吞食,可能引起消化不良和腹泻。

这就是为什么“儿童之家”的集体膳食值得提倡的原因。这样孩子的饮食可以得到合理的照料,并且能和“儿童之家”的教育体系互相联系。

最适宜儿童食用的是嫩肉,首选是鸡肉,其次是嫩牛肉和易消化的鱼肉(鲽鱼、梭子鱼和鳕鱼)。

孩子4岁以后,食谱里可以有牛肉片,但是不要吃难于消化和含脂肪太多的肉,如猪肉、阉鸡、鳗鱼、金枪鱼等。儿童的食谱中一定不要有软体类和甲壳类的动物,如牡蛎、龙虾等。

用瘦肉糜、面包渣、牛奶和鸡蛋做成的肉丸,再用黄油炸成炸肉丸,也是很有益儿童健康的食物。另外一种很好的食法是肉糜、水果蜜饯加鸡蛋和白糖搅拌后做成丸子。

5岁的孩子可以吃烤鸡脯肉,偶尔也可吃点用嫩牛肉制成的烤肉饼和一般的烤牛肉片。

注意尽量不要给孩了吃炖熟了的肉，煮肉会失去多种营养成分,且不易消化。

补脑食品

孩子满4岁以后,除了吃肉以外,还可吃脑髓,牛、羊胰脏,以及小鸡肉等炸成的肉饼。

奶制品

各种乳酪都不应列入儿童的食谱中。适于 3~6 岁儿童吃的唯一奶制品是鲜黄油。

乳蛋糕

乳蛋糕应该现吃现做,并且选用非常新鲜的牛奶和鸡蛋。如果无此条件,最好不做。

面 包

从上述各种汤食的制备中可以看出,面包对儿童来说是一种极好的食品。但也应当有所选择,面包屑不太容易消化,但可以让它干了以后再用来做面包肉汤。如果只是给孩子吃面包,那么最好是给他吃面包皮或一条面包的两头,这样容易吸收。只要经济能力许可,面包是一种上等的营养食品。

面包含有多种含氮物质,淀粉含量也非常丰富,但是缺少脂肪营养成分。众所周知,饮食的三种基本物质成分是:蛋白质(含氮物质)、糖分(淀粉)和脂肪。由于面包少脂肪,因此需要给孩子吃涂有黄油的面包,这样基本的营养成分就包含在里面了。黄油面包用来做早餐是一种很好的食品。

绿色蔬菜

儿童不宜吃生的蔬菜,如沙拉、绿叶植物等,只能吃熟食。实际上,不管是熟食还是生食,我都不太赞成食用。但菠菜例外,可适量食用。用土豆做成的土豆泥,再多加点黄油,是很好的辅助营养食品。

水　果

有一些水果比较适宜儿童食用。像牛奶和鸡蛋一样,如果水果是新采摘下来的,更有助于营养物质的吸收。

然而,一般在城市里不容易买到新鲜水果。因此即使不是特别新鲜的水果也不妨可以考虑,我们可以用不同的方法来做水果食品。由于不是所有的水果对孩子都是适宜的,所以应当考虑水果的成熟度、果肉的硬度、甜度和酸度等情况。桃、杏、葡萄、黑醋栗、橘子和柑子等宜生食,对小孩很有好处。其他水果,如梨、苹果、李子等应煮熟或制成果酱食用。

无花果、菠萝、海枣、瓜类、樱桃、核桃、杏仁、榛子以及栗子等,由于各种原因,都不太适宜幼儿食用。

在准备给孩子吃水果的时候,必须除去不易消化的部分,比如果皮。还有的部分可能会被孩子咽下而产生危险,所以在吃前也应该去掉,比如果核。

4 岁或 5 岁的孩子,应早一点教会他们削果皮和去果核。可以慢慢试着给孩子一个水果,让他们自己知道怎样吃法。

水果的烹饪制作过程主要有两个步骤:首先是煮,然后加糖。

除了简单的煮食外,可制成果酱和果冻。果酱和果冻味道都很好,但一般只有富裕阶层的家庭才能享用。虽然儿童可食用果酱和果冻,但是果脯如冻糖栗子之类则不要让儿童食用。

调味品

严格限用调味品是儿童饮食卫生应当注意的重要问题。我前面已指出,儿童食物中的主要调味品是糖、某些油类和食盐。此外,可加点有机酸(醋酸、柠檬酸),即醋和柠檬汁。柠檬汁适用于调制鱼类、炸肉饼和菠菜等。

适合儿童食用的其他调味品还有芳烃类蔬菜,如蒜、芸香,它能杀灭肠道和肺内的细菌,并有驱肠虫作用。

但是其他香料,如胡椒、豆蔻、桂皮、丁香,特别是芥末,则绝对禁用。

饮 料

由于儿童正在成长的机体需要大量水分,因此,必须经常供给水分。饮料中最好的,唯一值得推荐的是新鲜的纯净矿泉水。有钱人家的孩子可以喝微带碱性的食用矿泉水,如圣格米尼和亚克·克劳迪亚的矿泉水,用果酱如樱桃酱冲饮。

众所周知, 发酵型饮料和对神经有兴奋作用的饮料对儿童都是有害的。因此,酒类和咖啡型饮料,绝对禁止儿童饮用。除了白酒以外,还有葡萄酒和啤酒也应该让孩子点滴不沾。咖啡和茶最好也不应让孩子喝。

酒对儿童身体的危害作用在此无需作更多解释, 但是有一个很重要的问题,在这里强调绝非多余。酒对儿童机体的成长过程有致命的影响,不仅抑制发育(导致幼稚症、白痴),而且可以引起神经系统疾病(癫痫、脑膜炎)、消化器官疾病和新陈代谢疾病(肝硬化、消化不良、贫血)。

不饮咖啡，儿童可饮用水煮炒制的大麦和麦芽，特别是巧克力再加上牛奶冲饮，那更是儿童的上等佳饮。

如果“儿童之家”能够成功地启发人们对这些问题有正确的认识，那么也就为我们下一代的健康做了一项非常崇高的工作。

膳食分配

儿童饮食的另一个问题是关于膳食分配。其中一条原则就是孩子的饮食必须严格定时，以使孩子消化良好，保持身体健康。这个原则必须在母亲中得到推广和普及。在人们当中的确流行着一种偏见(它是对孩子最有害的一种愚蠢的母爱)：认为要孩子长得好，就得不断地给他吃。经常看到孩子习惯性地随时随地啃着一片面包或别的什么食物，简直毫无规律。然而，由于孩子的消化系统还特别脆弱，因此比成年人更加需要节制饮食。我认为，“儿童之家”将学日延长的计划对孩子的培养是有利的，这样可以有效地指导孩子的饮食。在规定的进餐时间之外，儿童不许吃其他零食。

制定了延长学日计划的“儿童之家”将供应两餐，主餐在中午，下午大约4点有一次点心。主餐应有汤食、荤菜和面包。对于富裕家庭的儿童，可以有水果、乳蛋糕和抹面包的黄油。

4点的用餐是一片面包(或黄油面包)夹果酱、巧克力、蜂蜜、乳蛋糕等。薄脆饼干、软烤饼、煮水果等也佳。最适宜的点心可能是牛奶泡面包，或煮鸡蛋加面包卷，也可以是一杯牛奶加一勺麦林粉。我极力推荐麦林粉，因为它不仅适合婴儿，也适合较大的儿童。它易于消化，营养丰富，味美可口，深受孩子们的喜爱。

麦林粉是用大麦、小麦制成的面粉，含有两种谷物的丰富营养成分。将粉溶于热水中，然后加入鲜牛奶即可食用。

孩子可在自己家里吃另外的两餐，即早餐和晚餐。晚餐须少吃，以便进餐后不久就寝。应该向孩子的母亲建议如何给他们进餐，促使其配合完成“儿童之家”的保健工作，以有利于孩子的健康。

家庭经济好的孩子，早餐可吃牛奶加巧克力，或者是牛奶加麦芽糖和饼干，吃抹上黄油或蜂蜜的烤面包更好。对于家庭经济稍差的孩子，可喝一杯鲜牛奶加面包。

吃晚餐的时候，建议有一道汤菜（孩子一天应喝两次汤）、一个煮鸡蛋或一杯牛奶，或者是加牛奶的大米粥、黄油面包、煮水果等。

至于食物营养成分的比例计算，尽管实际上用处不大，我还是建议读者可参阅有关保健的文章。

在“儿童之家”，特别是位于贫穷的地区，我建议给孩子多喝蔬菜汤。在菜园里多栽培供食用的蔬菜，这样可以现摘现用。如果可能，同时摘些水果，饲养一些家畜家禽，以便得到鲜奶和鲜蛋。山羊奶可以让年龄较大的孩子来挤，事先要把手洗干净。在“儿童之家”的膳食安排中，可以和“生活实践练习”联系起来，给孩子们提供一些有重要教育意义的练习。如准备饭桌，铺桌布，学习各种物品和食品的名称等。以后，我会专门介绍如何提高这种练习的难度，并逐渐发展成一套很重要的教学用具。

这里还要指明的是，教会孩子进餐时保持清洁是很重要的。既要注意保持个人清洁，也要保持环境卫生（如不要把餐巾弄脏等）。同时，教师可以教他们学会使用餐具（至少要让幼小一点的学会用匙，大一点的孩子学会用刀叉）。

PART 9

体格训练——体操

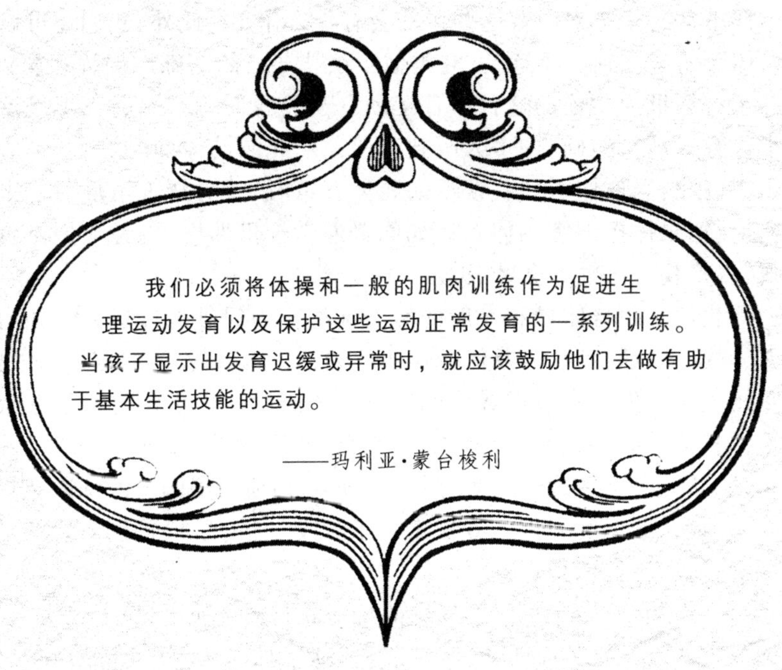

我们必须将体操和一般的肌肉训练作为促进生理运动发育以及保护这些运动正常发育的一系列训练。当孩子显示出发育迟缓或异常时，就应该鼓励他们去做有助于基本生活技能的运动。

——玛利亚·蒙台梭利

我认为,大众对体操的普遍看法是很不恰当的。在公立学校,我们习惯上把体操当作一种集体性的肌肉训练,其目的是让儿童按口令学会一套规定的动作。这种体操的指导精神是强迫,它以强制性运动来代替本能运动。我不知道选择这些强制性运动的心理学依据所在。与此类似的运动也被运用于医疗体操,其目的是让麻痹的肌肉恢复正常运动,或做正常运动。学校里所采用的那一系列胸腔运动原本是用来治疗障碍性肠道疾病的。我实在难以理解,让一群正常的儿童来仿效这些运动会有什么作用。此外,我们还可以在体育馆里见到一类运动,它类似于杂技演员的基础性训练。本文并不打算批评学校的这种体育运动,当然我们所考虑的也不是这类体育运动。的确,许多人听到我谈论幼儿园的体操时,就明确表示不赞同;当他们听到我谈论幼儿体育馆时,就更加表示反对。事实上,如果体操训练和体育馆如同普通学校里那样,别说人们不赞成,就是我自己也不会赞成。

我们必须将体操和一般的肌肉训练作为促进生理运动(如走路,呼吸,说话)发育以及保护这些运动正常发育的一系列训练。当孩子显示出发育迟缓或异常时,就应该鼓励他们去做有助于基本生活技能(如穿衣、脱衣、扣衣扣、系鞋带、拿物品,如球、积木等)的运动。假如存在一个年龄段,在这一时期必须采用体育锻炼来保护儿童,那么毫无疑问是3~6岁这一年龄段。这一阶段特别需要的是保健体操,主要就是走步。

在最初阶段,儿童体形发育的特征就是躯干比下肢要发达。一般情况下,新生儿的躯干,从头顶到腹股沟的长度是身长的68%,下肢仅为32%。在身体发育过程中,这些相关的比例会发生显著的变化,例如,成年人为50%,个别达51%或52%。新生儿和成年人这种在体形上的差别会随着年龄的增长而逐渐缩小。但是,在成长的初期,躯干仍然保持着比下肢发育快的倾向。1岁儿童为65%,2岁为63%,3岁则为62%。

当儿童达到入园年龄时，其下肢仍短于躯干，仅为身高的38%。6~7岁时,躯干占身高的57%~58%,在这一阶段,儿童不仅明显地长高(3岁时为85厘米,6岁则为105厘米),而且躯干与下肢的比例也发生了很大变化。下肢明显增长,这种增长来源于长骨两端软骨层的发育,一般来说,也还和没有完全骨化的骨骼有关。但是，此时还没有发育成熟的下肢骨骼又必须承受比它大的不成比例的躯干。考虑到这一点,我们就不会以成年人行走的标准来要求孩子,就不会要求他们像我们一样步态平稳。如果一个孩子不够强壮,站立和行走就会使他疲劳,下肢就会因不堪承受身体的重量而容易出现畸形,它通常会弯曲成罗圈腿,这种情况尤其容易在营养不良的穷家孩子或骨化缓慢但又未患软骨病的孩子中发生。

如果我们以成年人体能的角度来考虑孩子,那就错了,因为儿童的身体有其年龄段自身的特征和比例。儿童通常会有向后弯腰和向前踢腿的倾向,这表明他们有与身体比例相适应的生理需求。幼儿喜欢像四足动物一样爬行，这只是因为他们的下肢太短。然而,我们往往以愚蠢的方式强迫儿童去改变他们的这些自然表现,不让他们下地走,不让伸腿,等等,强迫他们同成年人一起走路,要求他们跟上成年人的步伐，而且还借口说我们不想让他们变得任性,不想让他们想干什么就干什么。这实在是一个致命的错误,通常容易造成罗圈腿。因此,我们最好是开导妈妈们注意这些特别的幼儿保健。也就是说,我们能,实际上也应该用体操来帮助儿童发育,让他们所做的运动与所需求的运动相一致,并确保不导致下肢疲劳。

通过对儿童的观察,我找到了一个帮助他们活动的简单方法。简单介绍如下。老师组织儿童练习齐步走,领着他们在庭院和街心花园里转圈。这种花园的四周都围上栅栏,即每隔一段距离在地上打上一个桩,然后在木桩上平行地拉上几根粗铁丝;在栅栏的下部有小的架子,小孩走累了就可以习惯性地坐在上面休息。此外,我还总搬出一些小的凳子并靠墙放着。在游戏中,不时总会有一些两岁半到3岁的孩子落到队伍的后面,显然,他们是累了。但是,他们既不坐在地上也不坐在小凳子上，而是跑向矮一些的栅栏，用手抓住较上一排的铁丝，把脚放在最下面一排的铁丝上，并在上面走来走去。他们笑嘻嘻地看着仍在绕圈子的大伙伴，眼睛里闪烁的光芒显示出爬铁丝所带来的无比欢乐。的确，正是这些孩子以非常实际的方式帮我解决了一个难题。他们沿着铁丝斜着身子走动，这样，他们的下肢在得到运动的同时又不用承受整个身体的重量。要是在儿童健身房里设置这种器械，就能使儿童做在铁丝栅栏上所做的运动，从而满足他们在地上爬行和踢腿的需要，也可以正确地满足他们身体发育的需要。因此，我建议在儿童游戏室里设置这种小围栏。具体做法是，在一排排立柱之间横穿上平行的木棍，这样小孩子在上面玩耍的同时也可以高兴地看到同一屋子里其他孩子玩耍的情况。

体育馆里的其他器械也可以按同样的理念来设计，即为儿童的活动需求提供一种适宜的器械。塞昆发明了一种器械，用以锻炼下肢，特别是用来增强体弱儿童的膝关节，叫做篮椅。这是一种坐式秋千，它有一个很宽的座椅，小孩儿坐在上面双腿向前伸出也可以完全放在座椅上。座椅的四角用绳子吊起来，可以来回晃动。座椅前面的墙上加上一块结实的木板，小孩儿用脚蹬木板，椅子就可以来回晃动，这样就可以使小孩儿的下肢得到锻炼。木板与墙要稍隔一些距离同时要低一点，使孩子可以看到起顶端。当他随椅子一起晃动时，通过这种只锻炼下肢的器械使他的下肢得以结实，而又达到不用承受身体的重量的目的。

还有一些体育器械，从保健的角度来看并不重要，但深受孩子们的喜爱。在此简单的介绍一下。一种叫“摆球”，它是用一根绳子挂着一个橡皮球，可以由一个或几个孩子玩。孩子们坐在小扶手椅上击球，传给另一个孩子，以此用来锻炼双臂、脊柱，同时也训练用眼睛来估计处于运动中的物体的距离。另外一种叫“走直线”，即在地上用粉笔划上一条直线，让小孩儿沿着这条直线行走。这有助于引导儿童按规定的方向调整自己的自由运动。在下雪后进行类似的游戏实际上更有趣，让孩子们在地上走出自己的直线，鼓励他们同别的小孩竞争，看谁走的最直。再有一种游戏就是爬小圆梯。小圆梯是由木头制成的，呈螺旋状，它的一边有护栏，可以做扶手，另一边是敞开的。这种游戏有助于孩子养成上下楼梯不用扶栏杆的习惯,同时学会在上下运动中自我控制平衡。整个梯子不用太高,台阶要很平缓。在这种圆梯中上上下下,可以使孩子得到在家爬楼梯时得不到的合适锻炼,因为家里的楼梯是按成年人的身体比例设计的。还有一种用来练习跳远的体育器械,是木制的低平台,上面用油漆划了若干条线,以标示所跳的距离。另外还有一段阶梯,配合平台使用,用来练习和测量跳高。

我认为,绳梯也可以适用于幼儿园。配对起来使用有助于完善许多动作,如跪下、站起、前弯后仰等。若没有绳梯的帮助,儿童在做这些动作时就会失去平衡。所有这些运动对儿童有很大的帮助。一是掌握平衡;二是协调肌肉运动,还可以增加肺活量;此外,我所描述的这些运动还可以增强手的最原始、最基本的动作——抓握,这是手在能够完成其他精细动作之前必须要掌握的。塞昆曾经成功地用这种器械去增强痴呆儿童的握力和全身力量。

因此,体育馆为生活中的一些基本运动如行走、投掷、上下楼梯、跪下、起立、跳跃等提供了一个相对应的锻炼方式。

自由体操

我所指的自由体操是不使用任何器械的。这类体操分为两类:指导口令下的体操和自由游戏。第一类,我建议采用齐步走,其目的不是练习节奏感,而是练习平衡。在行进时,最好随着脚步节奏哼一些短曲子,因为这可以提供呼吸运动以增强肺部功能。除齐步走以外,还有福禄贝尔的一些伴有音乐的游戏,非常类似于儿童们经常玩的游戏。在自由游戏中,我们给孩子们提供皮球、铁环、充满豆子的小包和风筝。在有树林的地方,孩子们可以玩"小猫抢墙角"和其他简单的捉迷藏游戏。

教育体操

我们将两类练习归入教育体操。这些练习真正是学校工作的一部分,例如,耕地、栽种植物、饲养动物(浇水、剪枝、喂鸡等)。这些活动要求多种运动之间的协调,例如,锄地、蹲下来栽植物、起立等都要求动作的协调。让孩子们搬运物品到指定的地点,并实际的使用这些物品,就提供了一个极为有益的锻炼机会。

播撒类似于玉米、燕麦一类的小物体,以及开关花园和鸡舍的门都是很好的锻炼。所有这些锻炼都是在户外进行的,因此更有益。在我们的教育体操中,还包括一些增强手指协调性的练习,这为儿童的实际生活,如,穿衣服、脱衣服、解纽扣等做了一些准备。

这类教育的基本教具很简单:一些木制框架,每个框架上绷上两块儿布或皮革,缝上或空出一排排扣眼和纽扣、或挂钩和钩眼、或带子和带眼或拉链等。在“儿童之家”,我们采用了10种这样的框架,每一种框架代表一种不同的穿脱衣方法:

1. 框架上绷上两块较厚的毛料织品,缝上骨质扣——类似于儿童的外衣;

2. 框架上绷上两块亚麻布,缝上珠型扣——类似于儿童的内衣;

3. 框架上绷上两块皮革,缝上鞋扣:孩子们用纽扣钩连接这两块皮革——类似于儿童的鞋子;

4. 框架上绷上两块皮革,用鞋带系住;

5. 框架上绷上两块布(用鲸骨内撑),用带子系在一起——类似于意大利农妇穿的紧身围腰;

6. 框架上绷上两块呢绒布,用风纪扣连在一起;

7. 框架上绷上两块亚麻布,用小挂钩和钩眼连接;

8. 框架上绷上两块布,用彩色的宽缎打成蝴蝶结连接;

9. 框架上绷上两块布,有圆绳系在一起——类似于儿童内衣的系绳方式；

10. 框架上绷上两块布，用拉链连在一起。

通过使用这些玩具，孩子们可以通过实践来分析穿衣服和脱衣服所必须做的动作，经过反复的训练以后，他们就可以自己独立完成这些动作。这样，我们不通过任何直接的强制性命令，成功地使孩子们在不知不觉的状态下学会了自己穿衣服和脱衣服。

一旦他们学会这些动作，马上就希望在实际生活中运用这种能力，并为自己具有这种不用依赖他人的能力而感到高兴和自豪。这种能力使他们早日学会了谦虚和活跃，而被剥夺了这种实践教育的儿童则发展得很晚。这种系扣的游戏很受孩子们的喜爱，当十个小孩围在桌旁同时进行这一游戏时，如此认真，严肃，好像一个坐满小工人的工作车间。

呼吸体操

这类体操的目的是调节呼吸运动，换句话说，就是教儿童呼吸的方法。同时，它也有助于儿童养成良好的说话习惯。我们所采用的练习选自于萨拉教授曾经采用过的一本教材。我们从他的论文“口吃的治疗”中选取了一些简单的训练方法，包括许多有关呼吸运动与肌肉训练相协调的训练方法。例如：

双手叉腰，嘴巴张开，舌头平直。
深深吸气，迅速提肩，隔膜放低。
慢慢呼气，缓缓放肩，复原姿势。

教师应选择或自己设计一些简单的呼吸体操，伴随一些手臂的运动等。

正确使用嘴唇、舌头和牙齿的练习。即教学生在发某些基本的辅音时嘴唇和舌头该如何运动，怎样增强有关的口腔肌肉为发音做准备。这类体操为发音准备了元件，即训练了语言器官。开始我们是让全班一起练习，然后逐个进行检查。我们要求孩子们用力大声发出单词的第一个音节。当每个孩子都尽了最大的努力后，我们再逐个的叫起来单独重复。如果他发的正确，就站在右边，相反就在左边。对发这个音有困难的孩子，我们要鼓励他多重复几遍。老师应记录下孩子们的年龄和发音时肌肉运动的缺陷。然后，她可以摸一下要使用的那部分肌肉，如摸一摸嘴形，或者甚至抓住一个孩子的舌头，使之对着上齿，做出更清晰的示范。教师应该尽一切可能去寻找帮助儿童清晰发音的方式。

这类体操的基础练习如下，我们让孩子练习以下单词的发音：pane-fame-tana-zina-stella-rana-gatto.

在发 pane 的时候，我们让孩子们用力重复 pa,pa,pa,，练习嘴唇的圆形收缩。

在发 fame 的时候，重复 fa,fa,fa，练习下嘴唇对着上齿的运动。

在发 tana 的时候，重复 ta,ta,ta，练习舌头对着上齿的运动。

在发 zina 的时候，练习上下齿的协调。

在发 stella 的时候，重复整个单词，上下齿合拢，并将舌头（趋向外伸）贴在上齿上。

在发 rana 的时候，重复 r,r,r,练习舌头的颤动。

练习 gatto 时，注意喉舌音 g。

PART 10

自然教育

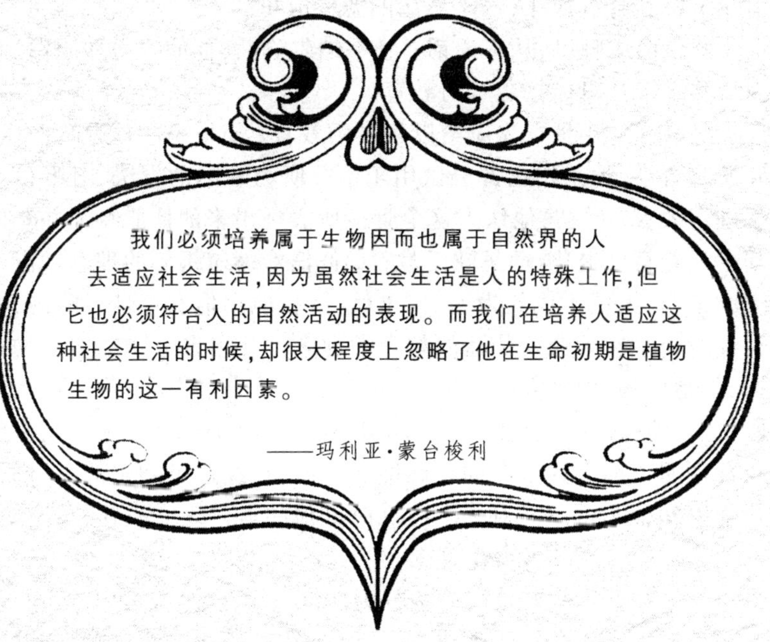

我们必须培养属于生物因而也属于自然界的人去适应社会生活，因为虽然社会生活是人的特殊工作，但它也必须符合人的自然活动的表现。而我们在培养人适应这种社会生活的时候，却很大程度上忽略了他在生命初期是植物生物的这一有利因素。

——玛利亚·蒙台梭利

伊塔在其著名的教育论文《阿维龙野孩的初步发育》中，详细叙述了一种庞大的、富有戏剧性的教育，它试图战胜一个白痴的生理缺陷，同时把一个人从原始自然状态中抢夺回来。

阿维龙野孩是一个在大自然中长大的孩子。他从小被罪恶地抛弃在一个森林中，企图暗杀他的人以为他已经丧命，殊不知他竟被自然方式救活了。他赤身裸体，孤独地在荒野中幸存了多年，直到被猎人抓获，才进入巴黎的文明生活。他遍体的累累伤痕，显示出一个曾和野兽搏斗、跌落悬崖的悲惨故事。

野孩已成哑巴，从不说话。经平纳尔诊断，他的智力如同白痴，而且几乎不再可能接受智力教育。

对这样的小孩首先应给以积极的教育。伊塔是一位聋哑医生，并通晓哲学，他采用已部分试用于治疗听力缺陷的方法，对野孩着手进行教育。起初，他认为这个野孩所表现出来的低能特征并非因其生理器官已退化，而是缺乏教育。他信奉赫尔维修的理念："没有人的工作，人就不成其为人。"也就是说，他相信教育是万能的，并且反对卢梭在革命前传播的教育学理念："凡出自造物主之手的东西，都是好的，而到人的手里，就变坏了。"即教育是有害的，而且糟蹋了人。根据伊塔错误的第一印象，这个野孩通过实验表现出来的特征证明了前一种论断的正确性。然而，在经过平纳尔的测试后，伊塔得知他不得不面对一个白痴时，他的哲学理念就让位于令人钦佩的试验性实验教育学理念了。

伊塔把对这个野孩的教育分为两部分。首先，极力引导小孩从自然界的生活走向社会生活。然后，试图对其进行智力教育。这个小孩从可怕的遗弃生活中，找到了一种幸福。姑且如此说吧，他将自己沉醉于大自然，并与大自然融为一体，从中获取快乐，雨雪、风暴、旷野成为他的伴侣和他的爱，是他欢乐的源泉。的确，现代文明生活是抛弃了这一切,但这却正是人类进步取得的成果。在伊塔的文章中,他生动地描写了自己为将阿维龙野孩引入文明生活而进行的道义工作,如扩大野孩的需要和给他以爱抚等。这里有个例子,可以说明伊塔曾进行了许多令人钦佩的耐心工作,同时这也给那些正为实验教学法做准备的教师做出了真实的榜样:对待所观察的对象必须应该具有耐心和自我克制精神。伊塔写道:

“例如,从他的房间里观察他,可以看到,他经常忧郁地、无聊地在房间里踱步,偶尔盯着窗户,神情恍惚地凝视着旷野。假如此时,天空骤变,暴风雨突临,或云层中的太阳突现光芒,照耀大地,他就会大笑不止,欣喜若狂。但有时也不是这种欢乐的表情,而是气急败坏,咬牙切齿,舞动胳膊,捏紧拳头,恨不得把周围的人都吃掉。

“一天早晨下起大雪,他还在睡觉。当醒来时见此情景,他发出一阵惊喜的喊叫,跳下床,来不及穿上衣服就跑向窗户,然后又迫不及待地穿过一道道的房门,最后跑到花园里,以刺耳的尖叫宣泄内心的喜悦。他在雪地上奔跑打滚,抓起一把一把的雪,贪婪地咽下去。

“但是对这种壮观的自然景色,他并不总是以如此活泼喧闹的方式来表达自己的激动。值得一提的是,他有时候也会显得沉闷和忧伤。而且,当恶劣的天气迫使人们都不去花园时,他就偏到那儿去,围着花园走上几圈,然后在喷泉旁坐下。”

我经常完全停下来,以无法形容的喜悦之情观察他坐在那儿——看着他面部表情逐渐变化,时而毫无表情,时而又一脸严肃,然后又渐渐呈现出哀伤和忧郁,似乎在回忆,他两眼盯着水面,不时将几片落叶扔入水中。

“每当皓月当空,柔和的月光侵入房间,他就无法入睡,于是走到窗边,直挺挺地站在那里,一动不动地呆上大半夜。他探出头盯着沐浴在月光下的旷野,陷入无限的沉思。这种沉寂间或会被深深的叹息所打破,最后又在一阵哀叹中结束。”

在另外的地方,伊塔提到,这个野孩不会文明生活中走路的步态,他只知道跑。伊塔还提到,当他把这野孩带到巴黎大街上的时候,他开始是怎样跟着这个野孩跑,而没有粗暴地去制止他的。

通过展示社会生活的方方面面逐渐诱导野孩；让教师首先去适应学生，而不是让学生去适应教师；不断地吸引他注意一种新的生活，用新生活自身的魅力去征服他，而不是强加于他，使他觉得是负担和折磨，所有这些都可以作为宝贵教育的经验被推广和应用于儿童教育。

我相信，迄今为止还没有任何资料提供过如此鲜明、如此令人信服的社会生活与自然生活之间的对照，也没有如此直观地表明过社会仅仅是由放弃和限制所构成，即由满足他原来的跑到限制他跑而会走路；由满足他原来的大声叫喊到限制他喊叫而会调节一般说话的声音。

伊塔未曾采用任何强迫手段，而是让社会生活以自身的魅力逐渐吸引这个野孩，结果他的教育取得了成功。的确，文明生活就是放弃自然生活，从大自然的怀抱里夺过一个人来，几乎就像从母亲的怀抱里夺过一个新生婴儿一样，不过同时这也是一种全新的生活。

从伊塔的文章中，我们看到人类的爱最终战胜了自然的爱。阿维龙野孩最终被伊塔的亲切关怀和爱抚所打动，他热泪盈眶，从此不再沉溺于皑皑白雪的欢乐，也不再向往浩渺的星空。有一天他试图逃跑到了乡下，可后来还是自愿并懊悔地回来了，因为在那儿他可以找到好吃的佳肴和温暖的床。

的确，人类从社会生活中获取了欢乐，并在集体生活中感悟到了强烈的人类之爱。但是人仍然还是属于自然，特别是在孩提时代，他必须从自然中获取必要的力量以促进其身心的发育。我们与自然界有着天然的联系，它对我们身体的发育有着显著的影响。例如，一位生物学家通过隔离装置把小豚鼠与地磁隔绝，发现这些小豚鼠长大后均患佝偻病。

伊塔的教育历史剧将在幼儿教育中重演。我们必须培养属于生物因而也属于自然界的人去适应社会生活，因为虽然社会生活是人的特殊工作，但它也必须符合人的自然活动的表现。但是，我们在培养人适应这种社会生活的时候，在很大程度上却忽略了他在生命初期是植物生物的这一有利因素。

为缓和教育中的这种转变，我们必须把自然本身纳入教育工作，这好比不要突然强制性地把小孩从妈妈身边夺走并送进学校一样。“儿童之家”恰好是这样做的，它设置在孩子父母居住的楼里，孩子的呼喊和妈妈的答应能彼此呼应。

目前，这部分教育是以儿童保健的形式来进行的，而且多半是培育。让孩子们在户外或公园里成长，或者让他们半裸着在海边晒上几小时的太阳。从事航运业的人们和位于亚平宁山区的人们已经从经验中懂得，让孩子健壮成长的最好方法就是让他们沐浴在大自然之中。舒适的短童装、凉鞋，裸露的下肢就是一种摆脱文明枷锁的方式。不过，有一个显而易见的原则：在教育过程中牺牲自然特权的程度，只限于为获得由文明所提供的乐趣所必需的程度，不能无谓的牺牲。

但是，在所有对现代儿童教育的改进中，我们迄今都没能摆脱否定儿童心灵表现和否定儿童精神需要的偏见。我们简单地把儿童看成是只须加以爱护、亲昵，并使之在运动中生长的躯体。一个好母亲或一个现代的好教师，在今天所给予的，例如对一个正在花园乱跑的孩子，也不过是不要攀折花木，不要践踏草地之类的忠告，似乎通过活动腿脚和呼吸新鲜空气就足以满足他们身体发育的生理需要似的。但是，既然儿童的肉体生命必然需要大自然的力量，那么他的精神生命也必然需要心灵与天地万物的交融，从而可以直接从生动的大自然的造化能力中吸取养分。达到这一目的的方法就是让儿童从事农业劳动，引导他们培育动植物，并从中思考自然，理解自然。

在英国，莱特夫人已经设计出了儿童教育方法的基础，即通过园林学和园艺学。她从对生命发展的思考中，看到了宗教基础，因为儿童的心灵可以从造物通向造物主。她也从中看到了智力教育的起点，她把这个起点局限于写生画，认为写生画可以作为通向艺术的阶梯，也可以作为获取关于植物、昆虫和农作季节观念的阶梯，还可以作为获取关于日常家庭生活的阶梯，因为家庭生活的初步概念来源于栽培和烹饪孩子们餐桌上食用的食品以及餐后需洗刷的饮具和餐具。

莱特夫人的见解虽然很片面，但她所制定的条例继续在英国推广，她的见解无疑是在完善迄今还只局限于身体锻炼方面的自然教育，而且这种教育在增强英国儿童体质方面已经取得了明显的效果。此外，她的经验也为对儿童进行农业教学的实际可行性提供了确实的证据。

在巴黎，我看到过对有缺陷儿童所进行的大规模的农业教育。方法是根据巴西利试图在小学里建立"小教育园地"的精神制定的。在每个"小园地"里都种上各种农作物，实际展示出其收播时间、收播方法、生长周期、翻耕土地、施用化肥和天然肥料，等等。同时也培植观赏植物并让他们从事园艺，当他们到了就业年龄时，这就会给他们创造可观的收入。

虽然这种教育首先包括客观的智力培养方法，其次是就业准备，但是我认为尚未认真考虑将它用于儿童教育。现代儿童教育的理念必须是也只能是促进儿童个体身心两方面的发展。农作物和动物培育本身就包含着道德教育的宝贵手段，其含义远比莱特夫人分析的丰富。莱特夫人从中看到的主要只是一种把儿童心灵引导至宗教感情的方法，事实上，这种不断进步和提高的方法可以分为若干等级。在此我提出几个主要方面：

第一，引导孩子观察生命现象。孩子们与动植物的关系类似于观察他们的老师和他们的关系。随着观察兴趣的逐渐增长，关心生物的热忱也随之增长，这样孩子们也就会合乎常理地去感激妈妈和老师对他们的爱护。

第二，引导孩子们通过自主教育而具有预见力。当孩子们懂得播种的植物的生长要依靠他们细心的浇水，饲养的动物的成长要依靠他们勤勉的喂食，否则，植物就会干枯、动物就会死亡时，他们就会像一个开始感到对生命负有责任的人一样，变得有警惕性。此外，一个与妈妈和老师全然不同的、呼唤他忠于职守的声音响起，告诫他们，千万不要忘记自己承担的责任。这声音就是在他们照管下的垂危的生命所发出的哀求声。这样，在孩子和他们照管的动植物之间就会产生出一种神秘的一致性，从而诱导他们在无需教师的干涉下完成限定的行动，进而引导他们进行自主教育。

孩子们所得的报酬也存在于他们和自然界之间。经过他们长时间耐心地给孵蛋的鸽子送草、送食之后，在一个明朗的晴天，终于看见小鸽子了！昨天老母鸡还一动不动地趴在窝里，今天就看见它身边出现一群唧唧喳喳的小鸡了！兔笼子里原来只有一对寂寞的大兔，他曾爱抚它们，还偷偷从妈妈的厨房里拿菜叶来喂养它们，终于在一天看见了小兔！

在罗马我还未能建立起动物饲养场所，但在米兰的“儿童之家”却养了一些动物，其中有一对美国的小白鸡，它们住在一个小巧玲珑的像中国宝塔模样的鸡舍里。鸡舍前用篱笆围出一小片的空地，供它们游戏。鸡舍门每晚由孩子们轮流上锁。他们每天早上高高兴兴跑去开锁，送水送干草，白天细心地照料着小鸡，晚上看小鸡什么都不缺了后才上锁。教师告诉我，在所有的教育练习中，这个最受欢迎，看来也最重要。经常出现这样的现象，当孩子们安静地完成自己的任务，各自从事自己喜欢的工作时，一个、两个或三个，悄悄地站起来，出去瞥一眼自己饲养的动物，看他们是否需要什么。经常出现这样的事，一个孩子很长时间不在教室里，最后老师惊奇地发现，原来他在喷水池旁看着在水中游来游去的在阳光照射下闪闪发光的鱼儿入了迷。

一天，我收到了米兰一位教师的来信，她以极大的热情告诉我一个好消息：小鸽子孵出来了。对于孩子们，这简直是一个盛大的节日。他们觉得自己在一定程度上好像就是这些小东西的父母。我想，没有任何人为的阿谀奖赏能激起他们这样真挚的情感。栽培植物同样也使孩子们得到了不少的快乐。在罗马的一个“儿童之家”中没有可供栽培的土地，在培拉先生的努力下，沿平台布置了许多的花盆，靠墙根种植了攀沿植物，孩子们从不忘记用喷壶给花草浇水。又有一天，我发现孩子们在地上围坐成一圈，原来是在观看头天夜里开放的一朵灿烂的红玫瑰。他们静寂无语，沉浸在深深的思索之中。

第三，引导孩子们学习具有耐心的美德和有信心的品格。这种有信心的品格是一种信仰和人生哲学的形式。当孩子们播下一粒种子，直到它结果，首先他看到的是不成型的幼芽，然后是它的慢慢生长变化，即从是开花直到结果；有一些植物发芽早一些，有一些则晚一点；落叶植物生长的快一些，果树则慢一点。看到这一些，儿童最终会获得心理上的平衡，在幼小的心灵里萌生出一种智慧，就像农民知道按时耕种那样。

第四，培养孩子们对大自然的感情。大自然以其神奇造化之功哺育着这种感情，它付给劳动者慷慨的报酬。谁为它的生命发育付出了劳动，谁就会获得丰硕的果实。

甚至在劳动过程中，孩子们的心灵与在他们照料下而发育的生命之间也会产生一种一致性，因为孩子们天然地热爱生命的各种表现形式。莱特夫人告诉我们，小孩子们会非常容易地对蚯蚓和粪虫的运动产生兴趣，而我们这些成长时远离大自然，同时又没有接触过某些动物的人却感到害怕。儿童的这种兴趣正好会发展成为对一切活着的生物的信任之情，这是一种爱的形式，是同宇宙融为一体的一种形式。

但是，最能培养对大自然感情的还是栽培植物，因为植物在其自然发展中给予的远比索取的多，它不断的展示着自己的美和丰富性。当孩子们栽培了蝴蝶花或三色紫罗兰、玫瑰或风信子，播下种子或埋下根球，或种了果树，也按时给它们浇了水，最后，那盛开的花朵、成熟的果实，就是大自然赐给他们的慷慨礼物，而且是对少量付出的高额报酬。这似乎是大自然在以礼物来报答耕耘者的倾心之爱和渴望之情，而不是在权衡其有形的劳动量。

当孩子们不得不采集劳动的物质成果时，情况就完全不同了，不会动的清一色的果实都用于消费，分配殆尽，而不是增加积累。

农业产品和工业产品、天然产品和人工产品之间的差别，必然会在孩子们心里自发产生，就像一个不可改变的事实一样。但同时，像果树必须结果一样，人也必须付出劳动。

第五，儿童沿着人类发展的自然道路前进。简言之，这种教育使得个体发育和人类整体的发展协调起来。人类通过农业从自然状态进入人工状态。当人类发现土地增产的秘密时，它就获得了文明化的报酬。注定要成为文明人的儿童也必须经历这条道路。

如此理解自然教育的作用，它就容易付诸实践了。因为即使缺少供体育练习用的宽阔操场和庭院，只需找几平方米用于栽培或一小块地方让鸽子做窝，以便进行精神教育总还是可能的，即使是窗台上的一盆花，如果需要，也可以用于教育。

在罗马的第一个“儿童之家”里，我们拥有一个宽大的院子作为种植园地。在那里孩子们除了可以自由地进行户外活动外，还可以进行种植。我们在一块长形状土地上一边种上树,另一边分给每个小孩一块以栽培植物,中间有一条路将其隔开。

当较小的孩子们在路上跑来跑去或在树阴底下休息的时候,拥有土地的孩子们(4 岁以上)则正在播种、耕锄、浇水或查看耕地表层,好让种子发芽。有这么一件很有趣的事:孩子们的小块土地是分布在住宅楼墙边的,由于通向死胡同而不为人们所注意,而且由于居民们习惯于把各种赃物从窗户上扔下来,以至于起初我们的花园被弄得很脏。后来,虽然我们没有提出任何劝告,但是,渐渐地,人们出于内心天生的那种尊重儿童劳动成果的感情,再也不从窗户扔东西下来了,投向小宝贝们心爱的土地上的只是他们妈妈爱护的目光和亲切的微笑。

PART 11

手工劳动

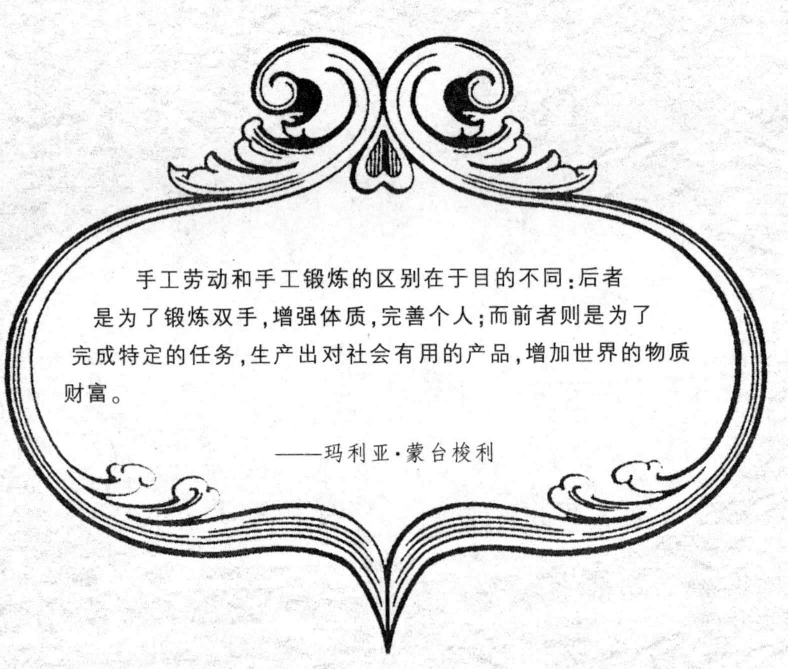

手工劳动和手工锻炼的区别在于目的不同：后者是为了锻炼双手，增强体质，完善个人；而前者则是为了完成特定的任务，生产出对社会有用的产品，增加世界的物质财富。

——玛利亚·蒙台梭利

手工劳动和手工锻炼的区别在于目的不同:后者是为了锻炼双手,增强体质,完善个人;而前者则是为了完成特定的任务,生产出对社会有用的产品,增加世界的物质财富。但二者又相互联系,一般来说,只有双手完善的人,才能生产出有用的产品。

经过短期试验后,我认为,最好完全取消福禄贝尔的练习。因为儿童眼睛的调节能力并未发育完全,在硬纸板上进行编织和缝纫会很不适合儿童视觉器官的这一生理状况,因此这些练习就会造成视觉器官负担过重,从而对视力发育造成严重损害。另外一些福禄贝尔的小练习,如摺纸,只是练习手,而不是工作。不过,泥塑仍予保留,它让孩子仿制泥塑品,是福禄贝尔练习中的最合理部分。但是,考虑到我所倡导的自由体系,我不想让孩子们仿制任何东西,只让他们用黏土按自己的意愿去塑造;我不指导孩子们生产有用的产品,也不求完成什么教育计划,因为泥塑工作(我稍后将指出)是为孩子自发表现中的心理个性研究进行服务的,而不是为了进行教育。

所以,我决定在“儿童之家”尝试一下我曾在艺术家兰敦教授建立的“教育艺术学校”见过的一些很有趣的练习。该校和乔文内扎·金泰儿青年社团同时建立,二者的日的都在丁教育青年文明地对待环境,即爱护物品、建筑、历史遗迹等。这是文明教育真正重要的一部分,也是与“儿童之家”有联系的和我特别感兴趣的部分,因为“儿童之家”的基本目的就是,切实教育儿童爱护墙壁、房屋和环境。

兰敦教授断定,不能把青年社团的教育建立在枯燥的公民原则说教或儿童道德保证的基础上,而必须通过引导青年鉴赏、热爱艺术来进行教育,逐渐达到尊重物品特别是历史遗迹及历史建筑的目的,这是很恰当的。所以这所教育艺术学校广泛吸收各种艺术思想，包括复制在周围环境中经常见到的物品，讲述它们的生产史,介绍主要城市的历史遗迹,在罗马大多是建筑纪念碑。为了更直接达到目的，兰敦教授把他那为人赞赏的学校建在罗马城墙最富有艺术性的一个缺口——贝利萨柳斯墙旁,俯瞰昂伯托·普利莫别墅。该处是既不为市政当局所重视,也不为市民所爱护的一座城墙。兰敦教授则倍加关注,把城墙的外侧布置成幽雅的空中花园,艺术学校就设在园中,乔文内扎·金泰儿青年社团,正是由这所学校组成的。

兰敦教授打算在这里重建和复兴曾使意大利和佛罗伦萨引以为荣的艺术形式——陶工艺术,即制作陶器的艺术。陶器具有极大的考古价值和历史价值,也具有极大的艺术价值,它可以与钱币艺术相媲美。事实上,人类感到最需要的第一件东西就是陶器。它随火的利用而被广泛使用,但它的发明却早于取火。其实,人类第一次的熟食就是装在陶器内煮熟的。

判断一个种族的原始文明所达到的程度,最重要的标志之一,就是其陶器工艺所达到的水平。事实上,用于家庭生活的陶器和用于社会生活的斧头是我们所发现的远古时期的最神圣的象征,是与崇拜神庙和崇拜先人相联系的宗教象征,甚至在今天,仍有宗教徒在他们的私宅重地供奉着圣瓶。从文明发展中取得长足进步的人们仍然对陶器及其演变形式显示出艺术感和审美感，如我们在埃及、伊特拉斯和希腊艺术中所见到的那样。

陶器伴随着人类文明的进步而出现并得到完善和发展，不仅扩大了用途,而且还增添了许多新品种,其历史也随人类史的发展而发展。陶器除有生活和精神意义以外,还有另外一种实用价值:它适于塑造各种形式的装饰品，为艺术家发挥个人的艺术天才提供一个自由的天地。

一旦学会了制陶工艺（这其中一部分是在老师的直接指导下逐渐学会的),任何人都可以根据自己的审美趣味和艺术灵感进行塑造,这就表现了该工艺的艺术性和个性。此外,在兰敦的学校里,还教授学生如何使用陶工旋盘,如何配方制作花饰浴盆,如何在壁炉内焙烧陶胚,以及如何完成工业制陶的各种体力劳动。

教育艺术学校的另一项工作是制作小型砖，放在壁炉中焙烧后，用于砌成小型墙。砌墙过程跟泥匠一砖又一砖、一层又一层的往上砌一样，砌完后，他们就真正经历了建造房屋的所有过程——先用锄头和铁锹在地上挖个大坑，打好地基，然后砌砖，建成房屋。这些房屋仿佛真房子一样还开有窗户，正面被镶上孩子们自己烧制的彩色瓷砖。这样不但孩子们学会了鉴赏物品及周围的建筑物，而且实际的体力劳动和艺术创作也给了他们有益的锻炼。

这就是我们在“儿童之家”所采用的手工训练。经过两三堂课的学习之后，小学生们就很热心于制作陶器了。他们很细致地保存自己的作品，而且为之骄傲，并用自己的造型艺术仿制小东西，如鸡蛋和水果等，放入自己制作的陶器里。开始是用红土做一个简单的陶器，装上用白土做成的鸡蛋，然后再仿制带有一个把或两个把、带有小口的陶器，以及带有两耳或三耳的三脚鼎、酒罐等。5~6岁的孩子开始使用陶工旋盘进行工作。但孩子们最喜欢的还是用小砖砌墙，然后欣赏自己的劳动成果：屹立在地面上的小房子，周围长着他们所栽培的植物。这样儿童在童年时期就大致了解了人类从游牧生活转变为定居生活所要经历的主要劳动：向土地索取果实，建造栖身场所，制造陶器用以煮熟沃土生产的食物。

PART 12

感觉训练

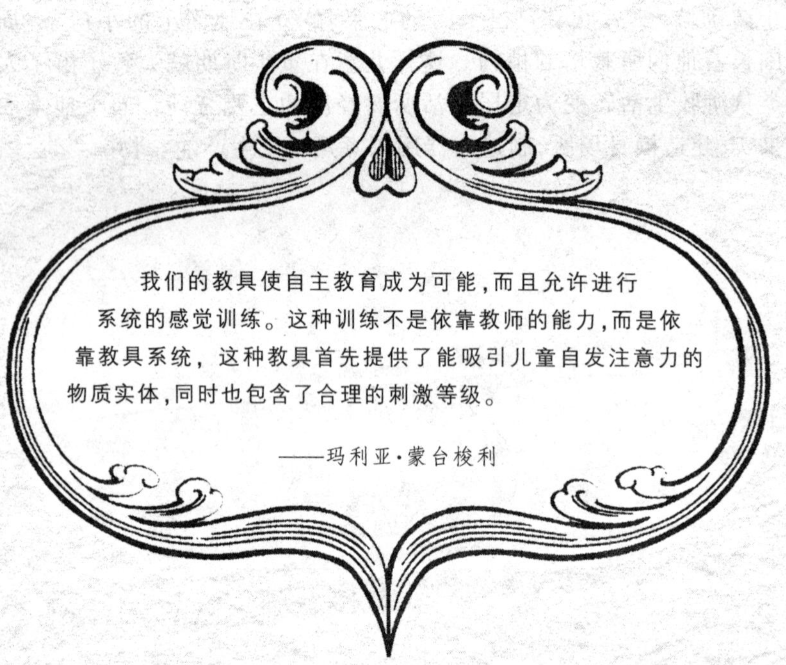

我们的教具使自主教育成为可能，而且允许进行系统的感觉训练。这种训练不是依靠教师的能力，而是依靠教具系统，这种教具首先提供了能吸引儿童自发注意力的物质实体，同时也包含了合理的刺激等级。

——玛利亚·蒙台梭利

在实验教育学的方法中，感觉训练无疑起着最重要的作用。实验心理学也是通过感觉测量而获得活动的记录的。

教学法虽然也利用心理测量学，但其目的并不是测量感觉，而是训练感觉。这一点易于理解，然而也常被混淆。虽然在很大程度上感觉测量仪都不适用于对幼儿进行大量的感觉测量，但对幼儿进行感觉训练却是完全可能的。

我们不是从实验心理学的结论出发，也就是说，不是从一定年龄儿童的一般感觉条件的知识出发来决定我们所要进行的教育和训练。我们基本上是从另一种方法出发，让心理学去理解教学法并从中得出其结论，而不是相反。

我采用的方法是用教具进行教学实验，并期待孩子的自发反应。这种方法与实验心理学的方法很类似。

我用的教具乍一看起来可能与心理测试所用的相混同。曾在米兰实验心理学校进行过心理测试的教师，当他们看到我的教具时，可能认为是测量颜色、硬度和重量感觉的材料，而且可能得出结论说，我对教育学其实并没有做出什么新贡献，因为这些器具是他们早已知道的。但两种材料的悬殊差别在于：触觉测量器只能进行测量，而我的教具却相反，通常不是测量，只适用于对儿童进行感觉训练。

为了使一种器具达到这样的教育学目的，必须使它不致让孩子厌倦，而是使他们高兴，这是选择教具的困难所在。众所周知，心理测量仪消耗孩子的大量能量，因此，当皮佐利想用这种仪器来进行感觉训练时，结果失败了，因为孩子们讨厌这种仪器因而感到疲劳，而且训练的目的应该是增加能量而不是消耗能量。

心理测量仪，或好一点的触觉测量器，都是按韦伯定律分不同的等级制成的，可是韦伯定律是从对成年人的实验中推导出来的。

因此,适用于幼儿的教具还需要我们继续进行实验,从而选出使他们感兴趣的那些。

在“儿童之家”的第一年里,我采用大量的多种刺激进行了这样的实验,其中有许多我已经在缺陷儿童学校试验过了。

但是,一般说来,大量运用于有缺陷儿童的教具在正常儿童的训练中都被舍弃了,即使被采用的也是经过改造后的。然而,我认为,我已经成功选择了教具(在这里我不想说成是心理学名词“刺激”),它可以满足实际进行感觉训练的基本需要。这些教具构成我使用的教具体系,并且全部是由米兰慈善家协会的“劳动之家”制造的。这些教具将在以后阐明教育内容时一并说明。这里我只提出几点一般性的考虑:

第一,缺陷儿童和正常儿童对按等级构成的教具的反应不同。这种不同可以从事实——同一教具用于缺陷儿童可能起到的是训练的作用,而正常儿童则是产生自动训练的效应——中明显看出。这是我所碰到的最有趣的事实之一。它鼓舞和促使我认识到,自由和观察的方法是可行的。

假定我们使用第一种教具——一套立体几何形状的模型。在一块木板的一排圆孔中插上相应尺寸的10根小圆木柱,柱径逐个递减约1毫米。游戏方式如下:先把圆柱全部拔出,放在桌上并打乱,然后让儿童将它们都复位。其目的是训练眼睛对面积大小的感知力。

对于缺陷儿童,必须从具有更鲜明对比的练习开始,而且只有事先进行许多预备练习后,才能进行上述的练习。对于正常的儿童,则相反,可以直接使用我们提出的这一教具,这也是在所有的教具中,两岁半到3岁的孩子最喜欢的一种游戏。有一次,让一个有缺陷的儿童做这项练习。在练习中我们总是要不断提醒他注意,要他看着木板,甚至把不同大小的圆柱拿给他看。如果他把圆柱都插回了原位,他就停止不动了,游戏也就结束了。不论什么时候他出了错,我们都要替他纠正,或者促使他自己纠正。即使当他自己能够纠正错误,他的表情还是很冷淡。然而,相反,正常的儿童对这个游戏却自发地表现出浓厚的兴趣,他们总是推开妨碍和帮助他们的人,愿意自己独立去解决问题。

据资料显示,2~3岁的儿童以摆弄小物体为最大的乐趣。“儿童之家”的这个实验也证明这一论断是正确的。

有一点很重要,即正常儿童将圆柱复位时,非常注意观察模型上的孔与插入孔中的圆柱之间的尺寸大小关系，从他小脸上所表现出的专注神情就可以看出,他对这个游戏很感兴趣。

如果他弄错了,用一根圆柱去插比它小的孔,他就会拿开这根圆柱,然后继续尝试,直到找到合适的孔。如果相反,他把一根圆柱错插到稍大的孔中,然后把其他的圆柱依次插入稍大一点的孔中,最后他就会发现手里剩下一根最大的圆柱，而板上却空着一个最小的孔。这套教具能够检查出每一个错误,孩子们也可以通过各种方法自己纠正错误。他们通常靠触摸或摇晃圆柱来确认哪一根是最大的。有时候他们一眼就可以看出错在哪里,并从不该插的孔中将其拔出,然后插到应该插的孔中,并把其他的一切一一插好。由此可以看出,正常的儿童越来越有兴趣地反复做这项练习。

实际上，这套教具的教育意义恰好体现在这种错误的发现和纠正上。当孩子完全有把握地将每个圆柱都插入正确的位置后,他的能力就已超出这个练习,这套教具对他也就没有任何意义了。

这种自我纠正可以引导儿童将注意力集中在大小的区别和把不同圆柱加以比较,而心理感觉练习也正是存在于这种比较中。

因此,通过这套教具教给孩子尺寸大小的知识是不可能的,目的也不在于让儿童知道如何不出错地使用这套教具并圆满地完成这个练习。否则,我们的教具与其他许多教具,如福禄贝尔的,就建立在同一基础上了。如果应用福禄贝尔的教具,为了让孩子学会使用这些教具,教师首先要去忙碌一番,充实自己的知识,然后又忙于纠正孩子的每个错误。我们这套教具则恰好相反,是让孩子自己工作,自主纠正错误,自我进行教育。因为,没有一个教师能够教给孩子只有通过体育锻炼才能获得的那种敏捷，所以学生需要通过自己的努力来完善自己。感觉训练同样如此。可以说,每种训练形式都是这样。一个人之所以这样而不是那样,不是由于教师而是由于自己的行为。

旧式学校的教师要实际应用这种方法是存在困难的。之一就是，当教师看到孩子在错误面前一时迷惑不解皱紧眉头，紧闭双唇,反复设法纠正自己的错误时,他们很难阻止自己不干预。一见到这种情况,他们就会为自己的怜悯之心所动,几乎以一种不可阻挡的力量去帮助孩子。当我们阻止这种干预时,他们会说出一大堆怜悯孩子的话。而且他们很快也会因为帮孩子克服了困难而感到由衷的高兴并露出喜悦。

正常儿童可以多次重复这种练习,但次数因人而异。有的孩子完成五六次就厌烦了,有的则饶有兴趣地玩上至少 20 次。有一次,我看着一个 4 岁的小女孩重复完成了 16 次之后,便让别的孩子唱歌来分散她的注意力,可是她毫无所动,继续拔出那些小圆柱,打乱后,又插到原位。

一个聪明的教师应该能够进行非常有趣的个人心理观察,并能够大致估计各种刺激所能保持注意力的时间长短。

事实上,当孩子做练习,而且教具本身能使孩子们检查出并纠正错误时,教师除了观察外,什么也不必做。因此,她更多的是一个心理学家而不是教师,这就说明了科学培训在教师这一角色中的重要性。

的确,运用我的方法,教师教得相对少,而观察得比较多。她的首要作用就是指导孩子的心理活动和生理发展,因此,我把教师这个名称改为指导员。

开始这个名称引起许多人讥笑,因为人人都问:她既无助手,又必须给学生自由,那么这位教师能指导谁呢?但是她指导的含义比一般理解的要深远和重要得多,因为这位教师指导的是生命和灵魂。

第二,感觉训练的目的在于通过反复练习改善对不同刺激的感知力。存在一种感觉培养,它一般不为人们重视,但它是感觉测量的一个因素。例如,在法国使用的智力测验或在桑克蒂斯为诊断智力而设立的一系列测验中,我经常看到使用不同大小的立方块,这些立方块按不同距离放置。他们让孩子挑选出最小的和最大的,同时,计时器记下从发出命令到完成动作所用的时间。并记下出错的次数。我再次重申,在这样的实验中培养因素被忘记了,我指的是感觉培养。

但是,例如,我们的感觉训练教具中也有一组立方块,共 10

个。第一个底面周长为 10 厘米，其余依次减小 1 厘米，最小的一个是 1 厘米。练习方法如下：将粉红色的立方块撒在绿色地毯上，然后把它们垒成一座小塔，最大的立方块做塔底；然后按大小依次垒上去，直到用最小的一块做塔顶。这个游戏最能给两岁半的儿童带来快乐。小家伙们每次都得从撒在地毯上的立方块中挑出最大的一块。他们一搭好塔，就用手把它推倒，用惊喜的目光看着这些撒在地毯上的粉红色方块，然后又开始垒，垒好又推，推了又垒，反复无数次。

如果让"儿童之家"的一个 3 岁或 4 岁的孩子与一个小学一年级学生(6 岁或 7 岁)一起进行上述测验，毫无疑问，我的学生反应时间会短一些，而且不会出差错。关于色感等的训练同样如此。所以，这种训练方法应该能引起实验心理学的学生和教师们的兴趣。

最后我简单地概括一下：我们的教具使自主教育成为可能，而且允许进行系统的感觉训练；这种训练不是依靠教师的能力，而是依靠教具系统，这种教具首先提供了能吸引儿童自发注意力的物质实体，同时也包含了合理的刺激等级。

我们一定不能把感觉训练与通过感觉从周围环境中获取的具体概念相混淆。在思想上我们既不能把感觉训练等同于表达相应具体概念的语言名称，也不能把感觉训练等同于获取练习的抽象概念。

试想，一个音乐教师在教弹钢琴时应做些什么。他教给学生正确的身体姿势和乐谱概念，给学生示范乐谱和弹奏指法两者的关系，然后让学生自己练习。如果要把这个孩子培养成为一个钢琴家，那么除了教师教给的知识和必要的音乐训练以外，还必须有一个长期而耐心的应用练习过程，这个过程可以使指关节和肌腱变得灵活，同时反复的练习也可以达到使特殊的肌肉运动协调自如和使手的肌肉结实有力的目的。

因此，钢琴家必须自觉练习，促使他坚持练习的自然倾向越强烈，他的成就越大。然而，如果没有教师的指导，单是练习还是不足以使一个学习者发展成一个真正的钢琴家。

"儿童之家"的指导员在自己的工作中对两个因素——指导孩子和孩子的个人练习——必须有清晰的概念。只有当她将这种概念牢记于心时，她才可能进一步应用这种方法去指导孩子们自发训练和给孩子以必要的启示。教育者的个人艺术是存在于干预时机和方式之中的。

例如，普拉蒂“儿童之家”的学生都来自中产阶级家庭。开学一个月后，我发现一个5岁的孩子已经知道怎样拼成任何一个词，因为他在两个星期内就很好地掌握了字母表。他知道怎样在黑板上写字。在自由绘画练习中，他表现出不仅会观察，而且还能伶俐地画出有一定立体感的房子和椅子。在色感练习中，他能调配出我们常用的深浅不同等级的8种颜色，并且能从一堆缠绕着8种颜色不同、深浅各异的丝线的64块小木板中，迅速地先按颜色分成8组，然后又轻易地把每种颜色按深浅等级正确排列。在这类游戏中，他几乎能把一张小桌涂满颜色，像是盖上一块颜色层次极其鲜明的桌布一样。我做了个实验：把他带到窗前，在充足的自然光下让他看一块有色小板，并要求他仔细看以便可以记住。然后让他回到桌上撒满各种颜色的小木板的桌旁，找出与刚才看过的颜色相同的木板。他犯的错误通常是很微小的，因为他一般选得很正确，但更通常是选了相邻一级的颜色，很少会隔一个颜色等级。所以说，这个孩子有惊人的辨别力和颜色记忆力。和其他所有孩子一样，他也非常喜欢颜色练习。不过当我问他白色线轴的名称时，他犹豫很久后才不太肯定地回答道：“白色”。其实像他这样聪明的孩子，即使没有老师的特别指点，也应该能自己学会这些颜色的名称了。指导员告诉我，当她发现这个孩子很难记住颜色名称后，就让他自由地做这些色感游戏的练习，直到他记住为止，与此同时，他的书面语言能力也迅速发展了。这种能力在我的方法中是通过解决一系列问题表现出来的，而这一系列问题又是以感觉训练的方式提出的。从上可以看出，这个孩子很聪明，他灵敏的感觉与极强的智力活动——注意力和判断力保持着同步的发展，但他对名称的记忆力较差。

该指导员还认为，在教学时最好也不要干涉孩子。当然，这样会使对孩子的教育显得有点紊乱，而且让孩子的智力活动处于自发状态，显得非常自由。不过，她希望这样能把感觉训练作为智力概念的基础，同时她还建议把这些感觉和语言联系起来。

在这方面我已经找到了非常适用于正常儿童的按塞昆原则配置的三个阶段：

第一阶段——把感觉和名称联系起来。例如，向孩子出示红、蓝两种颜色。出示红色时，就简单地说："这是红的"；出示蓝色时说："这是蓝的"。然后就把这些有色线条放在孩子面前的桌子上，好让他们看见。

第二阶段——认识相应名称的物品。对孩子说："给我红的，"然后说："给我蓝的。"

第三阶段——记忆相应物品的名称。我们给孩子看一件物品，问他："这是什么颜色?"他应该回答说"红色"或"蓝色"。

塞昆坚决地坚持这三个阶段，并坚持要一次一次把颜色放在孩子面前。他还建议，绝不要一次只出示一种颜色，而要两种颜色，因为对比有助于颜色记忆。我也实际地检验过，发现再没有比这更好地教缺陷儿童识别颜色的方法了。用这种方法，他们能比一般学校中偶尔进行感觉训练的正常儿童还要学得好。

然而，对于正常儿童，在塞昆三阶段之前还有一个阶段——实际感觉训练期，即只通过自主训练就能获得准确的感觉差别的时期。因此，这是一个说明正常儿童具有优越性的例子；它也说明，用这种教育方法训练智力发育正常的儿童，比训练缺陷儿童会取得更大效果。

把刺激与名称联系起来的练习是正常儿童获得欢乐的源泉。有一天，我教一个小女孩 3 种颜色的名称，她还不到 3 岁，语言能力发展较慢。我让孩子们把一张桌子摆在窗户旁，我坐在一把小椅子上，叫小女孩坐在我的右边。我把 6 个有色线轴成对地放在桌上，两个红的，两个蓝的，两个黄的。在第一阶段，我在她面前放一个线轴，让她找出另一个相同的线轴，三种颜色的线轴都这样做一遍，同时示范给她怎样仔细地把它们成对放在一起，然后接着进行完塞昆的三个阶段。小女孩学会了认识三种颜色，还能正确说出每种颜色的名称。她是如此高兴，还看了我好一阵子，然后便开始蹦呀，跳呀。我看她这么高兴，就笑着问她："你认识颜色了吗?"她继续跳着蹦着，回答说："是的！是的！"她高兴得没个完，在我身边跳着，高兴地等着我再问她同样的问题，她好同样回答"是的！是的！"

感觉训练的另一个重要技术特点是感觉隔离。任何时候都要尽可能做到这一点。例如训练听觉应在安静而黑暗的环境中进行，这样能取得更好的效果。对一般感觉训练，如触觉、温觉、压觉和立体感觉的训练，都应该把孩子的眼睛蒙起来进行，心理学已为这种特殊技术提供了充分的依据。这里只需指出一点，即在这种情况下，可以大大提高正常儿童的兴趣，不致使练习陷入嬉闹玩笑之中，也不至于把儿童的注意力集中到蒙眼上，而是集中到我们想进行的感觉刺激上。

例如，为了测验孩子们听觉的灵敏性(教师应知道的重要问题)，我使用经验主义的测试方法，这种方法已被内科医生广泛的应用于医疗检查中。其做法是调节音量，并逐渐使之变弱至耳语；孩子们被蒙上眼睛，或让老师站在他们的后面；然后，老师从不同的距离轻声地叫他们的名字。我把教室营造成一种肃穆静寂的环境，将窗户遮住，然后让孩子们用双手蒙上眼睛，并将头埋入双臂之中，做完这一切后，我开始轻声地叫他们的名字，一个接一个，声音随远近不同而变化。在黑暗中，孩子们都聚精会神地听着，等待那个神秘而又期盼很久的呼唤声。一听到自己的名字，他们就会立刻高兴地跑过去。

在活动中，正常儿童可以被蒙上眼睛，例如，让他识别不同的重量时，蒙上眼睛有助于他将自己的注意力完全集中在他所要被测试的压力刺激上。同时，蒙上眼睛还可以增加他的兴奋度，因为他会为自己猜测正确而自豪。但是，对有缺陷的儿童进行这样的测试，其效果会完全不同。当被置于黑暗之中时，他们通常会睡觉，或者是做一些杂乱无章的行为；当被蒙上眼睛时，他们又将自己的注意力完全集中在绷带上，并且会将练习演变成一种游戏，这样就无法达到我们所希望的训练目的了。

的确，我们是在讨论教育游戏，但必须指明的是，我们所理解的教育游戏首先是一种自由活动，它要达到一种特定的目的。其次，它不是杂乱无章的，不能分散被测试者的注意力。

教育先驱伊塔在他接下来的论述中谈了他对耐心教育法的一点建议。他认为，先前的实验之所以没有成功，主要是因为犯了一些错误，在接下来的实验中是可以纠正的。但同时，他认为这也和被试者的精神状况有关。他在文章中写道：

“像先前的实验一样，这最后一个实验没有必要要求学生重复他所听到的声音。这种重复工作分散了他的注意力，也背离了我的目标——分别训练每个器官。因此，我只限于让他有一个简单的关于声音的概念。为了确保达到这一目的，我让他站在我的面前，蒙上眼睛并握住拳头，然后我告诉他，每当听到我的声音就伸出一支手指。他弄明白这一安排以后，一听到声音就马上伸出了手指，而且是特别的激动，通常脸上还洋溢着喜悦，毫无疑问，他从这种奇怪的课上得到了快乐。事实上，不管他是不是真的是从人的说话声中得到了喜悦，还是为最终战胜了困惑——因蒙上眼睛长时间看不到东西而产生——而喜悦。总之，他是高兴的，在休息的时候，他不止一次地跑到我身边，手里拿着绷带，当我给他系上时，他高兴地跳了起来。”

“通过和上述一样的实验，我完全相信，所有的说话声，不管强度如何，都可以为测试者所感知。我进一步试图让他比较这些声音，这就不再是简单地记下这些说话声了，而要求他抓住这些声音的不同，同时还要去欣赏它们以及构成音乐的不同音调。这项同前面的相比有很大的不同，尤其是对这样一个人，他自身的发展依靠渐进的努力，走向文明又依靠我慢慢的引导，所以他意识不到自己的进步。面对出现的这一困难，我需要进一步用耐心和和蔼来武装自己，同时还要满怀希望，一旦我渡过难关，所有的听力训练目标都会达到。”

“我们先来比较一下元音字母吧。在这里，我们同样用手指来确认实验结果。每一个手指代表五个元音字母中一个。因此，大拇指代表‘A’，当听到‘A’时就伸出大拇指；食指为‘E’，中指为‘I’，其他的类推。”

“假如我不是太疲劳，或者时间不是太长，我是可以讲清元音字母的。最容易辨别的是O，其次是A。其他的三个存在大一点的难度，要迷惑一段时间。然而，最终，他的耳朵还是分清了。于是他又像我先前提到的那样快乐起来。这种训练一直持续直到他的高兴声变成嘈杂声为止，而且此时他的声音变得模糊，手指也乱了起来。笑声变得如此嚣张以至于我失去了耐心。我一用绷带蒙上他的眼睛,他就开始大笑。”

伊塔发现这样他不可能再继续自己的教育工作。于是他解下了绷带,结果,笑声是停止了,可是此时孩子的注意力却被他身边的一举一动所分散。所以,绷带是必需的,但是还要让孩子明白这是在上课,绝不能总是笑。在这里,伊塔对方法的改进和所取得的惊人成果是值得一提的。

我希望是以我的教育方式而不是靠严厉处罚使他听话就范。于是,我戴上小手鼓,当他出错时,我就轻轻地敲他一下。可是他把这种纠正当成玩笑,而且笑得比以前更加的厉害。于是,我觉得我应该更严厉一些。虽然他明白了我的做法,可是我却悲喜交加,从他那忧郁的脸上可以看出, 被伤害的感觉远远超过了被挨打的感觉。他的眼泪从绷带下流出,他强烈地要求将其解下。但是,不知道是尴尬,还是恐惧,或是内心的专注,当绷带被解下以后,他仍然紧闭着双眼。看着他那忧伤的面孔,我情不自禁地大哭起来,他那紧闭的双眼也流下了眼泪。哦,此时此刻,同许多时刻一样,我准备放弃自己的工作,而且也感到我专注于实验的时刻已经结束了。我是多么后悔认识了这个小孩, 又是多么为自己的徒劳而又不近人情的好奇心——想取得科学的进步而自责。如果没有这种好奇心,他就不会远离自己那至少是天真无邪和快乐的生活。

以上足以可以看出, 正常儿童在接受科学教育方式上的确有很大的优势。

总之,这类技术的特点就在于刺激的层次性。这在对教具体系和感觉训练的描述中已经充分体现出来。这里足以表明,一个人应该先接受存在鲜明对比的刺激,然后再接受对比不鲜明的,不容于感觉到的不同刺激。例如,我们首先呈现红和蓝,最短的和最长的竹竿,最薄的和最厚的等等来区分;然后再呈现有细微差别的色彩和在长度、尺寸上差别非常小的东西来加以区分。

PART 13

感觉练习及教学材料

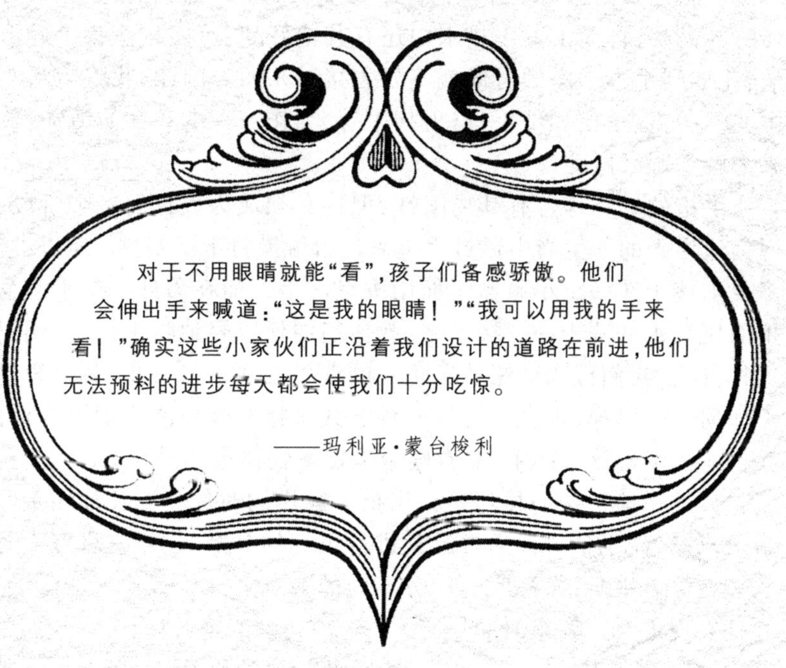

对于不用眼睛就能“看”，孩子们备感骄傲。他们会伸出手来喊道：“这是我的眼睛！”“我可以用我的手来看！”确实这些小家伙们正沿着我们设计的道路在前进，他们无法预料的进步每天都会使我们十分吃惊。

——玛利亚·蒙台梭利

一般感觉：触觉、热觉、重量感觉

触觉和热觉的练习可以同时进行。总的说来，在洗澡的时候，对热的感觉要比触觉更加敏感些。对于触觉的练习，触摸是非常必要的。另外，将双手置于热水中还有其他好处：可以教会孩子爱清洁，比如当手不干净的时候就不要去接触东西。因此，我将生活当中的一些概念，比如洗手、修剪指甲等，当作一种准备性的活动，用来为触觉刺激做准备。

手指的触觉练习有其局限性，但这必须成为教育的一个阶段，因为这为人的一生当中通过手指来进行触摸打下了基础。所以，应当要求孩子在一个小脸盆里面用香皂洗手，而在另外一个小脸盆里面用温水冲洗干净。接下来，教他们如何轻轻地将手擦干，通过这种方式，我们可以训练孩子正规的洗手方法。下一步，就要教孩子如何进行触摸，也就是说以何种方式来接触物体的表面。为此，我们应当牵着孩子的手，非常轻微地接触物体表面。

另外一项特殊的技巧是，当孩子触摸的时候，要让他闭上眼睛，告诉并鼓励他可以通过触觉进行更好的分辨，这样就可以引导孩子在没有视觉的帮助下，区分不同的触觉。孩子很快就能学会，并且表现出对这种练习的热情。在这种初步的练习后，下一步通常是你带着孩子，让他闭上眼睛，然后触摸你的手掌心，或者是你的衣服的布料，最好是丝绸或者是天鹅绒质地的。通过这种方式，孩子的触觉就可以得到锻炼，他们会乐于去触摸任何柔软的表面，同时对于砂纸表面之间的触觉差异也会非常敏感。

教学材料包括:a.由两块完全相等的长方形组成的大个长方形木块,其中一块应当由非常光滑的纸包裹着,或者将木头的表面抛得非常光滑;另外一块用砂纸包裹。b.一块表面由光滑的纸张和砂纸交错着包裹的木块。

另外,我们还可以利用一些不同粗糙程度的纸条,从最光滑的到最粗糙的砂纸。其他地方介绍的材料同样也可以加以运用。

关于热觉,我用了一套小金属碗,里面放满了不同温度的水。我用温度计测量过,这样就能保证会有两碗温度相同的水。

我曾经设计过一套教具,由非常轻的金属制成,里面放水。每个碗都有盖,并且都配有温度计。从外面触摸碗就可以感受到热。

我也将孩子的双手放到冷水、温水和热水里面,这种练习对孩子来说是最有乐趣的。我本来也想对脚做同样的练习,但是却一直没有机会尝试。

对重量的感觉,我们可以利用小木块,这些小木块非常有效。它们长 6 厘米,宽 8 厘米,厚 1/2 厘米。木块由三种材料制成:柴藤、胡桃和松树。重量每个相差 6 克,分别是 24 克、18 克和 12 克。这些木块应当非常光滑,如果可能的话,应当上清漆以消除任何表面粗糙,同时,木头的天然原色也得以保留下来。孩子通过观察木头的颜色,可以知道这些木块的重量是不一样的,这就提供了一种练习的方法。让孩子两手各拿一个木块,手指平摊,将木块置于手掌上面,然后让孩子的双手上下移动,以便测量重量。孩子手上下活动的过程应当越来越轻微,最终到无法察觉。我们应当让孩子通过不同的重量,而不是颜色来进行区分,因此应让他们闭上眼睛。孩子学会自觉这样做后,就会对"猜"非常感兴趣了。

这样一种游戏会吸引周围孩子的注意,他们围聚在这个手中拿着木块的孩子周围,轮流的"猜"。有时候,孩子们会自发地蒙上眼睛,轮流进行,还会发出欢乐的笑声。

感知觉练习

对于感知觉的练习，目的在于通过感觉来认识物体，也就是说，通过触觉的帮助和同时进行的肌肉感觉来认识物体。

我们以这种结合为基础进行了试验，并且获得了巨大的成功。为了帮助所有的教师，有必要对这种方法进行一下叙述。

我们使用的第一种教学材料来自于福禄贝尔长方体和立方体。我们让孩子注意这两个固体，进行认真准确的感觉。这个过程是睁眼的。同时，通过一些重复的过程使孩子注意呈现给他们的物体。在这之后，要求孩子们在不看物体的情况下，将立方体放到右边，长方体放到左边。最后，要求孩子在被蒙住眼睛的情况下再次重复这一练习。在 2~3 次之后，几乎所有的孩子都能够完成，并且不犯任何错误。因为这套教学材料总共有 24 个立方体和长方体，所以花费的精力要多一些，但是毫无疑问，孩子在进行这一练习的时候，他的一群小伙伴正在非常感兴趣地注视着他，这大大增加了他的喜悦。

我的一位同事曾经叫我注意过一个 3 岁的小女孩，她是我们这里年龄最小的孩子，她能够完美地重复这一过程！我们让她坐在桌子边上舒适的躺椅上，把这 24 个木块放在她跟前的桌子上，然后将这些木块彻底打乱。我们要她注意到这些木块之间的不同，然后要求她将正方体放到右边，长方体放到左边。之后，她在蒙上眼睛的情况下，照着我们所教的那样，每只手拿着一个木块，通过触摸来进行感觉，然后将这些木块放到正确的一边。有时候她两只手同时拿到正方体或者长方体，有时候则是右手拿到长方体，左手拿到正方体。孩子认识物体，通过分辨两类不同物体这种练习来记住物体。而在我看来，这对一个三岁的孩子来说是非常困难的。

通过对她的观察，可以看到她能够很轻松地完成这一练习，但是在运用我们教她的感觉物体的方法时，还比较繁琐。她每只手都拿着一个物体，如果恰巧是左手正方体、右手长方体的话，她立刻进行交换，然后再重新开始我们教给她的感觉物体的过程。也许她认为这是必需的过程。但是无论怎样，她第一次接触物体就能够认出来是正方体还是长方体，也就是说，一拿住就能够进行识别。

在继续这一主题的研究过程中我发现，这个小女孩掌握了非凡的功能性技巧。对于这一现象我非常乐于进行更广泛的研究，主要是关注于同时对双手进行训练。

我在另外几个孩子身上重复了这个练习，发现他们在感觉到物体的轮廓线之前就能认出物体，特别是对较小的物体而言。在这一方面，我们提供了一种很好的练习方法，可以加强联想式运动。使用这种方法可以形成迅速的判断，这令人非常惊奇。同时，这种方法也非常适合于低年龄儿童。

这种感知觉练习可以通过多种方式来重复，就像在热觉练习中一样。练习本身通过孩子对刺激物的认识给了他们很大的乐趣。例如，他们会拿起任何小物品，像玩具士兵、小球，以及各种不同的硬币等等。他们也开始慢慢能够识别只有细微差别的小物体，比如玉米、小麦和水稻。

对于不用眼睛就能“看”，孩子们备感骄傲。他们会伸出手来喊道：“这是我的眼睛！”，“我可以用我的手来看！”。确实，这些小家伙们正沿着我们设计的道路在前进，他们无法预料的进步每天都会使我们十分吃惊。当他们对一些新的刺激感到非常快乐的时候，我们也正用最大的好奇心和沉思在观看着。

味觉和嗅觉的练习

这一阶段的感觉训练是最困难的，目前还没有任何令人满意的结果。我只能说，心理测量学当中经常使用的方法在我看来对于幼儿并不具有实用性。

儿童的嗅觉并没有很好地发展，这使得通过这种感觉来吸引孩子们的注意力变得很困难。我们使用过一种方法，不过这种方法还没有经过足够次数的重复，还不能成为某种方法论的基础。我们让孩子闻鲜花的味儿,比如紫罗兰和茉莉花等等。然后,蒙上孩子的眼睛,对他说:“现在,我们要给你一些鲜花。”这时,一位小朋友拿着一束紫罗兰到他的鼻子下面,让他猜花的名字。为了区分香气的浓郁程度,我们只用了比较少的花,有时甚至只是一朵花。

但是对于这种感觉的训练,就像是味觉的训练一样,只能在午餐时间才能进行,在那个时刻,孩子能够学会识别许多气味。

至于味觉,使用各种不同味道的溶液,比如苦、酸、甜、咸等,去接触舌头,是一个可行的办法。4 岁的孩子很乐意参与这样一种游戏,这多少可以解释为他们喜欢漱口。因为,孩子们乐于识别各种味道,而在每次测验之后,他们学会了打一杯温水仔细的漱口。从这个意义上来讲,对味觉的练习也是讲卫生的练习。

视觉的练习

不同的视觉感受维度

木块教学——这一教学材料由三套固体木块组成, 每个长 55 厘米,宽 8 厘米,高 6 厘米。每套包括 10 个小的组成部分,这 10 个的小组成部分都位于木块上相应的孔内。这些小的组成部分呈圆柱体形状, 在每个圆柱体顶端中央都有一些木制或者黄铜制成的像按钮那样的小东西,以便拿在手中,就好像化学当中所使用的砝码那样。在这三套木块当中的第一套内,所有的小圆柱体的高度是一样的(55 厘米),但是直径却不相同。最小的直径只有 1 厘米,其他的小圆柱体直径依次增加 1/2 厘米。第二套木块当中,小圆柱体的直径都是相同的,差别在于高度。最短的一个圆柱体好像一个小圆盘,只有 1 厘米高,其他的圆柱体每个依次增高 5 厘米,第 10 个也就是最高的一个有 55 厘米。在第三套当中,这些小圆柱体的高度和直径都不一样,第一个小圆柱体的高度和直径都是 1 厘米,以后每一个都在高度和直径上相应增加 1/2 厘米。利用这三套木块,儿童可以通过自己的实际操作,学会根据不同的厚度、高度和体积来区分不同的物体。

对教师而言，这三套木质教学用具可以同时让三个孩子在一起玩耍，并且它们之间可以互相交换不同的木块，以便增加游戏的多样性。孩子们将木块中的小圆柱体拿出来，然后放在桌子上混合，最后将这些小圆柱体放回各自所在的位置。另外需要指出的是，这些木块和小圆柱体是由抛光和上清漆之后的硬松木做成的。

维度级别不同的大物块：这里面包括了三套教具，每所学校每套教具最好能有两副。

1. 厚度。这一套由薄厚不同的物体组成，包括 10 个四边棱柱体。最大的一块底边有 10 厘米，往下每块依次递减 1 厘米。每块的长度都是相同的，是 20 厘米。这些棱柱用黑灰色作了标记。孩子们将这些棱柱混合，然后散落在地毯上。这之后，根据厚度的不同，按顺序进行排列。这些棱柱体从第一个到最后一个形成了等级，越向上棱柱体就变得越厚。孩子可以根据自己的兴趣来选择是从最厚的或者是最薄的开始。像在小圆柱体的练习当中那样，这种测试如果出现错误的话会很明显。在圆柱体练习当中，最大的圆柱体就无法放进最小的孔里面。同样的道理，如果最高的圆柱体放错位置的话，它会凸出来。在这个我们称为“大排序”的游戏里面，儿童可以通过眼睛很容易地发现错误，因为如果有错误发生，整个序列就会显得不规则，也就是说在本应该保持上升趋势的地方出现了一个高度下降。

2. 长度。长短物体，这套教学用具包括 10 根木棒。木棒的截面是正方形，边长 3 厘米。第一根木棒长 1 米，最后一根长 10 厘米，中间的每一根依次减少 10 厘米。木棒上每隔 10 厘米用蓝色和红色交替做标记。当木棒被依次紧靠着放在一起的时候，这 10 根木棒形成一个三角形，同时那些红蓝色标记线应当排列整齐，形成三角形的截线。另外，我们还可以看到随着斜边的变化而形成红蓝色交替的长方形。

这些木棒一开始打乱顺序，孩子需要对混杂着的木棒进行排序。我们要求孩子根据木棒的长度来进行排序，并且同时要对相应的颜色部分进行观察。这种练习也提供了一种对错误的明显提示，因为如果木棒的放置顺序出现错误的话，那么所形成的三角形的斜边就会出现问题。

正如我们所看到的，这种教学用具主要应用于算数的教学。利用这种教具，小孩子可以从 1 数到 10，可以了解加法，还可以迈出学习十进制和公制体系的第一步。

3. 体积。物体，大和小。这套教具由 10 个刷成玫瑰色的木质立方体组成。最大的一个边长 10 厘米，最小的边长 1 厘米，同时还需要有一小块绿色毯子，这块毯子要求非常光滑。这个游戏的内容包括，根据立方体的大小，按顺序将这 10 个立方体码成一个塔，最大的一个在最下面作为地基，而最小的在最上面，是塔尖。游戏进行的时候，将毯子放在地上，把立方块散置在毯子上。孩子在搭建过程当中同时练习了跪、起立等动作。如果从下到上的排列出现了不规则的话，就明显表示出现了错误，一定是有哪一块立方木块放错了地方，因为不规则本身就告诉了我们这一点。在一开始的时候，儿童最容易犯的错误是将第二大的木块放在最底下，然后将最大的一块放在它的上面，这就混淆了这两个木块。我曾经注意到，在我对德桑迪斯的有缺陷儿童进行测试时，经过重复的练习之后，他们依然会犯同样的错误。我问道："哪一个是最大的？"孩子会拿起第二大的，而不是最大的一个。

上面介绍的三种教具可以在儿童的游戏中得到充分利用。比如我们可以将这些器材的全部部件混合放在地毯或者是桌子上，然后根据规则将不同类别的器材部件按顺序放在邻近的桌子上。当孩子每一次拿部件的时候，他必须集中注意力走路，因为他要记住从杂乱的部件堆中所拿的器材部件在序列当中的顺序。

这种游戏对于 4~5 岁的孩子来说是最适合的。而对于 3~4 岁的孩子来说，还是那种将部件混合然后在原地进行顺序排列更加适合他们。玫瑰色的立方体所组成的塔对于 3 岁以下的小孩子来说是非常有吸引力的，他们经常在搭建完毕后就拆毁，然后重复这一过程。

对形状的视觉感知和视觉–触觉–肌肉感知

教学用具。木制的平面几何部件。这种部件的使用可以追溯到依塔德，塞昆也使用过。在缺陷儿童学校里面，我曾经制作并且应用过这些用具，在形状上与那些著名前辈所使用的完全相同。包括有:两块紧密粘在一起的板子,一块放在另外一块的上面。下面的一块板子非常结实,上面的一块则打出了各种几何图形的洞。游戏就是将各种不同形状的木块放到相对应的洞里面。这些木块为了拿起来方便也都加上了一个小小的铜按钮。

在缺陷儿童学校里面,我也应用了这些游戏,并且区分了那些用来教会识别颜色和教会识别形状的游戏。用来教会识别颜色的都是圆形,而用来教会识别形状的都刷成了蓝色。我有许多这种木块,它们在颜色上有许多不同的级别,形状上也是各种各样,千差万别。但是这种用具非常昂贵,并且很笨重。

在后来的针对许多正常儿童的试验中,经过多次的重复,我彻底放弃了将平面几何物体用作教会识别颜色这一目的, 因为这种方法并不能提示错误的出现, 这在于孩子的任务只是针对形状而言。

而我依旧使用几何图形木块, 但是赋予了它们新的和有创意的使命。现在的形状来自我在参观罗马一所优秀的手工培训学校时获得的启示。在那里我看到了各种几何图形的木头模型,这些模型可以放到相应的框架里面,或者是放到相应的图形形状上。这种材料的目的就是要训练在制作几何形状的部件时对维度和形状的敏感性。

这使我想到了对我的几何图形进行修改, 也就是同时利用上框架和图形。我做了一个长方形的托盘,有 20 厘米长,30 厘米宽。托盘涂成深蓝色,外面环绕着黑色框架。还要加上一个盖子,为的是能够容纳下 6 个方形框架。这种托盘的优点在于可以改变形状,使我们能够呈现任何经过选择的图形组合。我还有一些黑色的木头正方形,这样就能够同时呈现出至少两到三个几何图形。另外,我又加入了一套白色的边长 10 厘米的正方形卡片到这套教具里面来,这些卡片能够展现一系列几何图形。在第一个系列中,图形由蓝色的纸剪成,然后贴在卡片上。第二套卡片装在盒子里面,用相同的蓝纸只剪出图形的轮廓,构成了图形轮廓线。在第三套卡片上,几何图形的轮廓用黑色的线标记出来。这样,我们就有了一个托盘、小框架和他们相对应形状的图形说明以及三个系列的卡片。

另外,我还设计了一个能容纳 6 个托盘的盒子。当盒子的顶端被提起的时候,盒子的前端就会向下,里面的托盘就像一个人打开抽屉那样被抽出来。每一个托盘都包含6个小的框架和各自的图形说明。第一个托盘我放了4个木质正方形和另外两个框架,一个是菱形的,另一个是梯形。在第二个托盘里面,我放了一个正方形和5个长方形,这5个长方形的长度都是一样的,区别在于宽度的不同。第三个里面放了6个直径依次递减的圆。第4个里面是6个三角形。第5个是6个多边形,从五边形到十边形。第六个里面是各种雕刻的图案(比如椭圆形,卵圆形,由四个弧弓构成的花瓣图形等等。)

练习。这一组练习包括,呈现给儿童一些我们希望给他们看、由我们设计好的框架或者托盘。接下来,我们拿出这些小木块然后在桌子上面混合,让孩子去把它们放回原位。这种游戏即使是对于那些年龄很小的孩子来说,也能够长时间吸引他们的注意力,尽管这种吸引力还无法和圆柱体游戏相比。确实,我还没有发现过有孩子重复这个游戏超过五六次的。实际上,孩子们在这项练习上花费了许多精力,他必须要仔细观察并且识别出形状。

在一开始的时候,许多孩子只有在尝试了许多次之后,比如将三角形放到菱形或者正方形等等图形里面去,才能够获得成功。或者,他们即使在认出了这是一个长方形之后,也依然会将长方形的长和宽弄颠倒,只有在经过了多次的尝试之后,孩子们才能获得成功。经过三四次失败后,儿童认识了几何图形,表现出了极度的熟练和冷静,能够将不同形状的木块放到正确的地方,甚至还怀有一些蔑视,认为这种练习过于简单。正是在这一时刻,儿童有可能学会观察形状的方法。这种练习对儿童来说比较容易,因为他们已经习惯将木块放到正确的地方而不犯错误,也没有任何错误的尝试。

这个练习的第一阶段就是让他们面对那些对比强烈的形状,被迫进行重复的尝试。视觉和肌肉触觉的联系可以帮助他对形状的认识。我曾经让一个孩子用他的右手食指去触摸(本书中的触摸一词不但说明手指和物体的接触,而且也包括了手指和手沿着物体轮廓移动的过程)物体的轮廓,然后让他去触摸这一物体应当放置的孔洞的轮廓。我们成功地让这一动做成为孩子的一种习惯。这很容易实现,因为所有的孩子都喜欢触摸。通过对缺陷儿童的研究工作，我已经认识到，在各种各样的感觉记忆中，肌肉感觉是最具优势的。实际上，许多儿童无法通过视觉去认识一个物体，但是却可以通过触摸，也就是说通过对轮廓线的感觉和计算来实现这一点，这对大多数孩子来说都是事实。当他们不知所措，不知道要将物体放到哪里的时候，他们的尝试都是徒劳的。然而，只要他们触摸了物体和物体所要放置位置的轮廓时，就能够很好地将物体放到准确的位置当中。毫无疑问，将肌肉触觉和视觉联系起来，可以极大地帮助儿童对形状的感知，并且有助于他们对此的记忆。

在这个练习中，就像在木块教学中一样，出现错误是非常显然的。每个物体只能够放入到相对应的位置中去，这就使得孩子能够独立进行游戏，去实现一种真正意义上的对形状感知的自我教育。

三套卡片的练习。第一套。我们给孩子一些木块和上面有白色图形的卡片，然后将卡片打乱，孩子必须将这些卡片按顺序排列(根据他的喜好)，然后将相对应的木块放在卡片上面。这里，对错误的感觉在于视觉。儿童必须认识这些图形，然后才能将木块放到卡片上，并且刚好能够盖住卡片上的图形。在此，儿童的视觉与形状应当相一致，正是这一点使他将木块和图形放在一起。另外，为了盖住纸片上的图形，孩子要使自己习惯于去触摸卡片上图形的轮廓，并且将这一过程当作是练习的一部分(儿童经常自觉的进行这一触摸行为)。当他将木块放到图形上之后，就触摸轮廓线，用手指来调整木块直到木块完全的盖住了下面的图形。

第二套。我们给儿童一些卡片以及相应的木块。在这一套卡片中，图形通过蓝纸做成的轮廓线重现。通过这种练习，儿童逐步从具体过渡到抽象。一开始，他只能处理具体的物体，而现在，他面对的则是一个平面图形，也就是说，面对的是一个本身不存在的平面。他现在面对的是线条，但是这线条对他来说并不代表平面图形的抽象轮廓，只是食指所经过的路线，是运动的轨迹。通过用手指再次触摸图形的轮廓，儿童接受了运动的轨迹这样一个印象，因为图形被他的手指所覆盖，并且当他把手指挪开的时候图形又出现了。现在，是儿童的视觉在指引着运动，但是必须记住的一点是，这种运动过程必须应当以儿童触摸过真实木头物体的轮廓线为前提。

第三套。我们呈现给儿童用黑色线条画在纸上的几何图形，也还像以前一样给他们相对应的木块。在此,儿童已经过渡到线段,这也就是说过渡到抽象的阶段。同时,还存在着运动结果的概念。

手指的运动轨迹就像是在手的指引下,铅笔所画出来的线段一样。这种简单轮廓的几何图形产生于一系列具体的视觉和触觉体现。

不同颜色的视觉感知——色觉的练习

在我们的色觉练习当中,利用了颜色明亮的物体,还有各种不同颜色的球。色觉训练的教学器具包括如下一些方面,这是我在经过长时间针对一般儿童的实验后得出的结论。(在缺陷儿童学校里面,正如我上面所说的,我使用了几何图形)。这些器具包括:小而平的板子,这些板子由各色的丝绸或者毛线包裹着。孩子们要学会拿住木板的木质顶端,这样就不会弄坏上面的颜色,教具就可以长时间使用而没有必要更新。

我选择了8种颜色,每种颜色又都有8种不同的深度,这样我们就有了64块颜色板。我选择的8种颜色是:黑色(从灰色到白色)、红色、桔红色、黄色、绿色、蓝色、紫色和灰色。我们将这64种颜色复制,这样,整套器具就有128块颜色板。它们分别装在两个盒子里面,每个盒子被分为均等的8份,这样一个盒子就可以放进64块颜色板。

颜色板练习。在练习的最开始,我们选择成对的三种对比最明显的颜色,比如红色、蓝色和黄色。我们将这6块颜色板放在桌子上。给孩子看其中一种,然后要求他从余下的混合的色板当中找到相对应的另一块。通过这种方式,我们要求孩子根据颜色来排列色板,两两对应。

在这个游戏当中,色板的数目可以增加,最多到一次8种颜色,16块色板。当呈现完对比明显的色彩之后,我们可以用同样的方式使用一些柔和的颜色。最后,我们可以利用同一种颜色的不同深度,让孩子根据深度进行排列。在此,8种不同的深度最终得到应用。

在这之后,我们给孩子两个颜色的8种深度(红色和蓝色),然后要求他根据颜色分组,根据深度按顺序排列。随着过程的深入,我们可以使用一些相对比较接近的颜色，比如蓝色和紫色，黄色和桔黄色等等。

在一所“儿童之家”里面，我看到过这样一个游戏，这个游戏非常成功，非常有趣，并且速度之快令人吃惊。老师在一张桌子上面放上与小朋友数目一样多的颜色组，比如三组。接下来，老师让小朋友注意自己所选择的颜色，或者由老师来指定每个人的颜色。然后老师将桌面上的各种颜色组混合，每个孩子都迅速从颜色板堆中找到自己的颜色以及不同深度的颜色板，接下来就进行排列。结果形成了按深度排列的颜色带。

在另外一所“儿童之家”里面，我看到孩子们把整个盒子里面的 64 块颜色板都倒出来，在桌子上仔细地混合，然后迅速将这些颜色板根据颜色分组，每组根据不同的深度进行排列。孩子们很快学会了分辨颜色的能力，这使我们很吃惊。3 岁的孩子就能够根据颜色和深度进行排列了。

颜色记忆实验。这个实验可以按照如下步骤进行。首先呈现给儿童一块颜色板，可以让他看足够长的时间，然后让他到另外一张堆满了全部颜色板的桌子上去找相同的颜色板。在这个实验当中，孩子们获得了非凡的成功，他们只犯了非常少的错误。5 岁的孩子对此表现出了极大的乐趣，他们比较两块颜色板，然后判断自己是否选择正确。

在工作刚开始的时候，我利用了皮佐利发明的器具，它由一个灰色的圆盘构成，在圆盘上面有一个可以旋转的半月形开口。经过旋转之后，我们可以通过这个开口看到各种各样的颜色。老师让孩子们注意某种特定的颜色，然后开始转动圆盘，当从开口中又一次看到同样的颜色时就说出来。在这一练习当中孩子并不活跃，主要是由于无法让他们接触到器具。因此，这种教具并不能促进感觉的训练。

分辨声音的练习

将德国和美国主要的聋哑人学校当中所使用的“听觉训练”教学用具与我们所使用的联系起来是非常好的一件事情。这种训练是学习语言的一个入门过程，它通过一种特殊的方式来让儿童的辨别注意力集中于人类噪音的变化。

对于非常小的孩子来说,语言训练占有重要的地位。这种训练的另一个目的是使耳朵对噪音保持灵敏，使儿童能够区分非常轻微的噪音,并且将噪音与声音进行比较,然后表达出对刺耳或者是失调声音的不满。这种感觉教育很有价值,因为通过这一方式训练了儿童的美感,并且可以将它应用于实际生活当中的许多方面。我们都知道小孩子是如何通过叫喊，通过使物体发出噪声来破坏房间的协调的。

那种严格的科学性听力训练并不能实际应用于教学当中,这是因为孩子还不能通过像在其他感觉当中那样的自主性活动来进行训练。只有一个孩子在独处的时候,他偶尔能够对用乐器发出的一些不同音高的声音起反应。换句话说,绝对的安静对于区分声音来说是必要的。

马切洛尼,米兰的“儿童之家”的第一位主任,后来是位于罗马的弗兰西斯卡·卡文特“儿童之家”的主任,发明并且制作了这样一个装置:悬挂在木架上的成一个系列的 13 个铃铛。这 13 个铃铛外形是完全相同的,通过小锤敲击所产生的振动来发出不同的 13 个音符,如下图所示:

这一设备由两套 13 个铃铛的组合和 4 把小锤组成。在敲击第一套铃铛之后,孩子需要在第二套当中找到相对应的声音。这种练

习难度很大，因为孩子们不知道如何在每一次敲击当中使用相同的力量,由此产生的声音变化也非常大。即使是老师敲击铃铛,孩子们对于分辨声音还是非常困难，所以我们认为这并不是非常实用的器具。

对于分辨声音,我们使用了皮佐利的一组小口哨。同时为了创造出不同强度的声音,我们用小盒子装上不同的东西,比如沙子或者小卵石等等,通过摇晃盒子,我们就可以制造声音。

在听觉的教学当中,我采取了如下的过程:让教师用通常的方式使全体学生保持安静,之后我开始工作,使这种安静进入更好的状态。我用一系列变调说“St！St！”,忽而尖锐忽而短促,还会拉长声调或者像耳语一般的轻柔。慢慢的,孩子们开始被吸引住了。这时我会说:“更加安静些,更加安静些。”

接下来,我会继续发出“St！St！”的嘶嘶声,并且用越来越轻的、几乎听不到的声音重复:“更加安静些”。我会继续非常小声说道:“现在我可以听到钟表在走的声音，我可以听到苍蝇翅膀的嗡嗡声,我甚至可以听到花园里面树木在低声的说话。”

此时,孩子们非常兴奋,坐在那里保持一种绝对安静的状态,似乎整座房间空空荡荡的。接下来我小声说道:“让我们都闭上眼睛”。重复几次这种练习,让孩子们熟悉一下静止不动和绝对的安静,如果这时候有哪个孩子破坏了这种气氛,只需要用一个音节、一个手势告诉他立刻回到刚才的安静当中去就足够了。

在这种安静中,我们开始制造声音和噪音,这些声音在开始的时候有着强烈的对比,但是到后来就非常的相似了。有时候,我们也进行声音和噪音之间的比较。我认为最好的结果是依塔德运用的方法,那时他使用了鼓和铃铛。他的计划是用鼓发出一系列不同程度的噪音,或者说好听些是非常厚重而协调的声音,因为鼓毕竟是一种乐器。与此同时铃铛发出另外一组声音。口哨、盒子对孩子来说不那么有吸引力，因此就不能像其他的乐器那样训练孩子的听觉能力。这里有一个有趣的事实,人类最重要的两件事情,憎恨(战争)和爱(宗教),截然相反的事情分别利用了这两种乐器,鼓和铃铛。

我认为在达到安静之后,就去摇动铃铛,发出悦耳的声音,时而平静甜美，时而轻纯动听，将这种振动传遍孩子的全身，这是非常有好处的。同时，除了对于听觉能力的训练之外，通过这种经过精挑细选的铃声，还实现了一种整个身体振动的练习，使一种平和的感受贯穿于孩子身体的每一部分。我相信，经过这种训练的身体就会对噪音非常敏感，孩子们就会讨厌噪音，避免制造各种噪音。

通过这种方式，听觉经受了刺耳或者是不协调的音符，就得到了音乐训练。这里我没有必要举例说明这种教育对于孩子们的重要性。新一代人会更加镇定，避开混乱和不协调的声音，因为这种声音会使人们变得低下，更加接近于人类本能的粗野残暴。

音乐教育

音乐教育必须要用一定的方法来加以仔细指导。总的说来，在我们看来，小孩子对伟大音乐家的作品无动于衷，就像动物也无动于衷那样，小孩子们无法感受到声音的精致美妙。街上的小孩聚集在一起大喊大叫，这是噪音而不是声音。

对于音乐教育来说，我们必须要同时创造乐器和音乐。乐器为的是唤醒节奏感，为的是一种肌肉的镇静和协调的动作，同时也是为了能够分辨声音，而肌肉本身已经在平和和不变的安详中振动着。

我认为弦乐器(比如某些简化的竖琴)是最为方便的。弦乐器配合着铃铛和鼓形成的三重奏构成了展现人性的经典乐器。竖琴是“个人最亲密的生活伙伴”。传说当中乐神奥菲斯就是手持竖琴，民间故事当中是神仙手中拿着竖琴，而在爱情故事当中手持竖琴的则是征服了邪恶王子之心的公主。

孩子需要的是在任何一个方面都被吸引住，比如一个眼神，以及某种姿势。教师将孩子们召集过来，聚集在她周围，孩子们同时也可以很自由地来去。这时，教师拨动琴弦，发出一个简单的节奏，使自己与孩子们、与孩子们的心灵进行沟通。如果这个时候她能够伴随着节奏唱出来的话那就更好了。孩子们可以自由地跟随着她唱,而不是被迫的唱歌。通过这种方式,她可以选择一种“适应性教育”,选择那些可以让所有孩子一起学习的歌曲。这样,她就能够针对不同的年龄来选择节奏的复杂程度, 她就能够观察到什么时候只有年龄比较大的孩子能够跟上她, 什么时候年龄比较小的孩子也能够跟得上。无论如何,我认为那些最简单的乐器就是最适合去启发小孩子音乐天赋的乐器。

我曾经让米兰“儿童之家”的一位主管——她是一位很有天赋的音乐家——去进行一系列的实验, 为的是更好地了解小孩子的音乐能力。在实验进程当中,她用钢琴发出了许多强音,观察孩子是如何对节奏而不是对音调起反应的。在节奏的基础上,她设计了简单的舞蹈, 目的是为了研究节奏本身对于肌肉运动协调性的影响。她非常吃惊地发现了这种音乐的影响:孩子们通过一种自发的方式来进行自己的动作,展现了惊人的智慧和艺术,不论他们是来自哪种社会背景的孩子,他们都表现出了几乎一致的跳跃行为,因为她是一位自由式方法的忠实信徒, 同时并不认为跳跃是错误的行为,这位主管并没有纠正孩子们。

现在她注意到,随着她重复节奏的练习,孩子们慢慢地不再跳跃了,最终这种跳跃成为了过去。有一天,这位主管想问一下这种行为转变的原因,几个小一些的孩子看着她没有说话,而大一点的孩子则给出了各种不同的答案,但是含义是相同的:

“跳跃并不好。”

“跳跃很难看。”

“跳跃是很粗鲁的。”

这是我们的方法获得的一个重大成功!

这种经验告诉我们,训练孩子们的肌肉感觉是可能的,同时还让我们意识到,肌肉记忆如果伴随着其他形式的感觉记忆,那么这种肌肉感觉的陶冶是多么精巧呀。

听觉敏感度的测试

我们在“儿童之家”当中所进行的唯一一个完全成功的实验是有关钟表的,它是一个非常微小的声音和低声说话的实验。这个实验是纯粹经验性的,并不能用来进行测量感觉,但是它非常有用,因为可以帮助我们大概了解孩子的听觉敏感度。

这个实验的进程如下。当达到了相当的安静状态后,就让孩子们开始注意钟表的滴答声以及所有平时不为我们的耳朵所注意的噪声。最后,我们要这些小家伙们一个接一个的非常小声说出自己的名字。在准备这项实验的过程中,有必要教会孩子们理解安静的真实含义。

为了这一目的,我这里有几个关于安静的小游戏,这些游戏能够以一种令人吃惊的方式去强化儿童的纪律观念。

我让孩子们注意我，告诉他们看看我能在多大程度上做到安静。我变换各种不同的姿势,站着、坐下等等,并且在安静的状态保持这些姿势不动。哪怕一个手指动一下也会发出声音,尽管这声音很难察觉。我保持着绝对的安静,这并不是一件容易的事情。我叫出一名小朋友,让他跟着我做一样的动作。他调整自己的脚到一个好一点的位置,但是这一动作发出了声音！他活动自己的手臂,将手臂伸出来放在椅子背上,这个动作也发出了声音。而他的呼吸也并不安静平和,不像我这样保持着绝对的安静。

在这个孩子做这些动作的时候，我利用静止不动和安静的休息间隙做了简短的评论,而其他孩子都在看着、听着。他们当中的许多人都对这一活动很感兴趣，因为所有这一切他们在以前都未曾注意过，也就是说，我们制造了那么多的噪音自己却没有注意过。并且安静也存在着等级。当没有任何东西移动的时候,这就是绝对的安静。孩子们以极大的兴趣看着我站在房间的中间,如此之平静好像我真的不存在一样。接下来,孩子们就试图模仿我,甚至要比我做得更好。此时我特别注意自己的动作,哪怕是脚漫不经心的动一下也会发出声音。而孩子们也都关注着自己来保持一种静止不动的状态。

当孩子们以这种方式努力的时候,我们就达到了安静,这种安静与我们一般时候所随意说的安静是有很大不同。

这种安静看上去似乎生命逐渐消失了，整个房间一点一点地变空了,好像没有人在里面一样。接下来,我们就听到了钟表的嘀嗒声，并且随着安静的程度越来越深，这嘀嗒声也变得越来越强烈。从没有当中,从我们平时认为所谓的安静当中,产生了各种噪音:小鸟在鸣叫,一个小孩子跑过等等。孩子们坐在那里感受到安静的迷人,好像被征服了一般。一位老师说道:“这儿好像没有人,孩子们都出去了。”

达到这种程度后,我们拉上窗帘,告诉孩子们闭上眼睛,趴在胳膊上休息。他们都这样做了,在黑暗中,这种绝对的安静又重现了。

这时我低声说:“现在仔细听，有一个非常轻柔的声音在叫你的名字。”我走到孩子们隔壁的房间,让门开着,用非常低柔的声音说话,声音久久徘徊,好似我是在遥远的山峰上说话一般。这种几乎听不到的声音似乎深入到孩子们的心中,唤起了孩子的灵魂。当每个孩子被叫到名字的时候,会抬起头,睁开眼睛,流露出非常幸福的表情。然后他站起来,用脚尖轻轻的走动,也不挪动椅子,这一切几乎都听不到。但是他的脚步在安静中起了回声,回荡在静止不动当中,发出了声音。

他来到了门口,一脸高兴,然后又跳回房间,忍住自己的笑声;有的孩子会把脸埋在我的裙子上；也有的孩子会回头看自己的同伴像雕像一样安静地坐在那里等待着。被叫到的那个孩子好像拥有了特权一般,如同收到了礼物或者奖励一样。尽管他们知道每一个人都会被叫到,但是他们感觉“第一个被叫到的就是最安静的一个。”所以每一个孩子都尽力表现出安静,以期获得这种奖励。有一次我看到一个3岁的小孩子努力把喷嚏憋回去,她屏住呼吸,然后忍住,最后成功了！这真是令人吃惊的努力。

这个游戏超乎想象的让孩子们高兴。他们的表情专注,耐心而静止不动,显示出了巨大的快乐。在一开始的时候我还不了解孩子们的心灵,我曾经想过,要给被叫到的孩子糖果和小玩具,认为这些小礼物对于让孩子做出这种努力而言是必要的, 但是我很快发现这根本没必要。

孩子们在经过努力保持住安静之后,享受了安静的感觉,对安静本身感到很快乐,就像安全港口中的船舶一样。他们乐于经历一些新东西,并且战胜自己。这对他们来说确实是一种补偿。他们忘记了有关糖果的承诺,也不在乎小玩具,而这些我曾经认为会吸引他们的注意力。因此,我放弃了那些没用的方法,并且惊奇地发现,这个游戏非常成功,即使是 3 岁的孩子,也能够在我把全班 40 个孩子一一叫出房间这一整段时间当中保持静止不动和安静!

从那时起, 我认识到孩子的心灵有着独特的奖励形式和精神快乐。经过这样一些练习后,孩子们似乎和我离得更近了,他们变得更加听话,更加有礼貌。我和孩子们在这样的游戏中有时确实被隔离在世界外面,并且有那么几分钟我们离得是如此之近。我叫他们的名字,他们在安静当中听到我叫他们每个人的名字,让他们每个人都非常之高兴。

有关安静的课程

接下来我要叙述一个被证明非常成功的方法, 这种方法可以教会孩子们使他们达到安静。一天,我正要走进一所“儿童之家”,在庭院里面碰到了一位母亲,她正抱着自己四个月大的婴儿。这个小婴儿按照罗马人的习惯被包裹着, 罗马人用布带子把婴儿包裹住,称为“布帕”(pupa)。这个安静的小婴儿非常平和,我抱起了他,他也好好躺着。接下来我走向教室,这时从教室里面跑出许多孩子来迎接我。他们经常这样,用手抱住我,抓住我的裙子,他们的热情几乎要使我摔倒。我冲他们一笑,给他们看我怀中的“布帕”。孩子们都明白了,没有碰我,只是站在边上看着我,眼里充满了欢乐。

我在孩子们的簇拥下走进了教室。我们都坐下,和平时不一样的是, 这次我没有坐在他们的小椅子上, 而是坐在了一把大椅子上。也就是说,我单独的坐着。这时,孩子们用一种夹杂着快乐和温柔的目光看着我,我们当中没有一个人说话。最后我对他们说:“我给你们带来了一位小老师。”孩子们都很吃惊,有的发出了笑声。“是的,一位小老师,因为你们当中没有一个人能像他一样安静。”听到这话,孩子们都坐好并保持安静。“你们也没有人能像他一样把手和脚都放好。”孩子们也开始注意自己手和脚的位置。我看着他们笑了,“没错,你们不可能像他一样安静,你们多少都会挪动一点,可是他却能够一点点都不动,你们没有人能像他一样安静。”孩子们看上去都很严肃, 这位小老师看来发挥作用了。有的孩子笑了,好像在用眼睛说:“这个小婴儿值得赞赏。”我说:“你们没有一个人能像他一样不出丝毫声音。”孩子们都保持安静。“像他一样安静是不可能的,因为你听他的呼吸声,多么细微呀! 你们可以轻轻地走过来听一下。”

几个孩子站起来,轻声慢步地走过来,向着这个小婴儿弯下腰去倾听。“你们不会有人能像他这样安静的呼吸。”孩子们满脸惊奇地看着,他们从来没有想过,即使是轻轻的呼吸也会发出噪声。而一个小婴儿所能达到的安静要比大人所能做到的程度更深。孩子们几乎都停止了呼吸,我站起来说道:“踮起你们的脚尖,不要发出声音,轻轻地走出去”,我跟在他们后面,“我还是能听见一些声响,但是他,这个小婴儿却没有任何声音,他是完全的安静。”孩子们都笑了,他们都明白了我的话。我走到窗边,将这个小婴儿放到在那里一直看着我们的母亲怀里。

这个小婴儿似乎有巨大的吸引力,紧紧抓住了孩子们的心灵。确实,世界上没有什么能比刚出生婴儿的安静更加甜蜜的东西了。这个沉睡小婴儿的崇高是无法形容的, 他的这种安静聚集了新生命的全部力量。与此相比,通过语言来描述的安静在本质上失去了力量,比如“多么平和,多么安静,船桨上面掉下的一滴水都能听得见。”孩子们也同样感受到了人类新生命的安静所体现的诗意和美感。

PART 14

感觉教育的注意事项

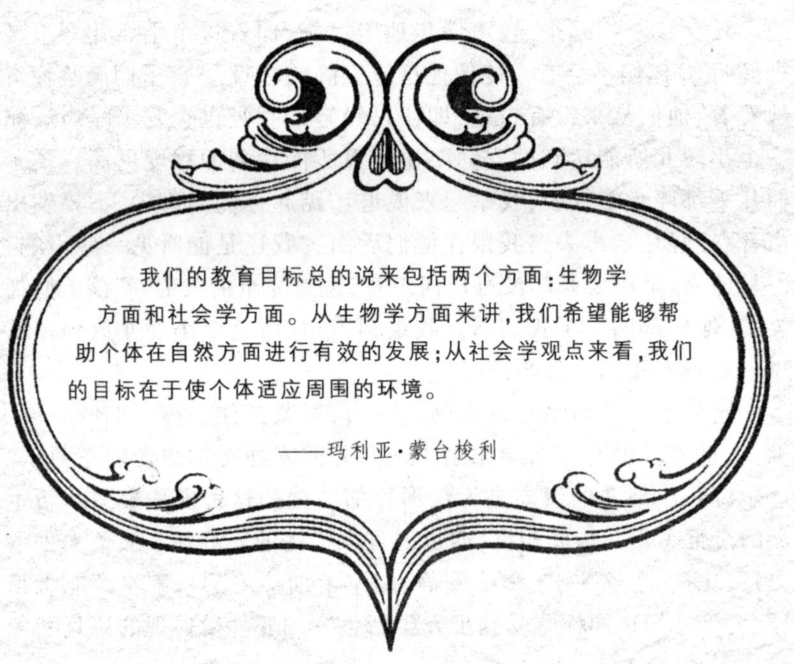

我们的教育目标总的说来包括两个方面:生物学方面和社会学方面。从生物学方面来讲,我们希望能够帮助个体在自然方面进行有效的发展;从社会学观点来看,我们的目标在于使个体适应周围的环境。

——玛利亚·蒙台梭利

对用于小孩子的感觉训练，我并不能声称带来了一种完美的方法。但是我相信，这对于心理研究来说确实开辟了一个新领域，预示着丰富而有价值的成果的到来。

实验心理学极其关注一种完美的方法，通过这种方法我们可以测量感觉。可是目前没有人尝试过对于个体感觉方法论上的准备。我个人认为，伴随着心理测量学的发展，注意力将更多的集中于个体，而不是一种完美的方法。

我们的教育目标总的说来包括两个方面：生物学方面和社会学方面。从生物学方面来讲，我们希望能够帮助个体在自然方面进行有效的发展；从社会学观点来看，我们的目标在于使个体适应周围的环境。正是在这后一条目的之下，技术教育有了一席之地，因为它教会个体如何利用周围的环境。而从这两方面来看，对感觉的教育都是最重要的。感觉的发展要比智力活动的发展居先，儿童在3~7岁的时候正处于感觉形成的时期。

因此，我们能够在这一时期内帮助地感觉的发展，就像在语言完全发展好之前进行一些帮助措施是必要的一样。

所有对丁小孩了的教育必须遵循着这样一条原则——帮助孩子天然的心智和身体方面的发展。

教育的这两个阶段经常是相互交织的，但是根据孩子年龄的不同，会有某种阶段占优势。在3~7岁这一阶段，正处于身体迅速发展的时期。这一时期就是形成与智力相联系的感觉活动的过程。儿童在这一时期发展他的感觉，他在好奇心的驱使下，开始更加关注周围环境。

各种刺激以及各种事物吸引了儿童的注意力，因此，正是在这一时期，我们应当有意识地指导感觉刺激。应当通过这样一种方式来发展儿童的感觉，在这种方式中他们所接受的各种感觉可以沿着一条理性的道路发展。这种感觉训练能够提供一种有序的基础，在这个基础之上，儿童可以建立起清晰而强有力的心智。

除此之外，感觉教育也可以发现并最终改正在今日的学校中无法观察到的缺陷。一旦儿童无法利用自身的感觉而表现出缺陷(比如失聪和近视)的时候，我们就应当充分加以利用。因此，这种教育是一种生理性的，直接的目的就是为了智力教育，使器官的感觉、神经的反应和联系更完美。

但是教育的其他部分——使个体适应环境——只是间接的涉及到了。我们只是利用我们的方法使孩童们掌握我们时代的人性。

当代文明中的人类是他们周围环境最卓越的观察者，因为他们必须尽最大可能利用这个环境中丰富的资源。实证科学的进步是以观察为基础的，而实证科学的发现和应用也遵循着同样的标准。也就是说，实证科学的发现和应用也是通过观察得到的，并且正是这种发现和应用在过去的一个世纪中大大改变了我们的环境。因此，我们必须对下一代人进行这种观察训练，这对我们的现代文明生活是非常必要的。这是一种必不可少的方式，如果人类想要继续有效的进步，那么就必须要受这种思想的武装。

我们知道伦琴射线是通过观察发现的。通过同样的方法，人类发现了赫兹波动，元素镭的振动，马可尼电报。历史上从来没有任何时期像我们现在一样，从实证研究当中获得了如此巨大的财富。与此同时，这个新世纪同样给予了沉思性哲学和精神性问题以启示，有关物质的理论导致了非常有趣的形而上学概念。我们可以这样说，在进行观察方法练习的同时，我们也走在了指向精神发现的道路上。

而正是对感觉的训练使人成为了最优秀的观察者，这种训练不但能够完成一般性的工作，使人们适应当前时代的文明，而且使他们能够面对实际的生活。我认为，到目前为止，对于实际生活当中什么是必要的，存在着一种错误的观点。我们总是从理念开始，然后前进到运动神经活动。比如，　的方法经常是首先进行智力教学，接着要求孩子学习道德准则。总的说来，当我们在进行教学的时候，我们讲的都是自己感兴趣的内容。

当我们要求现在的学者去实现他们著作中某些目标的时候，尽管他们能够理解书中所说的内容，但是却发现在执行的时候困难重重，这是因为我们遗漏了教育当中最重要的一个因素，那就是感觉。我可以用一个例子来说明这一点。比如，我们要求厨师只买“新鲜的鱼”，他能够理解这个概念，并且在买东西的时候也遵循着这一要求。但是，如果这名厨师没有受过训练，无法通过视觉上或者是气味的标志来判断鱼的新鲜程度，那他就无法知道如何按照我们的要求行事。

这种缺乏更能在烹饪过程当中体现出来。一位厨师可能接受过书本教育，清楚的了解书中建议的各种配方和烹调的时间长度；他还能够将菜品精心摆放出非常漂亮的造型。但是，当碰到有关需要用气味、视觉或者口味来判断烹调到什么时候才是最佳这样的问题时，当碰到究竟什么时候需要放佐料这样的问题时，如果他的感觉没有经过很好的训练，就很有可能发生错误。

只有经过长时间的实践，厨师才能够获得这种能力。而这种在烹饪上的实践正是感觉的训练，但是这种训练对成人来说非常困难。这也正是想要找到一名好厨师非常之难的一个原因。

对于医生来说存在着同样的事情。一名医学院的学生从理论上研究了脉搏的各种特性，他坐在床边，怀着世界上最善良的愿望给病人把脉，但是，如果他的手指不知道该如何分析感觉的话，那么他的一切研究都是徒劳的。在他成为一名医生之前，他必须要具备区分不同感觉刺激的能力。

理论研究者对于心脏跳动的听诊也许说的都一样，但是只有经过实践，耳朵才能够学会区分。

我们可以这样说，对于手的感觉有缺陷的医生来说，各种振动和运动对他而言都是一样的。同样的道理，医生的触觉越是没有适应性，对热刺激的收集越是没有受过训练，这名医生对体温计的依赖就越强。我们很容易理解一名医生也许非常博学，非常聪明，但却不是一名好医生。因为要想成为一名好医生，长时间的实践是非常必要的。实际上，这种长时间的实践就是一个缓慢并且通常是低效率的感觉训练过程。在他吸收了各种医学理论之后，一名医生会发现自己在从事工作时并不愉快，因为他要利用感觉，通过对病人的实验来观察各种揭示出来的症状，可是这对他来说是如此的困难。如果这名医生想要获得实践性的结果，他就必须这样做。

比如，我们开始一种典型的诊断过程，测试心跳、振动、听诊，目的是为了确认悸动、共鸣、呼吸以及各种不同的声音，所有这些都能够帮助医生确诊。然而许多年轻的医生对此感到很泄气，认为是一种时间的浪费，而这就是小时候感觉练习不足造成的问题。接下来，如果让这样的人去从事责任如此重大的职业，那就是不道德的。在这个意义上我们可以说，整个医学的基础就在于对感觉的训练。普通学校应当承担起培养医生的相应责任。即使所有一切都很好，但是如果一名医生没有良好的感觉，那么最有智力天分的人也会堕入为无能医生。

有一天，我听到一位外科医生给一些贫穷的母亲上课，教她们识别在小孩身上出现的佝偻病早期症状。这位医生希望这些母亲能够把她们身染佝偻病的孩子带过来，因为这种疾病在早期阶段，医疗措施还是有效的。这些母亲们能够明白这个概念，但是她们不知道如何识别早期症状，因为她们缺乏感觉训练，而只有通过这种感觉她们才能够区分佝偻病和轻微的反常。

因此，这些课程根本没用。其实如果我们仔细想一想就会发现，几乎所有形式的食品掺假都可以归结为对感觉的迟钝，这种迟钝在大多数人当中都存在着。造假工业依赖于大众对感觉训练的缺乏，因为任何形式的造假都是基于受害者的无知。我们经常会发现，消费者依赖于商人的诚实，将自己的忠诚完全献给了大公司或者是商品上的标签。这是因为这些消费者缺乏独立的判断能力。他们不知道如何运用自己的感觉去区分各种不同的物质。实际上，可以说在许多情况下，由于缺乏实践经验，智力变得没有任何用处，而这种实践经验几乎总是源自感觉教育。每个人都知道在实际生活当中准确判断不同刺激的重要性。

但是，通常情况下感觉教育对于成人来说非常困难，这就好比希望他成为一名钢琴演奏家一样困难。如果我们希望通过训练使这种感觉教育完善，那就有必要在感觉形成阶段进行感觉教育。感觉的训练应当在婴儿时期有系统的开始，并且应当持续于整个教育阶段之中，而这一教育阶段的目的就是为了使个体能够适应社会生活。

美学和道德教育与感觉训练密切相关。通过深化感觉,发展自己分辨刺激之间差异的能力,我们就精炼了人的敏感性,扩大了人的快乐。

美在于和谐,而不在于对比,而和谐就是一种精炼。因此,如果想要欣赏和谐,我们就必须有一种感觉上的完美。对于一个感觉粗钝的人来说,就没有美和和谐可言,对他来说,世界就是狭隘和贫瘠的。在我们的生活中,存在着无穷无尽的美的享受,对于那些感觉粗鲁的人来说,他们在面对这些美的享受的时候就如野兽一般对这种美没有任何感觉,他们寻找的是简陋和花哨的东西,因为他们是唯一对这些感兴趣的人群。

而现在,一些不良的习惯正从巨大的感觉快乐享受中产生着。因为强烈的刺激并不会使感觉敏锐,相反会使感觉愚钝。所以,就需要刺激慢慢的强化,慢慢的加大。

在社会底层的正常儿童当中,经常发现手淫、酗酒、喜好观看成人的性行为——这些都表明了那些不幸的人们快乐非常少,感觉非常愚钝。这种快乐对于个体来说害处很大,使得他们的生活像野兽一般。

从生理学的观点来看,对于感觉训练的重要性是非常明显的,这可以通过下图显示出来,这个图表代表了神经系统功能。当外部刺激作用于感觉器官时,所产生的信号就沿着神经通路到达神经中枢,产生相应的神经反应,这种反应通过发散神经通路达到运动器官,产生运动。尽管这个图表只是反映了脊柱神经的活动,但它依然可以被用作解释复杂的神经现象。人类通过外围神经感觉系统收集各类来自环境的刺激,通过这种方式,他与周围的环境进行直接的联系。因此,与神经中枢系统有关的精神性发展、具有社会性行为的人类活动就可以通过运动神经器官,以个人的动作——手工、书写、讲话等等——展现出来。

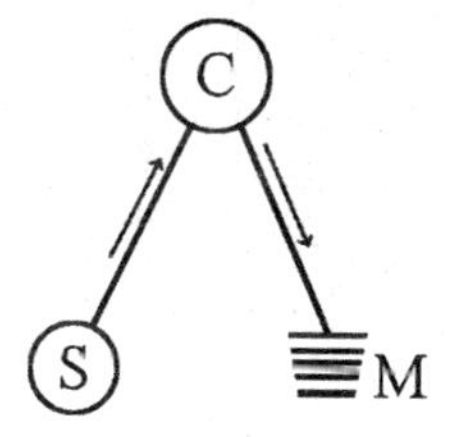

S–感觉器官
C 神经中枢
M–运动

教育应当指引并使这三者 (两个外围部分和一个中枢部分)更

好的发展。因为这一过程本身在中枢神经部分大大减弱,所以教育应当给予感觉练习和运动神经练习同等的重要性。

如果不这样的话,我们就会将人类和他周围的环境隔离开来。确实,当考虑到智力性文化的时候,我们相信自己拥有最完善的教育,可是我们只是这样一种创造思想家,他们倾向于脱离世界而生活。我们并没有创造出倾向实际的人。另一方面,如果我们希望通过教育来为实际的生活做准备,我们就会将自己限制于运动神经阶段的练习,我们就会忽视教育的主要目的,这一目的就是使人类与外部世界进行直接的沟通。

职业工作总是要求人类利用周围的环境,所以技术学校就需要返回到教育的最开始阶段,也就是感觉教育。

PART 15

智力教育

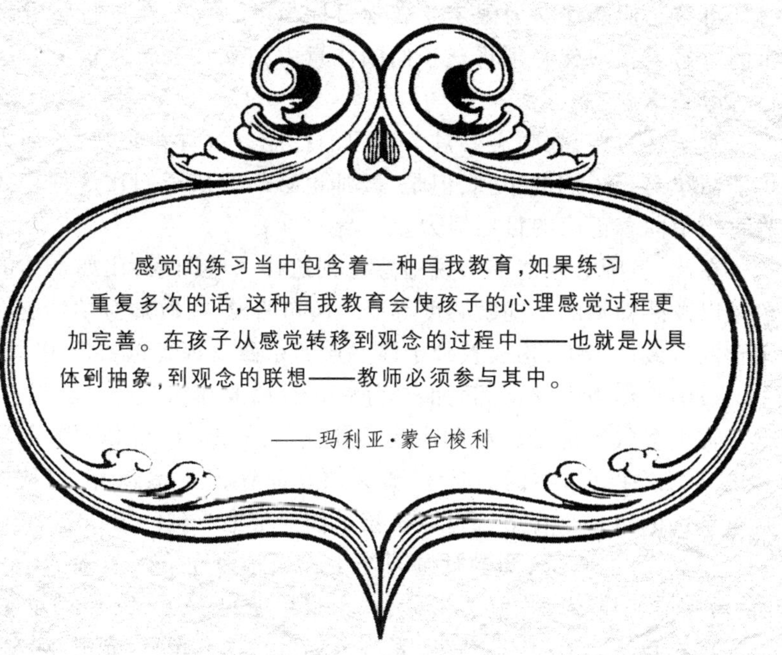

感觉的练习当中包含着一种自我教育，如果练习重复多次的话，这种自我教育会使孩子的心理感觉过程更加完善。在孩子从感觉转移到观念的过程中——也就是从具体到抽象，到观念的联想——教师必须参与其中。
——玛利亚·蒙台梭利

感觉的练习当中包含着一种自我教育。如果练习重复多次的话,这种自我教育就会使孩子的心理感觉过程更加完善。在孩子从感觉转移到观念的过程中——也就是从具体到抽象，到观念的联想——教师必须参与其中。正是出于这一点,教师必须想办法使儿童的内部注意力独立出来,并将这种注意力集中于感知上。这种将注意力独立出来的过程应当处在教学的初期阶段，并且儿童的注意力应集中于一个刺激上。换句话说,当教师进行教学的时候,她必须将孩子们的注意力限定于教学目标当中,比如,在进行感觉教育的时候，教师就必须将孩子们的注意力独立在她希望孩子们进行练习的感觉上。

对于这一点,教师需要具备专门的技能。教育者必须"尽最大可能减小对孩子们的干预,但是,教师也必须让孩子们在这种自我教育当中向着正确的目标努力。"

在此,教师必须能够敏锐地感觉到这样一些因素,比如个体的极限以及感知觉的不同敏感度等等。换句话说,在教师对学生进行干预的有效性当中,构成教师个体本质的东西发挥着重要作用。

教师工作当中确定无疑的部分就是教授准确的发音和名称。

在大多数情况下，教师应当不作任何添加地读出必须的名称和形容词。在读这些词的时候,她必须发音清晰,声音洪亮,以使构成这个词的每一个音节都可以被孩子们清楚地听到。

比如，在一开始的触觉练习当中，当触摸光滑和粗糙的卡片时,教师应当说:"这个是光滑的,这个是粗糙的。"并且要以不同的变音进行重复,要让声音清晰,发音准确。"光滑,光滑,光滑;粗糙,粗糙,粗糙。"

以同样的方式，在对待冷和热的感觉教育时，教师们必须要说:"这是冷的,这是热的,这是冰冷的,这是温的。"接下来教师们

还要使用发生学原则的术语:“热,更热,不那么热。”等等。我们应该遵循着下面的要求:

第一,有关名称的教学当中必须包含:能够使名称和事物之间产生联想的内容。所以,当儿童在头脑当中进行接受的时候,物体和名称必须是结合在一起的,这就要求除了名称之外不能够牵扯到其他词汇。

第二,教师必须要始终进行小测验,以保证她所预期的教学目标得到实现,并且这种小测验一定要限定于名称课程所引起的注意力范围之内。

测试的目的在于,我们可以了解在孩子们的头脑中,名称和物体是否还保持着联系。教师必须要考虑到遗忘的时间,要让测试和课程之间有一个短暂而安静的间隔。接下来,清楚而缓慢地说出她所教过的名称或者是形容词,她可以问孩子:“哪一个是光滑的?哪一个是粗糙的?”

孩子们会用手指指着物体,教师就能知道孩子是否已经建立起了联系。但如果孩子没有这样做,如果他犯了错,教师不要急于纠正,应当暂停课程,过些天再继续。为什么不纠正他呢?因为,如果孩子们在建立名称和物体的联系失败了的时候,唯一能够继续的方法就是重复感觉刺激的行为和名称,也就是说,去重复课程。当孩子建立联系失败的时候,我们应当了解到他那个时候刚好不在状态,不适于去建立起我们希望他能够做到的那种心理联系。因此,我们必须选择另外的时刻。

如果我们一定要纠正他,以一种斥责的方式说“不对,你错了”之类的话,就会使这个孩子比其他人更容易生气。这会保留在孩子的头脑中,会对名称的学习产生阻碍。相反,错误发生之后的安静则能够使孩子的意识保持清晰,让接下来的课程能够继续下去。实际上,指出孩子所犯的错误会使孩子在记忆过程当中进行无效的努力,并且我们这样做也会使他泄气,而我们的职责就是尽最大可能的去避免无用的努力和各种压抑。

第三,如果孩子们没有犯任何错误,教师就可以激发他与物体的观念相对应的神经活动。也就是说让孩子们说出名称或者形容词。她可以这样问:“这是什么?”孩子们回答:“光滑”。这时教师可以打断他们，教他们如何清晰正确发音。首先，让孩子深吸一口气，然后大声说出“光滑”。当孩子这样做的时候，教师需要指出孩子发音中的缺陷，或者指出他所习惯的某种特殊的婴儿口音错误。

有关孩子们对已经接受概念的推广——意思是说，将这些概念应用到他周围的环境当中，我认为没有必要进行这种意义上的教学，比如那些耗时数月的课程。孩子们在接触到事物几次之后，甚至只是接触了光滑和粗糙的卡片之后，他们就会自发地去触摸各种物体的表面，重复说：“光滑，粗糙，这是天鹅绒等等。”对于普通的孩子来说，我们需要等待这种对周围环境的自发的观察，我喜欢将之称为“探索精神的自然膨胀”。在这种情况中，对每一次新发现，孩子们都经历了一种快乐。他们感受到了尊严和满足，这种尊严和满足鼓励他们从周围的环境当中去寻找新的感觉刺激，使孩子们成为自发的观察者。

教师必须怀着最大限度的关切进行观察，观察孩子们通过何种方式，在什么时间实现了这种概念的推广。比如一天，有一个4岁的小孩，他在庭院里面跑着跑着突然站住不动，喊道：“哦！天是蓝色的！”，并且站在那里好一会仰望着那蓝色无垠的天空。

一天，当我走进一所“儿童之家”的时候，一群五六岁的孩子静静地走过来，开始轻轻摸我的手和衣服，说道：“这是光滑的，这是天鹅绒的，这是粗糙的。”其他孩子走过来表情严肃的重复了这些词，并且也像刚才的那些孩子一样重复了同样的动作。老师想要过来干预好给我解围，但是我向她示意保持安静，我自己也没有动而是同样保持安静，对于这些小家伙们自觉的智力性活动表现出了赞赏。我们的教育方法最成功之处是：给孩子们带来自觉的进步。

一天，在进行了我们设计的练习之后，一个孩子开始用彩色铅笔给树的轮廓线填色。在画树干的时候，他拿起了红色的蜡笔。教师要阻止他，好像要说：“你认为树干是红色的吗？”我阻止了那名教师，让孩子把树干画成了红色。这对我们来说非常珍贵，因为它表明了孩子还不是自身周围环境的观察者。对待这件事情我的做法是鼓励孩子利用色觉的游戏。这个小孩每天都要在花园里和其他小孩一起玩耍，任何时候他都能看到树干。色觉练习应该能够吸引孩子们对于颜色的自觉性注意力，这样在某些欢快的时刻这个小孩就会注意到树干不是红色的，就像其他的孩子在玩耍的时候注意到天空是蓝色这个事实是一样的。实际上，老师后来又给这个孩子一张树的图画让他填色。终于有一次他选择了棕色的蜡笔去画树干，并且用绿色的去画叶子和树枝。再后来，他把树枝也画成了棕色，而只把叶子涂成绿色。

接下来我们进行儿童的智力进步测试。我们不能通过说“你去观察”这种方式来塑造一位观察者，而是需要通过给予他们观察的能力和方法。而方法的获得需要通过对感觉的练习。一旦我们唤起了这种行为，那么自我教育就有了保证，因为这种经过良好训练的感觉使我们能够更进一步的观察周围环境，而周围环境的无限多样性同时也吸引了我们的注意力，继续着这种心理感觉训练。

另一方面，如果我们挑选出特定物体的概念进行感觉练习，然后将这些物体部分或者全部的与练习建立起联系，那么以这种方式进行的练习会就被局限于那些被选择的概念中。所以，感觉训练的成果就不会非常丰富。例如，当一位教师以一种老式的课程教授颜色名称的话，她仅仅传授了有关某种特性的概念，但是却并没有进行色觉的练习。孩子们只是以一种肤浅的方式认识了这些颜色，过一段时间就会遗忘，充其量孩子对于颜色的理解也只会局限于教师所描述过的范围内。因此，当使用老式方法进行教学的教师希望引起概念的推广时，比如她说：“这朵花的颜色是什么？这条彩带呢？”，当孩子们的注意力关注于教师呈现的例子上时，他们就可能会陷入混乱。

我们可以将孩子比作钟表，并且可以这样说，老式的教学方法就好比攥住钟表的发条，然后用手指去拨指针一样。只要通过我们的手指用劲去拨它，指针就会一直走下去。而新方法就好比给钟表上满发条，使得整个机制工作起来。

这种运动与钟表的机制直接相关，而与发条没有关系。所以孩子自觉的心理发展会持续下去，并且与孩子自身的心理潜力，而不是教师的工作直接相关。在我们的例子里面，这种运动，或者说是自觉的心智性行为是从感觉训练的时候开始，进而通过观察性智力得到保持的。比如，猎狗并不是从他的主人那里，而是从他自己的敏锐感觉那里获得了这种能力。只要这种生理能力被应用于适当的环境当中,也就是捕猎的练习当中,猎狗就能够获得感知觉能力的进步,这种进步给猎狗一种愉悦感以及对捕猎的激情。对于钢琴家来说也是同样的道理。他的乐感和手指的灵活性得到了同步的练习,对于钢琴也是越加喜爱,就越发想要从钢琴中找到新的和谐。物理学者也许知道全部有关和谐的定律,因为所有这些定律构成了他科学研究领域的一部分,但是他却很可能不知道如何去进行最简单的谱曲工作。物理学的领域尽管非常庞大,但是注定有其学科界限。我们的教育目的就是要帮助那些小孩子去自觉的发展心灵、精神和身体的个性,而不是要使他们成为普遍接受的文化中的个体。所以,在我们给孩子们提供了能够适应刺激孩子感觉发展的教学材料之后,我们必须要等待,直到孩子们自发观察行为的形成。这里存在着教育者的艺术这样一个问题,也就是教育者要知道如何根据不同个体帮助小孩子发展个性行为。对于那些态度正确的教育者来说,面对小孩子很快就显露出的个体巨大差异,就要求教师要有不同形式的方法对孩子进行帮助。有的孩子几乎不需要老师的干预,而其他孩子则确实有这方面的需求。因此,最大限度地限制教育者的主动干预,必须要成为严格指导教师教学行为的准则。

摸瞎游戏

摸瞎游戏主要用来练习如下的一般感觉。

物体。在我们的教学用具当中,有一些小盒子,这些小盒子由装着各种各样长方形物体的抽屉组成,这些物体包括天鹅绒、丝绸、棉布、亚麻等等。我们让孩子去触摸每一件物体,教他们认识名称,并且告诉他们每一件物体的质地,比如粗糙、光滑、柔软等等。接下来,我们叫这个小孩坐在一张桌子旁边,而他的同伴们都能够看到他,然后蒙住他的双眼,将这些物体一一放在他面前。这个孩子用手指对这些物体进行触摸,然后判断,“这是天鹅绒,这是光滑的亚麻,这是粗糙的布”等等。这种练习会激起孩子们的兴趣。当我们给这个孩子一些不认识的物体的时候,比如一张纸,一张薄纱,所有的孩子都显得非常激动,等待着他的回答。

重量。我们让孩子坐在相同的位置,让他关注那些用来进行重量感觉练习的教具，这可以使他注意到自己已经掌握了的有关不同重量的概念。接下来，告诉他把所有黑色的方块也就是沉一些的,放到右边;而将浅颜色稍微轻一些的方块放到左边。这之后,我们还是蒙住他的双眼,让他进行这个游戏,还要让他每次同时拿起两个方块。有时候他会拿起两个相同颜色的方块,有时候则是不同颜色的，但是最终我们要求孩子应当将木块放在桌子正确的位置上。这种练习令孩子们非常激动。比如,如果被蒙住眼睛的孩子双手当中都拿着黑色的方块,并且在双手之间不确定地倒来倒去,但是最终都将它们放到了右边时，那些观看的孩子都处于一种强烈的急切状态当中,当他们终于放松的时候会长长的出一口气。

维度和形状。我们采用与前面相类似的一个游戏来进行。我们要孩子区分福禄贝尔所应用的硬币、立方体和方块,区分各式各样的干种子,比如大豆或者豌豆。不足的是,这种游戏不能激起孩子像前一个游戏一样的兴趣。不过,这种游戏对于将各种不同物体与他们各自的特性联系起来还是非常有帮助的，同时也有利于巩固名称的学习。

将视觉练习应用于对周围环境的观察

名称。这是教育当中最重要的阶段。对名称的学习是为语言使用当中的准确性作准备，而这种准确性在我们的学校当中是比较缺乏的。比如,许多孩子将“厚”和“大”、“长”和“高”这些个词混用。通过使用我们已经描述过的方法,并且利用我们的教学用具,教师可以很容易的建立起清晰而准确的概念，并且用适当的词汇与这些概念建立起联系。

使用教学用具的方法

维度。在儿童玩耍过那三套木块一段时间并且能够完好的进行这种练习后，教师拿出所有同样高度的圆柱体，将它们在桌子上一个挨一个水平排开。接下来教师把最粗的和最细的拿出来，说道："这是最粗的——这是最细的。"教师可以将这两个圆柱体放在一起，使它们之间的对比更加强烈，然后通过上面的小把手把这两个圆柱体拿起来，将底面露出来进行比较，让孩子们注意底面之间的巨大差异。接下来，教师将这两个圆柱体按照垂直方向进行放置，目的是为了说明它们在高度上是一样的，同时重复几次"粗——细"。在做完这些之后，她可以做一个小测验，要求他："给我最粗的那一个圆柱体——给我最细的那一个圆柱体"。最后，教师应该进行名称的测试，问："这是什么？"在接下来的课程当中，教师可以替换这两个圆柱体，用剩下的圆柱体进行教学，直到所有圆柱体都已经被使用过。然后，教师可以用这些圆柱体随机进行提问，说道："给我比现在这个粗一点的圆柱体，或者给我比这个细一点的圆柱体"。第二套木块也以同样的方式进行。教师要将所有的圆柱体都直立在桌子上，说："这是最高的，这是最矮的。"接下来将这两个极端的圆柱体拿出来，然后比较一下它们的底面，表明是一样大小的。教师还可以像刚才一样，从两个极端开始，在剩下的圆柱体里面继续找出对比最强烈的圆柱体。

至于第三套木块，当教师按顺序排列这些圆柱体之后，她让孩子注意其中的第一个，说道："这是最大的"，然后让孩子们注意最后一个，说道："这是最小的。"接下来教师可以将这两个极端拿出来放在一起，去观察他们的高度和底面都是不同的。往下可以按照前两个木块当中的练习顺序进行。

同样的课程可以应用于棱柱、木棒和立方体的教学当中。相同长度的棱柱体有厚有薄，相同厚度的木棒有长有短。而立方体则体积、高度和长短都不相同。

当我们用人类学的标准来测量孩子们的时候，将这些概念应用到周围环境当中去就会变得更加容易。孩子们会在自己当中进行比较，他们会说："我是高的，你是粗的。"在孩子们伸出他们的小手以示自己的清洁时，这种比较也会发生。这个时候，教师也可以伸出她的双手，来表明自己的双手也是干净的。他们的手的干净程度的比较通常会带来笑声。在比较他们自己的时候，孩子们会做得非常好。他们一个挨一个的站着，互相看着，然后排队。他们经常会挨着大人们进行这种游戏，然后以一种好奇和兴趣来观察大人和孩子们之间存在的高度上的巨大差异。

形状。当孩子表明自己在辨别平面几何图形不会出错的时候，教师可以开始进行教授名称的课程。教师应该以两个对比强烈的图形开始，比如方形和圆形。在教学当中也应当遵循塞昆的有关三阶段的一般原则。我们并不能教几乎所有图形的名称，只能够涉及到一些最熟悉的图形，比如方形、圆形、长方形、三角形和椭圆形。我们要孩子注意这样一个现象：长方形有长有短，有粗有细，而正方形的四条边都是相等的，所以它们只有大小之分。这些现象通过教学用具可以非常容易地体现出来。比如，尽管我们将正方形转了个方向，但他依然能够放入到框架里面；而如果是将长方形转方向的话，就不可能放到框架当中去了。孩子对这种练习非常感兴趣。在这种练习当中，我们在框架当中放上一个正方形和一系列的长方形，而这些长方形的长是和正方形的边相等的，宽则依次递减。

通过同样的方式，我们可以说明椭圆、卵圆和圆之间的不同。对于圆来说，无论怎样放置或者旋转，它都可以放到框架当中去。而如果将椭圆掉转过来的话，就无法放进框架当中去，但是如果是横着放，即使是掉转一下方向也是可以放进去的。卵圆不但掉转方向没有办法放进去，而且如果将左右两边放反了也是不行的，必须要将大头放在框架当中较大的一侧，而将小头放在较小的一侧。

圆无论大小，无论它们怎样转变方向，都可以放到自己的框架当中去。不过，直到儿童教育的后期阶段，我是不会揭示卵圆和椭圆之间的不同的，并且即使到了那个时候，也只是针对部分孩子，针对那些对形状有着特殊兴趣，经常选择这种游戏或者经常问问题的孩子。对于卵圆和椭圆之间的这种差别，我倾向于最好是在儿童教育后期由他们自觉的进行认识,也可以是在小学时进行。

对于许多人来说，我们教授形状和名称好像是在进行几何教学,对于这种年龄的孩子来说有些早熟。而其他人认为,如果我们想要呈现几何图形,就应当使用实在的物体,这样就更加具体。

我感觉我应当在此说点什么以反击这些偏见。去观察一个几何图形并不是去分析一个几何图形，也不是解析几何的开始。例如,当我们告诉孩子边和角的概念并向他们进行解释的时候,即使是使用一些如同福禄贝尔所倡导的方法时（比如，正方形有四条边,可以用四根一样长的棍子来组成一个正方形),我们确实是进入了几何学的领域,并且我也相信这对于小孩子来说,他们太幼稚而不可能理解。但是对几何图形进行观察,对于这个年龄段的孩子来说并不是很过分的要求。孩子们坐着吃晚饭时使用的桌子也许是长方形的,盛食物的盘子是圆形的,我们一定不会认为孩子们太幼稚而无法去看桌子和盘子。

我们所使用的教具要求注意某个特定的形状。至于名称的学习,就像孩子们学习其他事物名称是一样的。既然孩子在家的时候他经常听到“圆形”这个词总是与盘子相联系,那为什么认为我们教孩子圆形、正方形、卵圆形等词就是一种早熟呢？孩子会听到他父母亲说起正方形的桌子,卵圆形的桌子等等,如果我们没有像在几何图形教学当中那样教给孩子这些名称,给予孩子们帮助的话,那么这些普遍使用的词就会在孩子头脑和言语当中长时间处于一种混淆状态。

我们应当反思这样一个事实，很多时候孩子在理解成人的语言和事情含义的时候,付出了无用的努力,及时、理性的指导就能够避免这种无用的努力。因此,也就不会导致厌倦,反而使孩子得到放松,满足了他对知识的渴望。实际上,孩子通过对快乐所作出的各种形式的表达体现了他的满足感。同时,如果孩子某个词的发音很差,并导致在语言使用当中的不足,那就能够引起孩子对这个词的注意。

这种不足经常来自于孩子自身对有关评论他话语的模仿。而与此同时,如果教师能够通过清晰而准确的发音,唤起孩子的好奇心,就可以阻止这种模仿和不完善的出现。

在此,我们还碰到了一种广泛传播的偏见,也就是这样一种观念:由孩子自己选择究竟要学什么。如果真是这样的话,孩子就会成为世界的一个陌生人,慢慢的我们会将他看成是在自觉征服各式各样的概念和词汇。这就好比孩子只是生命旅程的一位过客,他观察旅途当中的新事物,试图单独去理解那些有关他的陌生的话语。而他为了理解和模仿却需要付出巨大而自觉的努力。因此,在这种意义上讲,对教师而言,小孩子的教育应当被指引到这个方向:减轻他们在这种没有指导下的努力所导致的浪费,而将这种努力转换到征服的快乐上来。我们是这些刚刚步入人类思想世界的旅客的导游;我们是智慧和文雅的导游。我们不能将自己迷失在徒劳的话语中,而需要简要清晰地对这些旅客说明艺术作品。而一旦旅客对这种艺术作品展现了很大的兴趣,我们就应该让他们想看多久就看多久。我们的使命就是展现出生命当中最重要和最美好的东西,不让他在没用的东西上浪费时间和精力,让他在朝圣的路上找到快乐和满足。

我已经提到过这样一种偏见,那就是:给孩子们呈现一些实在的而非平面的几何图形会更加适合他们,比如给他们提供一些立方体、半球体和棱柱实体等等。我们把有关这一问题的生理学方面——也就是对实在图形的视觉认知要比平面图形复杂得多——先放在一边,仅仅从实际生活的教学观来看看这个问题。

我们每天所看到的大量物体呈现给我们平面几何中的几乎所有方面。实际上,门、窗户框、大理石或者木制的桌面,这些都是实在的物体。但是如果我们取消掉其中的一个维度,只由两个维度来确定平面的形状,这样的话图形就会更加明显。

当以平面图形来看待这些实体时,我们可以说窗户是长方形的,桌子是正方形的等等。我们注意到的仅仅是实在物体以平面方式处理之后的某一方面,并且这种实在的物体通过我们的平面几何图形得到了更清晰的展现。

儿童在他所处的环境中经常能够认出来的形状,就是他通过这种方式学会的形状,但是他们却很少能够认识实在物体的几何形状。

对于桌子的腿是棱柱体,或者是截断的圆锥体,或者是拉长的圆柱体这种观念，孩子只有在观察到他所放置物体的桌面是长方形之后很长一段时间，才能够认出来。因此，我们不说房子是棱柱体或是立方体。实际上，我们周围的普通事物当中没有绝对纯粹的几何形状，相反它们一般都是些几何形状的组合。所以，孩子们在认识一幢房子的时候，不是去认识房子的形状，这种一眼就看出房子的复杂形状对他们来说太困难了，他们使用的是一种类比的方式。然而，孩子们可以非常好地看出窗子和门的几何形状，以及许多家用物品的表面形状。因此，这种在平面几何当中获得的图形知识对儿童来讲是一种魔术般的钥匙，可以帮助他们开启外部世界的大门，让孩子们感受到他们能了解其中的秘密。

有一天，我和一个小学生在平西亚山上散步，他已经学过几何，能够理解平面几何图形分析。当我们到达山上最高处的平台时，从那里我们可以看到德·波波罗广场以及在广场后面延伸的城市，我伸出我的手说："看，所有人类的造物都是几何图形的。"确实，每座建筑物的正面都被长方形、卵圆形、三角形和半圆形装饰着。这种在数量如此巨大的建筑物当中的一致性似乎证明了人类智力的局限性。而在邻近的花园当中，各种灌木丛和花丛则表现了自然当中形状的无限多样性。

这个孩子从来没有进行过这种观察，虽然他已经学过角、边和几何图形的轮廓构造，但是从来没有在这之外进行过思考，对这种东西他只会觉得烦躁。一开始，他嘲笑人类将各种几何图形结合在一起的这种概念，接下来，他开始变得感兴趣，长时间注视着他面前的建筑，脸上流露出很感兴趣的表情。在彭特·马格利塔的右边是正在建设中的工厂，钢铁框架构成了一个长方形。这个孩子说道："这个真没意思！"，他指的是那些建筑工人。接下来我们向花园走近，静静的在那里站了一会。孩子说道："真美"，他很是羡慕花草自由的生长。但是，在我看来这里的"美"这个词指的是孩子自己的内部灵魂的觉醒。

这次经历使我想到，在对平面几何图形进行观察的时候，在小花园当中看那些花草的时候，对孩子来说是一种珍贵的精神资源，同时也是一种智力教育。正是出于这个原因，我希望能够拓展我的研究，使得孩子们不但能够观察形状，而且能够区分出人类和自然的创作,去欣赏人类劳作的成果。

1. 自由绘画。我给孩子们一张白纸和一枝铅笔,告诉他可以随心所欲的画。这种绘画长期以来吸引着实验心理学家的兴趣。它们的重要之处在于揭示了孩子的观察能力,同时也展现了孩子的个人偏好。一般说来,第一次的绘画没有任何形状,非常混乱。教师应当问孩子他想画什么,并且应当记录在图画下面。慢慢的,图画变得越来越清晰,能够揭示出孩子在对图形的观察中所取得的进步。那些最细节的东西在孩子们粗略的草图当中也经常被观察并且被记录下来。同时,因为孩子们是随心所欲的进行绘画,所以这些绘画向我们显示了那些最能吸引他注意力的东西。

2. 填充绘画。这种绘画非常重要,因为它们包含着"对书写的准备"。这种绘画对色觉所发挥的作用就像自由绘画对形状感觉所起的作用是一样的。换句话说,这种绘画揭示了儿童对于颜色观察的能力,而在自由绘画当中,揭示出了在多大程度上儿童对他周围物体形状进行观察的细致程度。我将在有关书写的章节当中对此作更加充分的论述。这种练习包括用彩色铅笔填充黑色轮廓线图案。这些轮廓线表现了一些最简单的几何图形和各种不同物体。对于儿童来说,这些图形和物体在学校、家庭和校园当中都是非常熟悉的。儿童必须选择相对应的颜色进行填充,这样就能够告诉我们他是否对他周围的物体进行了观察。

泥塑手工

这种练习与自由绘画和选择不同颜色的铅笔填充颜色相类似。在这里,儿童可以随心所欲地用黏土做自己想做的东西。也就是说,他可以做那些自己记得最清晰、印象最深的东西。我们给孩子一个木质圆盘,里面放着黏土,然后再给出一些他们的同伴用黏土做的优秀作品。这时有的孩子会用一种令人感到惊奇的细节程度来模仿他所看到的作品。最令人吃惊之处是,孩子们不但对形状进行了复制,甚至还对需要在小学当中才学习的维度进行了复制。

许多其他孩子用黏土做他们在家里面、特别是厨房当中看到的家具,比如水瓶、茶壶和煎锅等等。有时,我们也会看到孩子做出了一个里面放着小婴儿的摇篮。一开始的时候,就像在自由绘画当中一样,有必要让孩子对物体进行具体描述来确认物体,但是到了后来,作品逐渐变得容易辨认,孩子们学会了复制几何物体。这种黏土模型毫无疑问对于教师来讲是非常有价值的教具,并且同时能够表明学生之间的个体差异,帮助教师进一步理解孩子。在我们的方法当中,黏土模型作为一种对不同年龄发展阶段进行的心理说明也是非常有价值的。同时,对于教师对儿童进行教育干预也是非常珍贵的。在这一过程当中,儿童以周围环境观察者的身份来展现自己。以后孩子会成为他周围世界自觉的观察者,就能实现这样一个目的:通过这种练习的间接帮助,能够让孩子们确定并且对各种不同的感觉和观念更加清晰化。

能够很好进行这种练习的孩子,也就是那些能够最迅速实现自觉书写行为的孩子。那些在黏土练习当中表现不好的孩子也许需要教师的直接帮助,教师要让他们注意到自己观察周围物体的方式。

几何图形分析:边、角、中心、底面

需要指出的是,几何图形分析并不适用于年龄非常小的孩子。我也曾经尝试过一些这种分析的入门课程,并将这种课程局限在长方形的范围内,而且还利用了游戏。在游戏里面,孩子不需要注意到长方形就可以进行分析,同时这种游戏能够更清楚地体现概念。

我所利用的长方形是孩子们使用的餐桌的桌面,游戏就是为晚餐布置桌面。我有一套在每所“儿童之家”里面都有的玩具餐具,就像在每家玩具商店里面都能找得到的一样。里面包括餐盘,汤盘,有盖汤盘,调味瓶,玻璃杯,玻璃水瓶,小刀,叉子,汤匙等等。我让孩子们按照六人标准布置餐桌,在餐桌较长的一面上每边放两个位子,在较短的一面上放一个位子。一个孩子按照我说的那样进行布置。我告诉他该把有盖汤盘放在桌子中心,餐布放在一个角落上,跟他说:“把这个盘子放到桌子较短一边的中间。”

接下来我让他看看桌子,说道:“桌子角上还缺点什么,我们还需要在这一边放上另外一个玻璃杯。好,现在让我们来看看桌子的长边上是不是所有东西都摆放好了呢?是不是桌子短边上的东西也都放好了呢?桌子的四角上还缺些什么东西吗?”

我认为孩子在6岁以前,不能进行比这再复杂的过程了,并且我还相信有一天,儿童会自觉的拿起一个平面图形,然后开始数边和角的数目。我承认,如果我们教他们这种概念,他们确实能够学会,但那仅仅是一种公式的学习,不是可以应用的经验。

颜色感的练习

我已经提到过了颜色感练习。这里我要更加清楚地说明如何继续这些练习,并且进行更加充分的描述。

绘画和图片。我们准备了许多填色图片,孩子们可以用彩色铅笔进行填充。接下来,可以使用画笔,还要给他们准备水彩颜料。最开始的填色图片可以是花朵、蝴蝶、树木和动物,接下来可以是一些简单的风景,包括草地、天空、房屋和人。

这种画可以帮助我们研究儿童作为周围环境的观察者,在考虑到颜色方面时他们的自然发展。儿童在练习当中是绝对自由的,可以自由选择颜色。比如,他们可以将小鸡画成红色,或者将奶牛画成灰色,这些都表明他们还没有成为一名观察者。但是在这种方法的一般性讨论当中,我已经说到过了这种错误的出现。这种绘画也表明了儿童颜色感觉训练的效果。无论孩子选择细致而和谐的颜色,或者是强烈对比的颜色,我们都可以判断出他在颜色感觉训练当中所取得的进步。

孩子必须要记住图画当中所出现的物体在真实环境当中的颜色,这一事实会鼓励他去观察周围的物体。之后,孩子希望能够进行一些更难的图画练习。只有那些将颜色涂在轮廓线以内、并且选择了正确颜色的孩子，我们才能够让他继续进行一些更复杂的图画。我们使用的图画非常简单,但是非常有效,并且有时可以体现出真正的艺术。在墨西哥,与我共同进行了长时间研究的学校教师送给我两幅画,一幅是悬崖,上面的石头用紫色和不同级别的棕色涂得非常和谐,树木也有两种级别的绿色,天空是柔和的蓝色。在另外一幅当中,有一匹画成栗色马,它的马鬃和尾巴是黑色的。

PART 16

阅读和书写教学方法

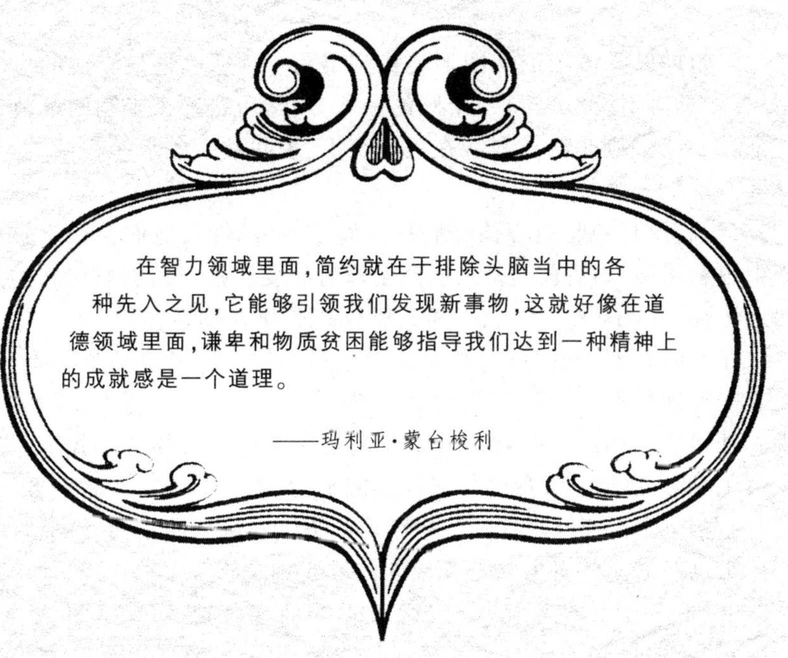

在智力领域里面，简约就在于排除头脑当中的各种先入之见，它能够引领我们发现新事物，这就好像在道德领域里面，谦卑和物质贫困能够指导我们达到一种精神上的成就感是一个道理。

——玛利亚·蒙台梭利

语言的自觉性发展

当我还是罗马一所心理矫正学校的教师时，我就已经开始使用各种教学方式进行读写的实验，这些实验对于我来说是具有实际独创性的。

伊塔德和塞昆他们没有提供任何对于写作来说是理性的教学方法。在我上面所提到过的内容当中，我们已经看到了伊塔德是如何进行字母教学的，在此我要来谈谈塞昆是如何进行书写教学的。他说：

“如果想要孩子们从图形转换到书写——这也是最直接的应用，教师只需要说‘D’，是一个圆的一部分，然后将这个半圆两端放在垂线上；‘A’则是两条斜线在顶端交汇，中间被一条水平线截断，等等。”

“我们没有必要担心孩子们是如何学习书写的，他们会在头脑当中想象图形，然后就写。我们完全没有必要让孩子根据对比和类比的法则去画字母。比如，O 和 I，B 和 P，T 和 L 等等。”

在塞昆看来，我们没有必要进行书写的教学。只要孩子会画，他就能够进行书写。可是，书写意味着要写字母！另外，在塞昆的书中，任何地方都没有解释他的学生们是否应当用另外的方式进行书写。相反，他用了大量笔墨来描述图形，这种图形为写作做准备，并且包括了书写。但是这种使用图形的方法充满了困难，只有通过将伊塔德和塞昆的努力结合起来才能够实现。

“图形。在图形当中第一个需要接受的观念就是，要给图形留出一定的空间。第二个观念就是记号或者是划线。图形和线段当中始终要有这两个概念相伴随。”

“这两个概念是相关的，它们之间的关系产生出了观念，产生出了做直线的能力。因为只有当这些直线遵循着一定的方法和确定方向的时候,我们才能够称呼它们为直线,否则没有方向就不是直线,只是偶然的产物,它没有名字。”

“相反,具备理性的标记就可以拥有一个名字,因为它有确定的方向,并且所有的书写都是不同方向线段的集合体。因此在确认什么是一般意义上可以称之为书写的行为之前,我们必须坚持这样一种平面和线段的观念。普通的孩子通过直觉获得这种观念,但是为了向白痴传授这种仔细和敏感,就必须要进行坚持。通过系统的方法,孩子就能够建立起理性的联系,并且在模仿的帮助下,开始可以画出一些简单的直线,到后来会慢慢复杂起来。”

“教学应当这样进行:第一步,画出各种不同种类的直线。第二步,将这些直线画成不同的方向,以及相对平面的不同位置。第三步,将这些直线进行重组,形成从简单到复杂的各种图形。因此,我们必须教会学生区分直线和曲线、水平和垂直以及各种斜线;最终我们必须要明确由两条或者更多条直线相交的点,这些点构成了一个图形。”

“这种对于图形的理性分析是如此重要,书写就是从中产生的。有一个孩子在得到我的关注之前就已经能够写出许多字母,而他已经花了 6 天时间去学习画垂直或者是水平线段,在画曲线和斜线之前花了 15 天时间。确实,由于我的学生数量太多,很长时间以来他们甚至都不能在尝试划一条确定方向的直线之前,在纸上面模仿我的手的运动。即使是最具模仿能力、最聪明的一个孩子也将我画给他们看的图形画反了,而他们所有的人都将交汇点弄混了,而不论这些交汇点是多么的明显。事实上,我已经教给了他们有关直线和结构的详尽知识,这些知识能够帮助他们利用平面和各种不同的标记建立连接。但是我在研究当中发现,我的学生都是有缺陷的,这些学生在垂线、水平线、斜线和曲线上面所能够取得的进步,是与在画这些线的时候,他们在智力上所面临的困难程度有关系的。”

“在此,我并不仅仅是要让孩子们完成一些困难的东西,我是要让他们克服一系列的困难。出于这个原因,我也在问自己,是否这些困难还不够艰巨,是否这些困难还没有变得一个比一个难?这就是指引着我的一些观念。”

“垂直是这样一种直线，这条直线可以用眼睛或者手上下来比划，而水平直线对于眼睛和手来说都不那么自然，因为水平直线的位置比较低，并且呈现出曲线形状（就像地平线一样，也正是从地平线那里水平直线得到了这个名字），水平直线从中央开始向平面的两端延伸。”

“斜线要求更加复杂的观念比较，曲线与平面之间有多种不同的位置关系，因而对我们来说，研究曲线只是一种时间的浪费。最简单的线就是垂线，接下来就是我如何教授给学生这种观念。”

“第一个几何公式是：从给定的一点到另一点只能划一条直线。”

“我们通过手就可以进行演示。从这一公理出发，我在黑板上画两个点，然后通过一条垂直的线将它们连接起来。我的学生也在自己的纸上面试着和我做相同的事情，但是他们当中有的人将这条垂线画到了位于下面的点的左侧，有的则画到了右侧。这种错误经常是因为智力或者是视觉方面的不足造成的，而不是手的缘故。为了减少这种偏差，我认为将平面进行范围的限制是非常明智的。我在点的左右两侧各画了一条垂线，这样孩子们就能够在这个封闭的范围里面通过画这两条线的平行线，来将这两点连接起来。如果这两条线还不够用的话，那我就在纸的两边放上两把垂直的尺子，这样就能够以一种绝对的方式来防止偏差出现。然而，不应当让这种限制长时间发挥作用。在一开始的时候我们没有使用尺子，而只是使用了两条平行线，即使是白痴也会在这两条线中间画出第三条线。接下来我们随机的擦掉一条线，或者是左边的，或者是右边的，后来我们将这两条线都擦掉，最后是那两个点，这两点指示了线段开始和结束的地方。这样，孩子们就能够学会不使用任何帮助，并且在没有点的比较的情况下画垂线。”

“水平直线的教学当中也存在着同样的方法，同样的指导方式，面临着同样的困难。如果在一开始的时候偶然画得很好，我们还必须要进行等待，等孩子从中间开始，以一种自然的方式向两边延伸画出水平线。其中的原因我已经解释过。如果两个点还不足以使孩子们画出一条完满的水平线，我们可以像上面一样使用平行线或者是尺子。”

"最后,让他画出一条水平直线以后,我们将这条水平直线和垂直的尺子放在一起形成直角。通过这种方式,孩子就会开始明白垂直和水平到底是什么概念,当他画出这样一个图形的时候,也就会明白这两个概念之间的关系。"

"在线的概念的发展过程当中,斜线的教学看来似乎应当紧紧跟随着水平线和垂直线,但实际并不应该这样。因为如果垂线发生偏斜,或者水平线的方向产生变化,都会与斜线发生关系。也许正是因为这种与其他线的密切关系,使得如果我们没有任何准备就进行斜线的教学的话,那对学生来讲就太复杂而无法理解了。"

由此,塞昆对于不同方向的斜线进行了长篇论述,他让学生们在两条平行线当中进行练习。他还讲到了四条曲线的问题,在这里面他让学生们在垂线的左右两端、水平线的上下划线。他总结道:"我们找到了问题的解决方法——垂线、水平线、斜线和四条曲线,这四条曲线的结合构成了一个圆,这包含了所有线,也包含了所有的书写。"

"进行到这一步之后,伊塔德和我停顿了很长时间。在认识了这些线之后,对于孩子们来说下一步是画一些图形,并且需要从一些最简单的图形开始我们的课程。按照一般的观念,伊塔德建议我从正方形开始,我按照他的建议进行了三个月,但是却无法使孩子们明白我的意思。"

在塞昆有关几何图形产生的理念指引下,经过一系列的试验,他开始注意到三角形是最容易画的图形。

"从这里和其他许多实验当中,我推断出了对白痴进行书写和图画教学的第一条准则,该准则的应用对我来说是如此简单,以至于没有必要进行进一步的讨论。"

这些就是我的前辈们所使用的针对缺陷儿童进行书写教学的方法。至于阅读,伊塔德采取了如下措施:他在墙上钉了钉子,然后挂上各种木质几何图形,比如三角形、正方形和圆形。接下来,他在墙上划出了这些图形的精确印记,然后拿走这些图形。通过这种设计,伊塔德构想出了平面几何教学用具的概念。最终,他做出很大的木质字母印记,并且以同样的方式做出了许多几何图形,也就是说他利用了墙上的图形,然后将钉子进行排列,使孩子们可以将字母放在上面,并且还可以自由的取下来。后来,塞昆用水平面替代了墙面,将字母画在一个盒子的底端,然后让孩子们在上面加字母。二十年以来,塞昆没有改变他的方法。

在我看来,对于伊塔德和塞昆所使用的阅读和书写教学方法的一个批评就是冗繁。这种方法存在两个根本错误,这些错误使得这种方法在面对一般儿童的时候显得不够。这两个错误是:书写印刷体的大写字母;通过对几何的研究来为书写做准备。而对此我只希望在中学生当中能够实现这一点。

塞昆在此混淆了不同概念。他突然从对孩子的心理学观察,从孩子与周围环境的关系,转换到直线的产生和直线与平面的关系上。

他说孩子们乐于画垂线,说水平线会很快转变成曲线,这是因为“自然的命令”,而这种“自然的命令”通过人们将地平线看成曲线展现出来。

塞昆的例子目的在于说明特殊训练的必要性,这种特殊训练使得人们能够适应观察,能够指引理性思维。

观察必须是绝对客观的,换句话说,必须要排除先入之见。在这个例子当中,塞昆有这样一种先入之见,认为几何图形一定是书写的准备,这种先入之见阻碍了他发现一种对于书写准备来说是必要的自然过程。另外,他还事先主观认为存在直线的偏差,并且还认为这种偏差的不准确性都是由于“头脑和眼睛,而不是手”。所以,他白费了几个月时间在解释直线的方向和指导白痴的视觉上面。

在塞昆看来,似乎一种好的方法必须要从高起点开始,也就是几何;而他还认为孩子们的智力只有在与抽象事物建立联系时才值得注意。这本身不是一个不足吗?

这就好比许多普通人。他们自以为是地认为自己知识渊博,蔑视那些简单的东西。那就让我们来看看那些我们认为是天才的人的思想吧。牛顿在自然当中静静坐着,苹果从一棵树上掉了下来,他看到了并且问:“为什么?”这种现象从来就不是微不足道的,从树上落下的果实和宇宙的重力在天才的头脑当中是紧密相连的。

如果牛顿是一位儿童教师的话,他一定会让孩子们仰望布满星星的夜空。然而一位博学的人却很可能认为去理解一些抽象的微积分对于孩子是必要的,因为微积分对于天文学来说非常重要。可是伽利略仅仅通过观察悬挂在高处的吊灯摇摆，就发现了钟摆定律。

在智力领域里面，简约就在于要排除头脑当中的各种先入之见,他能够引领我们发现新事物,这就好像在道德领域里面,谦卑和物质贫困能够指导我们达到一种精神上的成就感是一个道理。

如果我们研究一下人类发现的历史。就会看到,这些发现来源于真实客观的观察和逻辑地思考问题。这些都是非常简单的事情,但是我们却很少能够做到。

比如,在拉弗伦发现能够侵入红细胞的疟疾寄生虫之后,尽管我们知道血液系统是一个封闭的管道系统，但是我们却仍旧怀疑注射疫苗预防疟疾的可能性,这看起来难道不奇怪吗？但是相反,尽管有关魔鬼的东西非常模糊,寄生虫是一个确定的生物种类,可是魔鬼来自于低地、来自于非洲风的吹送、来自于潮湿这种理论,却被人相信。

拉弗伦有关疟疾的理论在逻辑上变得完善，并且这一理论本身非常伟大。我们知道,在生物学当中,植物体分子的复制是通过孢子分裂进行的,而动物体分子的复制则是通过孢子结合进行的。也就是说,在经过一段时间之后,原始细胞分裂成彼此之间都相同的新细胞。而此时将会形成两类不同的细胞,一类是雄性的,另一类是雌性的,只有将这两类细胞重新进行结合,形成单个细胞,才能再次开始繁殖循环。所有这些在拉弗伦的时代都已经为人所知,当时人们也知道疟疾寄生虫是一种原生动物。而将疟疾寄生虫位于红细胞基质中的分隔看成是一种分裂过程，等到寄生虫产生出不同的性别形体,这似乎是合乎逻辑的,而当时许多进行这一研究的科学家包括拉弗伦在内都无法解释这种性别差异的出现。拉弗伦表述了一个观念,认为这两种形式是疟疾寄生虫的退化形式,因此就不能够产生确定的疾病变化,而这一观念立刻为大家所接受。确实,当寄生虫出现两种不同的性别形式的时候,疟疾就治愈了,因为这两种细胞的结合在人类血液当中是不可能的。拉弗伦的解释受到了莫雷尔有关人类的退化伴随着畸形和虚弱的理论启发。

现在每个人都认为这位著名病理学家的理论是幸运的，因为他受到了莫雷尔理论当中伟大概念的启发。

如果每个人都进行这样的推理过程：原出的疟疾是一种原生动物，通过分裂来进行自我复制，分裂结束后，我们可以看到两类不同的细胞，一类是半月形的，另一类是线型的，这些就是雌性和雄性的细胞，它们之间继续进行结合而不是分裂。通过这种方式，推论者就可以走上一条通往发现之路！但是这样一种简单的推理却没有人发现。我们会问，如果教育能够提供给人类一种纯粹的观察和逻辑的思考，那么我们的世界将会获得多大的进步呀！

我说所有这些的目的在于这样一种必要性：通过一种更加理性的方式来教育我们的下一代。我感觉到这正是我们所需要的，正是从我们的这些后代开始，世界会取得巨大进步。我们已经学会利用周围环境，我相信我们已经到了这样一个时刻：通过理性的教育来利用人力资源的必要性已经体现出来。然而同时，一种使事物复杂化的本能却始终伴随着我们，与那种使我们倾向于欣赏复杂事物的本能是相类似的。塞昆给孩子们讲授几何为的是教孩子们进行书写，让孩子们努力去学习抽象的几何却仅仅是为了写出简简单单的一个字母“D”，这就是最好的例子！

即使是现在，我们当中的许多人依然相信为了让孩子们学会书写，必须首先学会做垂线，并且这种信念还相当普遍。然而，为了书写字母表中的字母——他们都是圆的——而从直线和锐角开始进行教学，这看起来是非常不自然的。

说实在的，对于一个初学者来说，想要写出一个漂亮的曲线构成的字母“O”而没有棱角和僵直，这有多困难呀！然而，我们和孩子们所努力做的就是被强迫写一篇又一篇的直线和锐角。是谁第一个提出书写必须要从直线开始这一观念的呢？另外如果真是这样的话，那么为什么我们又要避开为写出曲线和角而做准备呢？

让我们暂时抛开这种先入之见，用一种简单的方式来进行吧！我们会减轻下一代在学习书写上所付出的努力。

有必要从垂线开始学习书写吗？只需要片刻清晰而具有逻辑性的思考就足够让我们回答这个问题，答案是不。那种练习需要孩子们花费太多的苦工。第一步应当是最简单的，可是画垂线时候铅笔所做的上下运动是所有运动当中最难的。只有专业人士才能够在满满一页纸上面画出规则的垂线，而对一般人来说要写满这一页纸,也只能做到差强人意。确实,直线非常独特,它表明了两点之间的最短距离，而其他所有偏离这一方向的线则表明了这些线不是直的。因此,这些无限多偏离方向的线要比画出那一条直线容易得多。

如果我们让一些成年人在黑板上画一条直线，每个人都能做到。他们有的从这头开始,有的从那头开始,并且几乎所有的人都能够将线画直。但是如果我们接下来要求他们从某一确定的点画一条特定方向的直线，那么刚才这些成年人所体现的能力就会大大减小,我们就会发现许多不规则和错误。几乎所有的线都很长,因为每个人为了将线画直需要积攒力量。

如果我们要求将线画得很短,在一定的限制范围内,错误就会上升,因为这样做的结果就阻碍了使线保持确定方向的动力。而正是在一般书写教学所采用的方法当中,我们加入了这样一种限制,同时还要对书写的姿势进行进一步的限制，而不能像本能驱使每个人的那样。所有这些使得书写的学习越发困难。

我曾经注意到在法国的一些缺陷儿童所画的垂直线，尽管一开始的时候是直线的样子,但是最后却成了“C”的样子。这表明这些缺陷儿童相比较于正常儿童来说,他们缺少坚持的能力。他们为模仿最开始所付出的努力一点一点耗尽，一种自然的动作逐渐取代了强迫性或者是刺激性动作。因此,直线慢慢变成了曲线,越来越像字母“C”。这种现象在正常儿童的练习本当中没有出现过,因为他们能够通过努力进行坚持,直到一页练习写完。也正是因为如此,它经常掩饰了教学法当中的错误。

但是让我们来观察一下正常儿童自觉的绘画过程。比如,当他们拿起树枝在花园的沙地上画图形的时候，我们从来没有看到过短而直的线,却是一些长而交织的曲线。

塞昆也观察到了这相同的现象，当他让他的学生画水平线的时候,水平线很快就变成了曲线。而他却将这种现象归因于对地平线的模仿!

垂线是为字母的书写做准备,这看起来非常不合逻辑。字母是由曲线构成的,而我们却必须练习直线来做准备。

但是,有的人也许会说:“许多字母当中确实有直线存在呀!”没错,可是这里没有理由要求我们从直线开始书写,我们必须从整个图形当中选择一个细节开始,可以用这种方式来分析字母以发现直线和曲线,就像我们分析话语来发现语法规则一样。但是我们说话的时候是独立于那些语法规则的,为什么我们在书写的时候不能独立于那些分析,不能把组成字母的各部分单独处理呢?

如果我们只有在学习了语法之后才能说话,那是多么悲哀呀!要求我们在仰望苍穹之中的繁星之前学会无限积分也正是同样的情况啊。同样的道理也存在于在我们教一个白痴书写之前,我们必须使他明白抽象的直线偏离和几何问题之中。

如果我们为了书写,而必须分析性地遵循构成字母的规则,那就更加遗憾了。实际上,我们所谓的对于学习书写是必要伴随的努力,纯粹是一种人为结合,它不是为了学习书写,而是为了教授书写的那种方法本身。

让我们暂且将各种教条都放在一边,也不考虑文化和习俗。我们在这里对于了解人类如何开始书写并不感兴趣,对于书写本身的起源也同样不感兴趣,同时将长时间进行书写所给予我们的观念:学习书写必须要从做垂线开始放在一边,就让我们像精神中的真理那样清楚而没有偏见吧。

“让我们观察一个书写当中的个体,让我们去分析他在书写当中所采用的动作”,这说的是书写当中一个人的技术性操作。这会涉及书写的哲学研究,因而许多人都从客观开始研究书写本身,并且许多方法也正是建立在这种方式之上的。但我们所调查的是进行书写的个人,而不是书写本身;是主观而不是客观。

从个体开始进行研究这种方式具有很大的原创性,与前面的许多方法非常不同。它毫无疑问标志着人类学研究基础上书写的新时代。

事实上,当我对正常儿童进行试验的时候,如果我想要给这种书写的新方法一个名称,我会叫它人类学的方法,而我并不知道试验的结果会是什么。确实,人类学的研究给了这种方法以启示,但是经验使我想到了另外一个令人吃惊的标题,而这在我看来也是非常自然的一个:“自觉书写法”。

在我对缺陷儿童进行教学的时候,我凑巧观察到下列事实:一个 11 岁的白痴女孩,她的手拥有正常人的力气和运动神经能力,但是却无法学会缝纫,甚至是缝纫当中的第一步:缝补,这仅仅要求先将针穿到布料下面,然后再穿回来,如此反复。

我让这个孩子编织福禄贝尔垫子,在这个过程中,要让一根纸条横向上下交错着穿过一列纵向纸条,这些纵向纸条在两端都是固定的。接下来我开始思考这两种练习之间的相似性,因而对于这个女孩的观察开始变得感兴趣。当她在福禄贝尔练习当中很熟练的时候,我让她再次回到缝纫练习当中来,并且非常欣喜的发现她现在能够完成缝补了。从那时起,我们的缝纫课程就从福禄贝尔编织开始了。

我看到在缝纫当中,手的一些必要动作可以不经过缝纫练习就能得到准备。由此推论到我们应当在让孩子进行一项作业之前,找到教孩子如何进行这项作业的方法。我特别注意到,可以采用一些准备性活动,并且通过这种重复性练习可以将准备性活动简化为一种机制,而这种重复性练习并不存在于作业本身,而只是一种准备性练习。接下来,学生就可以进行真正的作业了,即使是以前没有直接用手接触过,他们也能够完成作业。

我想,也许通过这种方式能够为书写做准备,这一观念让我非常感兴趣。我对这种方法的简约感到吃惊,同时对于从前没有想到过这种方法而深感懊恼。而这种方法来自于我对一个不能进行缝纫的小女孩的观察。

实际上,既然我已经教给了孩子们如何触摸平面几何图形的轮廓,我现在所要教给他们的仅仅是用手指去触摸字母的形状。

我有一些制作完美的书写体字母,矮一些的字母高 8 厘米,而高一些的字母与之成相应的比例。这些字母都是木制的,厚 1/2 厘米,元音涂成了红色,而辅音涂成了蓝色。这些字母的下底面没有上色,而是由黄铜包裹着,这样就能够比较耐久。我们只有一套这些木质字母的复制品,但是却有许多纸片,在上面画着与木质字母同样大小、颜色的字母。这些木质字母被放在纸片上,然后根据对比或者是类比分组。

与字母表当中每一个字母相对应的,我们有一些物体的图片,图片当中物体名称的第一个与字母表中的每一个字母都是一一对应的。在这些图片的上方,物体名称的第一个字母是很大的手写体,而在边上,则是小一些的印刷体。这些图片的目的在于帮助记忆字母发音,而小一些的印刷体字母与那个手写体大字母相结合,为的是帮助阅读。图片并不代表什么新的观念,只是完善了以前的一个系列。

实验当中最有趣的一部分是,在我给孩子们展示了如何将木头字母放在分组的字母卡片上之后,我让他们不断触摸这些最时髦的手写体字母。

我以各种方式重复这个练习,这样,孩子们就学会了手的必要动作,这种动作可以让孩子不经过书写而复写出字母的形状。

我被以前从没有想到过的一个观念震惊了——在书写当中,我们区分了两类不同的运动形式。除了复写字母的运动外,还存在一种拿笔姿势的运动形式。实际上,当缺陷儿童对于触摸所有字母都已经非常熟练的时候,他们却依然不知道如何拿笔。稳定的握住并且流利的运用一个小棍子,与获得一种特殊的肌肉运动机制相关,这种机制本身却与书写运动无关。实际上,对于写出所有不同字母的动作来说这种机制都是必要的。因此,它是一种独特的机制,它与单个图形的运动神经记忆共存。在缺陷儿童当中,通过让他们用手指触摸字母激起书写动作时,我让他们锻炼了一种心理——运动神经通路,强化了肌肉记忆和每个相对应字母的关系。与此同时,这里也存在着另外一种肌肉机制的准备,这种机制对于握笔和运笔来说都是必要的,通过在已经叙述过的阶段当中,添加两个阶段我们可以实现这种机制的练习。在第二阶段,孩子不仅仅是用右手食指触摸字母,而是双手的食指和中指。在第三阶段,孩子用一根小木棍来接触字母,手握木棍的姿势要跟握笔的姿势一样。实际上,我让孩子重复同样的动作,有时候握着书写工具,有时候就没有。

我说过孩子会跟从着字母轮廓的视觉移动。确实,孩子的手指通过触摸几何图形轮廓线已经得到了训练,但这种训练并不总是非常充分。即使是我们成年人,当通过玻璃或者是透明纸拓图案时,我们也不能很好的感觉出轮廓线,并且用笔画下来。

因此,缺陷儿童无论是使用手指还是木棒,并不总是能够精确跟着图案练习。在这项练习当中,教学用具没有提供任何对于错误的提示,或者仅仅是对于孩子们的视觉提供了某种不确定的提示:这种视觉提示只是看一看手指是不是还在继续触摸图案。我现在想,为了让学生们更加准确地进行运动,为了更加直接地指引这一动作,我应当让所有的字母带凹槽,这样就可以让小木棍在里面行走。我设计了这种器具,但是由于造价太昂贵而没有执行。

使用这种方法进行了试验之后,我在国家心理矫正学校里面,对教学方法班的教师们详述了这种方法。虽然这些课程讲义已经出版,并且尽管已经有超过 200 名小学教师已经掌握了这种方法,但是他们当中没有人从中获得一点有帮助的观念。费拉里教授在一篇文章当中对此表示惊奇:

“在此,我们拿出了一些上面印有红色元音字母的纸片。而这在孩子们看来只是一些不规则的红色图形。与此同时,我们给孩子红色的木质元音字母,让他把这个木质字母放到相对应的纸片上。我们让孩子触摸用最时髦字体做成的木质元音字母,然后告诉他每个字母的名称。这些元音字母根据下面的图形顺序排列:

o e a

i u

“接下来,我们对孩子说:‘找到字母 O,把它放到相应的位置。这个字母是什么?’我们发现,如果只让孩子们看字母的话,许多孩子就会犯错误。”

“然而,他们却能够通过触摸来判别字母。这是最有趣的观察,可以用来解释不同的个体类型,是视觉型,还是运动神经型。”

“我们让孩子触摸放在纸片上的字母,一开始只用食指,后来同时使用食指和中指,最后是手中像握笔一样拿着一根小木棒,对字母进行像书写一般的描画。”

“辅音字母是蓝色的,根据形状类比排列在相对应的纸片上。这些纸片都附加有可移动的蓝色木质字母,这些辅音字母就像刚才元音字母一样放置。另外,这套教学用具还包括另一套卡片,在这套卡片上，除了辅音以外，还印着一到两个以这个字母开头的物体名称。在手写体字母边上，是一个相同颜色但小一些的印刷体字母。”

“教师指着这些字母和卡片，根据语言学方法来命名这些辅音，然后读出印刷在卡片上的物体名称，并且强调第一个字母，比如‘P–Pear，告诉我辅音 P 是哪一个，然后将它放在相应的位置上，触摸它’等等。所有这些让我们研究了孩子们的语言方面存在的不足。”

“通过书写方式来描画字母的同时，我们可以利用肌肉训练来为书写做准备。经过这种方法教育的一个小女孩已经用铅笔复写出了所有的字母，尽管她还不认识这些字母。这个小姑娘将这些字母写成 8 厘米高，并且令人吃惊的有规则，而这个小姑娘的手工也非常好。孩子们看上去用一种书写的方式来触摸、识别字母，而这同时是在为阅读和书写做准备。”

“触摸字母并且同时仔细看字母，通过感觉的协作可以更快的强化印象。后来，这两类动作相分离，看转化成阅读，触摸转化成书写。根据个人不同的类别，有的人先学习阅读，有的人先学习书写。”

大约在 1899 年，我发明了直到现在还在使用的阅读和书写基本方法。曾经有一次我给一名缺陷儿童一支粉笔，他竟然在黑板上写出了字母表当中的全部字母，要知道这可是他的第一次！这种能力让我深感吃惊。

书写的实现比我预想的实现得快得多。正如我所说过的那样，有的孩子能够用铅笔写出字母，尽管他们可能一个也不认识。另外我也注意到在正常儿童当中，肌肉感觉在婴儿时期最容易发展，这使得书写对孩子来说非常之容易。而对阅读来说则不是这样，阅读需要长时间的教育，需要更高等级的智力发展，因为阅读面对的是对有关符号进行解释，是嗓音的变化调整，目的在于理解话语，所有这些都是纯粹智力性的工作。而在书写当中，孩子们在教学法的引导下，将声音转变成符号，同时进行手部活动，这对他来说是一件容易而高兴的事情。在小孩子当中，书写的发展总是伴随着方便和自觉性，就像口头语言发展一样；而口头语言的发展是一种听觉声音的运动神经型转换。可是相反,阅读部分却关系到抽象智力文化,这种文化是对来自符号象征的概念所作的解释,只有在儿童期之后才能获得。

第一次针对正常儿童的实验开始于1907年11月的上半月。在圣洛伦佐的两所"儿童之家"里面,我从孩子们的入学之日起(部分孩子是1月6号,另外一部分是3月7号)就只使用实际生活以及对感觉进行训练的游戏。我并没有进行书写练习,因为像其他所有人一样,我认为应当尽可能推迟这种练习,就像教授阅读和书写一样,应该在6岁以前避免。

但是孩子们似乎需要对练习进行总结,因为这些练习已经让他们以一种令人吃惊的方式获得了智力发展。他们知道如何穿衣服脱衣服,知道如何洗澡;他们也知道如何扫地,给家具擦灰尘,将房间收拾整齐;如何打开或者关上盒子,对不同的锁使用相对应的钥匙;他们能将碗橱当中的东西收拾得井井有条,可以照顾花草;他们知道如何观察事物;如何用手去看东西,等等。他们当中的许多人跑到我这里来,直接要求学习阅读和书写。即使是在我们拒绝了之后,仍旧有孩子来到学校以后骄傲的表示他们知道如何在黑板上写出"O"。

最后,许多孩子们的母亲来到学校央求我们教孩子们进行书写,说道:"在'儿童之家'里面孩子们被唤醒了,他们非常容易的学会了那么多东西,如果你们教他们阅读和书写的话,他们一定也很快就能学会,并且能够节省下需要在小学当中学习书写和阅读所付出的努力。"母亲们的这种信念,即她们的孩子可以从我们这里不费力气地学会书写和阅读,给我留下了很深刻的印象。想一想我在缺陷儿童学校里面所获得的成果,我决定在学校9月份开学的时候进行一次尝试,因为在9月份继续我们中断的工作会更好一些,而我们在小学10月份开学以前不进行任何书写和阅读的教学。这样还有另外的好处,可以让我们与小学的孩子进行比较,因为小学生们在同样的时间里面与我们进行同样的教学。

因此,在9月份我开始寻找能为我们制作教具的人,但是却没有人愿意。我希望能有一套精美的字母,就像在缺陷儿童学校里面的那样。后来我打消了这个念头,可是我自己也很满意于在商店窗户上使用的普通上釉字母,但是我怎么也找不到书写体的字母,这使我非常失望。

10月份过得真快呀!小学校里面的孩子已经写了许多篇垂线,而我们还在等待着。这时我决定去掉大个的纸质字母。考虑到孩子要触摸这些字母,我想到可以用砂纸来剪出这些字母,然后粘在光滑的卡片上,而更接近那些用于触觉练习的基本训练用具。

只有在我制作完成了这些简单的用具后,我才注意到与那些用于缺陷儿童的大号字母相比,这些字母所具有的优势。为了这些,我却浪费了两个月!如果我很有钱的话,我就会拥有那些漂亮但是却过时没用的字母了。因为总是我们希望一些旧的东西,却不理解新的东西,我们总是寻求已经处在衰落事物上的美,而没有认识到在新观念的简约当中会萌发出我们的未来。

最后,我明白了纸质的字母很容易制作,并且可以让许多孩子同时使用。它们不但可以用来认识字母,而且可以用来组合单词。我看到在使用砂纸字母进行触摸的时候,能够发现孩子们手指的寻找动作。这样,不单是视觉,而且还包括触觉都可以用来直接教授书写的准确性。

放学后的下午,我和两位教师非常兴奋,开始用纸和砂纸剪出各种字母。第一步,我们将它涂成蓝色;第二步,将它粘在纸上。当我们工作的时候,一幅全面而清晰的画面呈现在我的头脑中,这种方法是如此简单,以至于当我想到以前从来没有意识到这种方法时就忍不住笑了起来。

有关我们第一次尝试的故事非常有趣。有一天一位老师病了,我让我的一位学生,师范学校的教学法教授安娜·费德莉去代替一下。当我在一天结束去看她的时候,她给我看了自己做的两个改动。其中一个在每个字母的后面横穿了一张纸条,这样学生就能够认出字母的方向,因为学生经常将字母颠倒。另外一个改动是做了一个卡片盒,这样每个字母就可以放在盒子相对应的位置里面,而不像一开始那样处于混乱之中。我到现在仍然保存着这个由旧食品盒子做成的卡片箱,这是费德莉在院子里面找到的,他还用白线粗略的缝了几针。

费德莉笑着把这些给我看,说这是自己拙劣的手工,但是我却对此表现出了极大的热情。我立刻发现装在盒子里面的字母对于教学是非常宝贵的帮助。确实,它可以让孩子们用眼睛比较所有的字母,选择自己需要的字母。这就是我所说过的教学用具的起源。

我只需要在这里提及一点，就能够说明我们的方法所具有的优势。大约是圣诞节半月或一个月后,当小学校里面的学生还在为了忘记直钩、为画出曲线的“O”和其他元音字母而做繁重努力的时候，我的两个 4 岁的小家伙就可以以他们所有同伴的名义给西格诺·爱多阿多·塔拉莫先生写去祝福和感谢了。这些祝福和感谢是写在便笺上的,中间没有任何污点和涂改,这与小学三年级学生的水平是相当的。

PART 17

教学方法和教学用具介绍

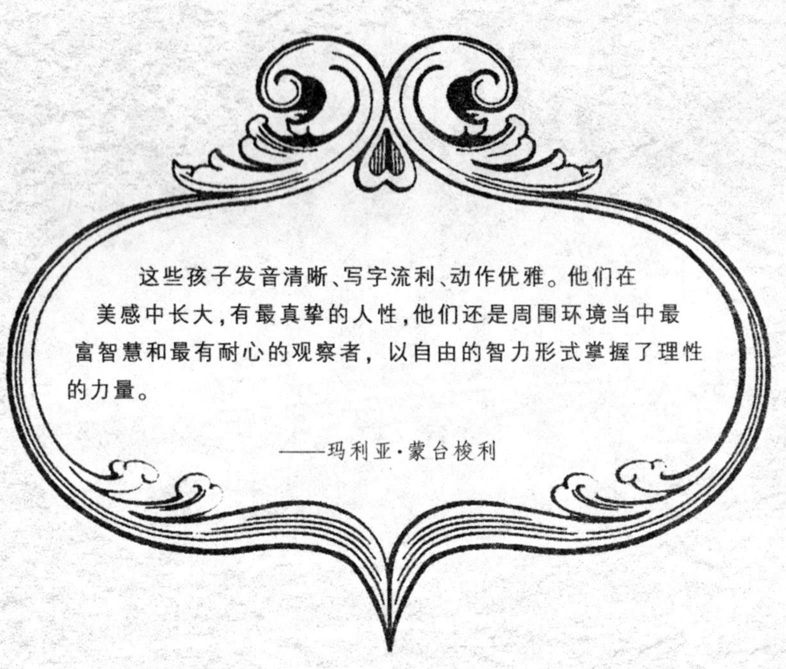

这些孩子发音清晰、写字流利、动作优雅。他们在美感中长大，有最真挚的人性，他们还是周围环境当中最富智慧和最有耐心的观察者，以自由的智力形式掌握了理性的力量。

——玛利亚·蒙台梭利

第一阶段:为了发展肌肉机制的练习,这种机制对于握笔和书写来说都是必要的。

在这一阶段我们使用的金属块和已经介绍过的平面几何木块是完全相同的。

练习。将这些金属块挨个摆放在教师桌子上,或者是将孩子们使用的两张小桌子拼成一个长桌子,然后在上面放8个图形。孩子们可以选择一个或者是多个图形,然后同时拿走框架和金属块。这些金属块和木制的平面几何图形是完全相似的。但是在这里,孩子们可以随意使用这些金属块,而在以前,他们要将这些金属块放在木质框架里面。孩子在一开始拿起了金属框架,将它放在一张白纸上,然后用彩色铅笔画出了中空图形的轮廓。接下来,他将框架拿开,这样在纸上面就留有一个几何图形。

这是孩子们第一次用图案进行几何图形的复写。而在这以前,孩子仅仅是把几何形状金属块放在那三套画有现成图形的卡片上。而此时,他将这些金属块放在了自己画出来的图形上面,就像他将木制的几何图形块放到卡片上是一样的。他的下一个动作是用不同颜色的铅笔将金属块的轮廓线画下来。这样在拿起金属块之后,孩子就能看到在纸上复制出来的两种不同颜色的图形。

在此,第一次出现了抽象的几何图形概念。因为,就像是金属框架和金属块一般,这两个金属物体是如此之不同,但是它们却出现了相同的图形,这种图形是通过直线来表现的确定图形。这一事实激起了孩子们的注意力。他会经常寻找用两种外形如此不同的物体来复制出相同的图形,孩子们会进行长时间的搜索,并且他们在复制图形时表现出了明显的快乐, 好像这些图形真是来自于指导他手进行运动的物体似的。

除了所有这些,孩子们还学会了描画直线。这一天是充满惊奇和喜悦的一天,因为孩子意识到自己可以描画出字母符号来。

在这之后,他开始了为肌肉机制做直接准备的工作,这种机制与握笔和运笔关系密切。孩子自己选择一只彩色铅笔,像书写时握笔一样握着铅笔,然后开始给自己画出的轮廓线填色。我们教孩子们不要出到轮廓线外面,这样做我们就能够将孩子的注意力集中到轮廓线上,可以强化直线确定图形这样一个概念。

给单独一个图形填色这样一种练习,可以让孩子重复进行手的运用练习,这种手的运用与画出十篇垂线运动是起同等作用的。还有另外的好处就是,孩子们不会感到单调,因为尽管孩子在做着对于书写来说是必要的肌肉协调运动,但是他们可以以自己愿意的方式来自由进行,同时眼睛也注视在一个大而颜色明亮的图形上。在一开始,孩子们画满了一页又一页的正方形、三角形、卵圆形和梯形,将它们涂成红色、桔色、绿色、蓝色、浅蓝色和粉红色。

慢慢的,孩子们开始只使用深蓝色和棕色,无论是画出图形的轮廓还是填色。这样,就与真实物体的颜色一致,好像复制出了金属物体的外表。另外还有许多孩子在图形的中心画出一个桔色小圆环,可以表现出我们用来拿起物体的黄铜钮。当感觉到进行了准确复制的时候,孩子们都非常高兴,就好像真正的艺术家在看着自己小桌子上的作品一样。

观察一个孩子连续的绘画过程,可以揭示出他的进步:

第一,慢慢的,在描画的时候,他们画到轮廓线外面的情况会越来越少。最后,他们能够做到完全画在轮廓线里面,并且中心和轮廓线都紧密一致。

第二,孩子们用来填充图形的线从一开始短而混杂,到后来逐渐变成长线,并且它们之间几乎是相互平行的。我们在许多例子当中看到,图形用一些规则的上下直线构成,这些直线从图形的上面一直延伸到下面。在另外一些例子当中,则明显表现出孩子是运用铅笔的大师。对于书写来说是必要的肌肉机制在孩子身上已经建立起来了。通过对这些图形的检查,我们可以说孩子在握笔这方面已经成熟了。为了改变一下练习,我们使用了已经描述过的轮廓线图形。通过这些图形,他们对笔的运用已经非常熟练了,因为这些练习可以让孩子们画各种长度的线,使他们对铅笔的运用更加纯熟。

如果我们能够数出孩子们在填充这些图形时所画的线条数，并且将这些线条转化成为书写符号的话，那么就能写满许许多多的练习本。确实,我们的孩子所获得的与普通小学三年级的孩子是相似的。而当孩子们第一次拿起笔进行书写时,他们就能够像一个已经书写过很长时间的人一样,知道该如何运用。

我并不认为其他的方法可以如此成功，能够在如此短的时间内掌握书写这种技巧。并且在整个过程当中,孩子们非常高兴、非常放松。过去针对缺陷儿童所使用的方法,也就是让他们用小木棒画字母的轮廓,与这种方法相比真是太贫乏了。

即使是在孩子们知道如何进行书写之后，也可以让他们继续这种练习,因为这种练习可以进一步深化,可以对图案进行变化,使其复杂。孩子在画每一个图形时都遵循着相同的基本动作,并且他们对各种图形变得熟悉,了解也越来越深入,他们对此也深感骄傲。利用这种准备性练习,我不但刺激而且完善了孩子们的书写。通过填充图形而不是重复的练习书写，孩子们对笔的运用越来越熟练。通过这种方式,孩子们在没有真正练习书写的情况下还完善了自己的书写。

第二阶段：为建立起字母符号的视觉——肌肉图像和书写的肌肉运动记忆而进行的练习。

教学材料。粘有用砂纸做成字母的卡片,包含有相同字母组的大个卡片。

砂纸字母根据每个字母的大小和形状来制作。元音字母用浅颜色的砂纸粘在黑色卡片上，辅音字母组则用黑色砂纸粘在白卡片上。不同分组是根据形状的对比或者是类比,这样能够吸引孩子们的注意力。

我们将字母做成印刷体,笔画较粗的部分做宽一些。在字体上我们选用了小学当中所使用的那种。

练习。在教授字母的过程中,我们以元音开始,然后是辅音,直接发出声音,而不是名称。而在教授辅音的时候,我们立刻将辅音与元音相结合,按照发音方法来重复这些音节。

教学过程所依据的三个阶段,之前已经进行了说明。

第一,将视觉和肌肉触觉与字母发声联系起来。教师呈现给孩子两张元音卡片(或者是辅音,视情况而定)。我们假设呈现出来的是i和o,然后说道:“这是i,这是o。”我们在说出一个字母之后,应当让孩子重复描画一遍,注意,要告诉他如何进行描画。如果有必要的话,让他的右手食指触摸砂纸字母,像书写一样。

“知道如何描画”主要在于知道某个给定字母符号的方向。

孩子学得会很快,因为他们触觉已经非常良好的手指在砂纸粗糙的表面指引下,能够准确描完字母的轨迹。接下来,他可以重复这一过程,为的是学会这个字母,而不用害怕出现错误,就像在第一次使用铅笔时产生的那样。如果描画偏离了,卡片那光滑的表面能立刻告诉孩子错误的出现。

孩子们只要对描画字母变得纯熟起来,他们就会对闭起眼睛重复这种练习表现出极大的乐趣,让砂纸引导着他们描画出形状。这样,感知觉就能够通过这种直接的肌肉触觉练习建立起来。换句话说,不是字母的视觉形象,而是触觉在指引着孩子手的运动,这样就能够强化肌肉记忆。

这里,当教师呈现给孩子字母并且让他们进行描画的时候,同时发展了三种感觉:视觉、触觉和肌肉感觉。通过这种方式,符号图像的强化相比于普通方法——也就是仅仅通过视觉图像来进行强化,所花费时间要短得多。我们会发现,小孩子的肌肉记忆是最敏感的,同时也是最容易的。确实,孩子有时候可以通过触摸来认出一个字母,但是用眼睛看的时候却无法做到。除此以外,这些图像还同时与字母发声建立了联系。

第二,知觉。当孩子听到字母读音时,他们应当知道如何进行比较,如何认识字母。

比如,教师问孩子:“给我字母o,给我字母i!”如果孩子无法通过视觉来认识字母,教师可以让孩子进行触摸。如果孩子还是认不出来的话,那教学就结束,过些天再重新开始。我已经说过了,不要指出错误;以及在孩子不能做出积极反应的时候,不要坚持进行教学活动。

第三,语言。将这些字母在桌子上放一会儿,然后教师问孩子:“这是什么?”孩子会回答o,i。

在教授辅音的时候,教师只是发出声音,并且之后立刻与一个元音相结合，发出这一音节，并且要用不同的元音来重复这一练习。教师必须时刻注意强调辅音的发音,不断进行重复,比如 m,m,m,ma,me,mi,m,m。当孩子进行重复的时候,先单独发出辅音,然后与元音相结合。

我们没有必要在教授辅音之前先把所有的元音都教会，孩子只要知道一个辅音,他就会开始组词。

我发现,在教授辅音时,要遵循一定的法则是不切实际的。然而经常出现这种情况，孩子对某一个字母的好奇心驱使着我们去教授那一个字母。我们随意说出的一个名字,也许会唤起孩子对于这个名字当中辅音字母的注意力。孩子们的这种随意性要比任何有关字母教学的方法都有效。当孩子发出辅音字母声音的时候,他表现出了明显的快乐。对他而言,这是一个新鲜事物,一系列的发音是如此不同,表明了字母表当中像谜一样符号的字母。正是这种神秘性激起了他最大的兴趣。一天,我站在阳台上,孩子们在进行自由活动。我身边有一个两岁半的小男孩,她母亲将他暂时留给我看管。在一些散乱的椅子上,放着我们教学用的字母。这些字母是混合着的,我将这些字母放回他们各自的地方去。做完这些工作以后,我把盒子放在靠近我的小椅子上。这个小男孩看着我,最后走到了盒子边上,拿起一个字母,恰巧是 f。这时,有一队孩子从我们身边跑过,看到了那个字母,齐声喊出了字母的发音。这个两岁半的小男孩没有注意到那些孩子,他放下了 f,拿起了一个 r。那些孩子恰巧又跑了回来,看着这个小孩子笑了起来,然后开始大喊“r,r,r! r,r,r! ”慢慢的,这个小婴儿开始明白,当他在手中拿起一个字母的时候,那些跑过的孩子们就会发出这个字母的声音。这使得小婴儿非常高兴。我也想观察一下,他能够坚持这个游戏多久而不会疲劳。他竟然坚持了 3/4 小时！孩子们对这个小婴儿也非常感兴趣,纷纷围了上来,整齐的发出声音,对小婴儿所流露出的惊奇感到非常好笑。最后,当这个小婴儿几次拿到 f 后,他从周围的孩子当中听到了同样的声音,然后再次拿起 f,指着我说:“f,f,f! ”他从他所听到的混乱声音当中学会了这个字母。由此可见,这个最开始吸引了跑过来的孩子注意力的长字母,给了小婴儿非常深刻的印象。

我们没有必要说明单独发音揭示了孩子们的语言状况。而缺陷几乎是与语言本身发展不完善相关的，这种缺陷会自己表现出来，教师需要逐一记录。通过记录，她就能够掌握孩子的进步，这种记录可以帮助教师进行个体教学，可以进一步揭示每个特定孩子的语言发展。

有关纠正语言错误方面，我发现遵循儿童发展的生理学原则是有帮助的，并且可以以此为依据来调整课程的难度。然而，当孩子的语言已经获得了充分发展，当他们能够发出所有声音时，我们在课堂上选择什么字母就不是问题了。

所有那些成人当中的永久性语言缺陷几乎都是由婴儿期语言发展的功能性错误造成的。如果我们用孩子还小时进行的语言发展，来代替孩子在高年级时我们为纠正语言错误所付出的努力，那么我们也许会获得更加实际和更有价值的结果。实际上，许多发音错误来自于方言的使用，并且想要在儿童期之后进行纠正几乎是不可能的。然而，在儿童时期，这些错误可以通过专门适用于完善语言的教学方法来很容易的进行改正。

在此，我们说的并不是解剖学、生理学上，或者是与改变神经系统功能的病理学事实相关的语言缺陷。我在这里所提到的仅仅是来自于重复的错误发音，或者是对不完善发音进行模仿所带来的不规则。这种缺陷可以通过任意一个辅音的发音表现出来，我想象不出还有什么办法能够比发音练习更好的纠正这一缺陷，而发音练习在我的方法当中是学习语言的必要组成部分。这种问题非常重要，可以单立一章进行论述。

在直接教授书写方法时，也许会注意到我们已经描述过的两阶段这一事实。这种练习使得孩子学习、强化肌肉机制成为可能，这种机制对于运笔和书写符号来说都是必需的。如果孩子已经在这上面练习了足够长的时间，他就能够书写字母表当中的所有字母和所有简单的音节，而在这之前他没有拿过粉笔或者是铅笔。

另外，我们在进行书写教学的同时进行了阅读教学。当我们呈现给孩子一个字母并且读出字母发音时，孩子通过视觉以及肌肉触觉来强化字母图像，并且将发音和相关符号进行联系。当孩子看并且认的时候，他在阅读；当孩子描画的时候，他在书写。这样，孩子就将两个动作接收为一个，而这两个动作在将来的发展当中会分离，构成两种不同的过程：阅读和书写。为了同时教授这两种动作，或者更好的将二者结合起来，我们让孩子接受一种新形式的语言，而不需要考虑这两种动作哪一个更重要一些。

我们没有自找麻烦，去考虑在儿童发展过程当中究竟是先学阅读还是先学书写，或者去考虑哪一个更加容易实现些。我们必须去除所有先入之见，一直等待直到从实践经验当中得到这些问题的答案。也许我们会发现，在不同儿童个体身上，个体差异会导致在发展过程当中这种或者是那种动作占有一定优势。这使得个体心理研究成为可能，并且也会拓宽这种方法的范围，这种方法就是基于个性自由发展的方法。

第三阶段：组词练习。

教学材料。教学材料主要是字母。这里所用的字母与我们已经介绍过的砂纸字母在形状和大小上都是一样的。不过这些字母是用硬纸板剪成，并且没有粘连。通过这种方式，每一个字母都是独立的，孩子可以很容易使用，可以放在自己想放的地方。我们每一个字母都做了好几个，并且设计了用来装这些字母的盒子。这些盒子非常浅，被分隔成许多部分，在每一部分当中我都放上一组四个相同的字母。每个分隔部分大小不等，是根据字母本身的大小制定的。在每个分隔的底面上都粘着一个黑色字母，它字母是不能拿起来的，目的是为了在孩子们使用完字母将它们放回原处时，能减轻寻找的努力。这套材料当中的元音字母做成蓝色，而辅音字母做成红色。

练习。只要孩子认识一些元音字母和辅音字母后，我们就在他面前放上那个大盒子，里面放着他认识的那些字母。教师这时要清楚地说出一个词，比如“妈妈”（“mama”），特别是要将字母“m”的音发得非常清晰，并且还要重复几次。通常情况下，小家伙会迅速抓起一个字母“m”放在桌子上。教师继续重复道：“ma-ma”，孩子会拿起“a”，然后放在“m”的边上。接下去，他就能够很容易的组合其他音节了。但是要读出他所组成的词却不那么容易。只有经过一定的努力他才能够成功。在这种情况下，我会帮助孩子，鼓励他去读，会和他一起读上一到两次，并且发音要非常清晰，mama，mama。一旦孩子明白了这个游戏，他就会自觉努力，变得非常感兴趣。我们可以说任何词，只要能够让孩子明白构成这个词的所有字母。他会根据发音来放置一个一个字母，组成一个一个的新词。

观看孩子们进行这项工作是最有趣的。他精神集中的坐在那里，看着盒子，嘴唇轻微的动着，几乎察觉不到。他一个接一个拿出需要的字母，并且很少犯拼写错误。嘴唇的动作揭示了他正在不断的重复着单词，并且将这些单词的发音转换成符号。尽管孩子能够组合出任意发音清晰的词，但是我们一般只是告诉他们一些熟悉的词，因为我们希望他对这些字母组合能够产生出概念。当使用这些熟悉的词时，孩子以一种沉思的声音，自发重复着这些他正在组合的词。

这种练习的重要性非常复杂。儿童分析、完善、强化自己的口头语言，为自己发出的每一个声音都设置一个目的。组词使孩子坚信清晰有力进行发音的必要性。

这些练习将听到的声音与看到的符号联系了起来，并且为准确拼写打下了坚实的基础。

另外，组词这种练习本身就是对智力的一种锻炼。那些被念出来的词给孩子们出了一道必须要解决的问题，孩子通过记住符号、选择相应字母、按照适当顺序排列来完成题目。当他反复读词的时候，就有了准确的解决方法。

当孩子听到其他人读他正在组合的词时，他自己就会有一种满足感和骄傲，充满了惊喜。因为这种通过符号进行的交流给他留下了深刻的印象。书面语言对他来说代表了自己智力所能达到的最高点，同时也是对成绩的一种奖赏。

当学生完成了我们告诉他的词的组合以及阅读时，根据我们试图将所有工作联系起来的习惯，我们拿走了所有字母，将字母放回各自所在的位置。因此，在组合词练习当中，孩子们将比较和选择符号这两种练习结合在一起。首先，当面前放着装满全部字母的盒子时，他选择了那些必要的字母；第二，当他在寻找每个字母要放回的分隔时，有三种练习结合在这一次努力当中，所有这三种练习都是为了强化符号的图像和相应的单词发音之间的联系。在这种情况当中，学习同时以三种方式进行，概念的获得只需要花费旧式方法所需时间的三分之一。我们很快就会看到，在听词以及思考他已经认识的词时，孩子用心灵的眼睛看到所有组词时必须的字母，然后排列字母。孩子会以一种让我们吃惊的能力来重现这种视觉。一天，我看到一个 4 岁的小孩在阳台上一个人跑，他嘴里面重复着："为了拼出 Zaira，我必须有 z-a-i-r-a。"另外还有一次，当迪多纳托教授参观我们的"儿童之家"时，他对一个 4 岁的孩子说自己的名字。孩子开始组合教授的名字，他开始时用小写字母组成了一个词——diton。教授立刻用更清晰的声音重复了一遍——didonato。此时，孩子并没有将字母全部打乱，而是将音节 to 拿起来放到一边，在空出的地方放上字母 do。接下来，他在 n 后面加了一个 a，然后把刚才放到一边的 to 拿回来，组成了这个词。这表明，当词的发音非常清晰时，孩子明白音节 to 不该在第一次组词时所在的位置上，并且意识到它应当位于词尾，因此将 to 放到一边，等到需要的时候才用。这发生在一个 4 岁孩子身上，令所有在场的人非常吃惊。如果他想要组成一个所听到的词，只有通过自己所拥有的清晰并且复杂的视觉符号才能实现。孩子的这种非凡行为主要是因为头脑具备了条理性，这种条理性是通过发展智力而进行重复自发练习而获得的。

这三阶段包含了书面语言学习的全部方法。这种方法的重要性非常明确。为了建立书写和阅读之间的联系而相互结合的心理——生理行为彼此独立。为画出符号和字母的肌肉运动是单独的，运用工具进行书写这一动作也是一样。词的组合同样被还原为一种心理机制，在这种机制当中听到的和看到的图像要结合起来。这当中有这样一个时刻，在这一时刻，孩子在没有思考的情况下，用一种自由而有规则的方式利用垂线填满了几何图形；孩子闭着眼睛触摸字母；孩子用他的手指在空中比划重现了字母；在这一时刻，组合词成为了一种心灵冲动，这时的孩子即使是一个人，也会不断重复"为了组合出 Zaira，我必须有 z-a-i-r-a。"

现在，孩子确实没有进行过书写，但是他已经掌握了所有对于书写来说是必要的动作。当进行听写的时候，那些不但知道如何去组合词，而且立刻在头脑当中呈现出整个词构成的孩子，就能够进行书写,因为他知道如何在闭着眼睛的情况下,进行写出字母的动作,也因为他几乎是无意识的进行运笔。

除此之外,孩子在获得这种灵活性机制的时候还存在一种自由,这种自由使得冲动和精神力量随时都能够以这种机制为媒介而爆发。他迟早会充满力量的进入自发书写当中。这是我对正常儿童所作的实验当中最美妙的反应。在贝蒂妮负责的一所“儿童之家”里面,我特别注意了书写教学方法,因为我从这所学校得到了许多漂亮的书法。出于这一原因,我最好还是介绍一下这所学校的情况。

12 月里面的一天,阳光和煦,空气好像春天一样,我和孩子们走上了房顶阳台。孩子们在那里自由玩耍,有的孩子则聚集在我周围。我坐在烟囱旁边,对坐在我边上的 5 岁小男孩说:“给我画一张这个烟囱的图画吧,”在说话的同时我给了他一支粉笔。他听话的蹲下去,然后在屋顶瓦片上画了一张烟囱的草图。我习惯性的鼓励并且夸奖了他。孩子看着我笑了,在要爆发出高兴动作之前保持了一刻,接着就大喊到:“我能写字啦!我能写字啦!”然后又跪下来在瓦片上写“手”,之后他又充满兴奋的写了“烟囱”,“房顶”。在写的时候,他不停叫喊着:“我能写字啦!我知道如何写字啦!”高兴的叫喊声引来了其他许多孩子,他们在我周围围成了一圈,孩子们看着那个小孩子的绘画都很兴奋。其中有两三个颤抖激动地对我说:“给我一支粉笔,我也能写!”确实,他们开始写出了各种各样的词:妈妈,手,约翰,烟囱,阿达等等。

他们当中没有人出于书写的目的,曾经用手拿过粉笔或者是任何其他书写工具,这是他们第一次进行书写,他们就写出了完整的词,就像小孩子第一次说出一个完整的词一样。

婴儿第一次说出一个完整的词使母亲非常高兴。孩子也许会选择“妈妈”这个词,似乎要表达对母性的赞美。这些小家伙们第一次写单词在他们中间激起了无法形容的快感。在孩子们的头脑当中,由于无法建立起一种书写准备练习和书写行为之间的联系,因此就有一种幻觉,认为他们长到足够大,就知道如何进行书写了。换句话说,书写在他们看来似乎只是自然赐予的天赋当中的一种。

孩子们相信,随着他们越长越大,越长越强壮,会有那么美好的一天，到了那一天他们就知道如何书写。确实，事实就是如此。那些能说话的孩子在无意识当中进行了准备，完善了语言的心理——肌肉机制，使他们能够流利的说话。而在书写当中，孩子几乎作了同样的事情，但是直接的教学法帮助和书写动作准备练习是以一种具体实在的方式进行的，这使得书写能力的发展要比正确说话能力的发展更快、更完善。

尽管实现书写时很轻松，但是这种准备并不能因此说是不全面的，它实际上代表了全部。孩子掌握了全部必要的书写动作，书面语言发展也不是逐渐的，而是以一种爆炸式的方式。也就是说，孩子可以写任何词。这就是在发展孩子书面语言时，我们获得的第一个经验。在开始阶段，我们都非常兴奋，似乎像在梦境中一般，好像创造了奇迹。

第一次写出单词的孩子充满了兴奋和快乐，好像是刚刚生了一个鸡蛋的母鸡，没有人能够逃开这些小家伙们的吵闹。也许他会叫每个人都去看，如果有人没有去看的话，他会跑过去抓住你的衣服，强迫你过来看。我们所有人都不得不走过去，然后站在这些词边上，赞美这个奇迹，我们惊奇的赞叹和那个幸运的孩子高兴的呼喊声就会混合在一起。通常情况下，这第一个单词会写在地板上，接下来，孩子们跪在这个单词前面，为的是更加接近单词，更近距离端详这个单词。

在写出第一个单词之后，孩子们伴随着一种狂热和高兴继续到处写。我看见孩子们在黑板面前挤来挤去，靠近黑板的孩子后面是站在椅子上的一排孩子，这样他们就能够在前面一排孩子头顶上进行书写。由于没有挤进去而生气，为了找到一小点地方可以写，有的孩子把上面站着同伴的椅子推翻；另外一些则跑向窗户或者门，在上面写满了单词。在刚开始的日子里，我们就在写满了各种单词、符号的地毯上行走。家长的每日反馈表明同样的事情也在家里发生，甚至在面包皮上也发现了单词，有的母亲为了节省开销，将纸和铅笔作为礼物送给自己的孩子。在这些孩子当中，有个孩子一天带给我一个小笔记本，里面写得满满当当，孩子的母亲告诉我说，他没日没夜的写，即使是在床上睡着了，手里面也紧攥着铅笔和纸。

在开始的那段时间里面,我们无法控制这种冲动行为,这种冲动行为让我想到了自然的智慧,是它让口头语言一点一点获得发展,与此同时也让概念的基础逐渐形成。试想一下,如果自然也像我们这样鲁莽行事的话,那会是什么结果呀!自然一开始通过感觉让人们收集各种各样的资料,形成一个资料库,这样就为流利的语言做了最充分的准备,直到最后一刻才对一直不能开口的孩子说:"开始说吧!"结果就会是突然的疯狂。在这种疯狂影响下,孩子感到没有约束,会爆发出一阵令人精疲力竭而奇怪难懂的单词激流。

然而我相信,在这两个极端中间,存在着一种愉快的过渡,这种过渡是真实并且有实际意义的。尽管我们依旧认为这是一种自发现象,可是我们必须引领孩子逐渐掌握书面语言,让孩子的书写从一开始就是完善的。

自然告诉我们如何控制这种现象,如何更冷静的引导这种力量。当孩子们看到自己的同伴进行书写这一事实时,我们就该引导着孩子通过模仿,尽可能快的学会书写。但是通过这种方式,当一个孩子在进行书写时,他可能还没有掌握全部的字母,并且所能够写出来的词汇也是有限的。他甚至不能写出他所认识的字母可以组成的全部单词。但他仍旧拥有第一次写单词所带来的快乐,但是这种快乐已经不再是吃惊的来源,因为孩子每天都能够看到这种奇妙事情的发生,并且知道同样的天赋迟早会出现在每个人身上。这样就创造出了一种镇静和有序的环境,在这其中充满了美好和惊奇。

即使是在刚开始的那几周里面去参观"儿童之家",人们也会有惊奇的发现。比如,有两个小孩,尽管他们表现得相当骄傲和高兴,但是在书写的时候却很安静。然而,也正是这些孩子,在昨天的时候还从来没有想到过书写呢!

教师告诉我,这两个孩子一个是在昨天上午11点钟时开始书写的,另一个则是在下午三点钟。我们必须要冷静接受这一现象,心照不宣的将这当成是孩子发展当中的一种自然形式。

什么时候鼓励孩子进行书写,这要由教师来决定。只有当孩子在准备性练习的三个阶段都已经很完善,而孩子自己又没有主动写的时候才可以进行鼓励,因为这里存在着阻碍儿童自发书写行为的危险,孩子也许会陷入盲目的努力当中去。

教师能够根据以下标志准确确定孩子的成熟性：填充几何图形时使用平行线的规则性;闭着眼睛对砂纸字母的识别;在组合单词时所表现出的态度和熟练程度。在进行直接干预以刺激孩子进行书写之前,我们最好等上一个星期,寄希望于孩子能够自发进行书写。当孩子开始自发进行书写时,教师就可以进行干预,并指导书写进程了。教师首先应当进行的是规范黑板的使用,这样可以让孩子在书写时保持适当的维度和规则性。

其次,要指导那些书写还不稳定的孩子重复描画砂纸字母,而不是去纠正孩子们书写当中的错误，因为他们还不能通过书写这一动作本身,而只有经过重复描画字母才可以完善书写。我记得曾经有一个小家伙,他希望自己的字能够非常好看,于是就拿了所有的砂纸字母,在书写之前,把单词当中出现的所有字母都摸上两到三遍。如果他自己觉得一个字母还不够好看,那就擦掉,在重写之前再摸一遍那个字母。

即使是在进行了一年的书写练习之后，我们的孩子也还继续着三阶段的准备练习。因此,他们不但学会了书写,而且能够写得很漂亮,可是他们却没有进行过真正意义上的书写动作。对我们的孩子来说,真正的书写只是一项测试,它来自内部的冲动,来自一种进行高等级动作的快乐,而不是一种练习。就像通过祈祷来完善神秘的灵魂一般，我们的这些小家伙们通过与书写相近似但却不是书写的练习,来获得并完善这种人类文明的最高表现形式,也就是书面语言。

这种于尝试之前进行准备、在开始之前完善观念的方法,是有教育价值的。为了让孩子纠正自己的错误,鲁莽的让孩子尝试他还做不好的东西,会让孩子对自己错误的敏感性变得迟钝。在我的书写教育方法当中包含着一个有教育意义的概念,那就是,要教会孩子谨慎,这可以让他避免错误,要教会孩子尊严,可以让他勇往直前,要教会孩子谦虚,使他能够更接近善的本源。通过这种善,他能够独自一人实现精神上的胜利,同时,还要教会他排除幻觉,排除掉他头脑当中认为书写是一种即刻的成功，书写本身就是他选择练习书写的唯一原因。

事实上,所有的孩子,无论是刚刚开始三阶段练习,还是已经开始进行书写几个月的孩子,他们每天都重复同样的练习,这使他们团结友爱,相互平等,在初学者和熟练者之间没有区别。所有孩子都用彩色铅笔填充图形,触摸砂纸字母,用字母组合单词,年龄各不相同的孩子在一起互相帮助。那些正在进行准备的孩子,以及那些不断完善的孩子都走着一条相同的道路。在生活当中也是如此,平等要比任何社会差别都更加深刻,所有的人都是兄弟,这就如同在精神生活当中,热望者和圣徒都要经受相同的经历是一样的。

书写很快就可以学会,因为我们只对那些流露出这种欲望的孩子进行教授,他们在教师对其他孩子进行教授时表现出了一种自发的注意力,在别人进行练习时在边上观看。并且有些孩子仅仅是通过听讲给其他人的课程,在没有上任何课的情况下就学会了。

总的说来,所有 4 岁的孩子都对书写表现出了浓厚的兴趣,一些孩子在三岁半时就已经开始进行书写了。我们还发现孩子们对于描画砂纸字母表现出了特别的兴奋。

在我实验当中的第一阶段,孩子们第一次看到了字母,有一天我让贝蒂妮将所有她自己制作的字母都拿到孩子们正在玩耍的阳台上来。孩子们一看见就都围了上来,他们用手指急切的触摸着这些字母。那些手中拿着卡片的孩子无法很好的进行触摸,因为其他孩子拥挤着想要从我们的口袋里面拿到卡片。我清楚记得,那些拿到卡片的孩子将它高高举起,好像手中拿着旗帜,开始到处巡游,后面跟着许多其他孩子,他们拍手鼓掌,欢快的大叫大喊。这个队伍从我们后面穿过,所有孩子无论大小都高兴的笑着,而母亲们也被这些嘈杂声吸引过来,透过窗户看到了这一场面。

对于 4 岁的孩子来说,从第一次准备练习直到写出第一个单词,这中间的平均时间是一到一个半月。而对 5 岁的孩子来说,时间要短得多,大约是一个月。但是对一些小学生而言,要学会写字母表当中的所有字母,却要 20 天。而在上了两个半月的学之后,我们这里 4 岁的孩子就已经可以通过听写写出任何单词,并且可以用墨水在笔记本上进行书写了。而在 3 个月之后,小家伙们都已经非常熟练了,到了 6 个月之后,孩子们就可以和小学三年级的学生媲美了。确实,对孩子们来说,书写是最容易也是最开心的事情了。

如果成人也能够像 6 岁以下的儿童那样学习的话,那么消除文盲就是一件非常容易的事情了。要实现这一辉煌成就,我们有两个最重要的困难:肌肉感觉混乱和口头语言当中的缺陷,并且这种缺陷一定会被转换到书面语言当中。我没有做过这方面的实验,但是我相信,一学年对于那些文盲来说是足够了,不但可以让他们学会书写,并且还能让他们用书面语言来表达自己的思想。

这是有关学习书写的时间问题。至于书法技巧,我们的孩子从一开始就写得非常好。字母形状圆润流畅,与砂纸字母表现出了令人吃惊的相似性。任何小学校的书法都无法和我们的相比,因为他们没有针对握笔运笔的专门练习。我曾经对此作过研究,因此我知道要想教一个十二三岁的孩子在写完完整单词前而不把笔抬起来,这有多困难!当然少数字母需要提笔除外。他们在练习本当中所画的上下直线根本用不上。

而另一方面,我们这里的孩子却有一种自发的完美性,可以在写完一个完整的单词前不提笔,保持字母的理想坡度,让每个字母之间的距离都相等。所有这些使得几乎每一位参观者都兴奋的呼喊出来:“要不是我亲眼看见,我真的不会相信!”确实,书法是一种高级教学形式,对于矫正已经学得或者是养成的坏习惯都是必要的。

对孩子来说,在没有直接的视觉和运动觉帮助的情况下,在看完模型后复写出这个字母需要很长时间。并且实际当中经常出现这种情况:在所有的缺陷都已经固定在孩子身上之后,在肌肉记忆发展已经错过最佳时期之后,才开始进行书法的教学。

我们为孩子做准备,不单是为了书写,而且也是为了书法,要让孩子注意到字母的美感(让孩子触摸印刷体的字母)和字母的流畅(填色联系为此作了准备)。

阅 读

教学材料。阅读需要使用的教学用具包括大量的卡片,上面清晰的写着大号单词或者句子。另外,我们还需要各式各样的玩具。

经验告诉我,要清晰的区分书写和阅读,因为这两种动作并不是绝对同时的。与普遍接受的观念相反,书写一般位于阅读前面。我并不认为孩子检查自己刚刚写出来的单词是一种阅读。在此他只不过是将符号转换成声音,就像一开始书写时是将声音转换成符号一样。在这种检查过程中,孩子已经认识了单词,并且在书写时不断重复。而我所理解的阅读是从书写符号当中解释概念。孩子并没有听到单词的发音,只有当这个单词用字母拼写出来放在桌子上,他能够认识并且说出单词的含义时,这才是阅读。单词阅读和书面语言的关系与听单词和口头语言的关系是相同的。阅读与书写都是为了接受他人传送给我们的语言信息。因此,只有当孩子能够从书面语言当中理解概念时,我们才能说他学会了阅读。

我们可以这样说,书写是一种心理——运动神经占主导地位的动作,而阅读则是一种纯粹智力性的工作。但是很明显,我们对于书写的教学方法为阅读作了准备,使这种困难几乎感觉不到,因为书写让孩子为解释构成单词的字母组合发音做了准备。在我们的学校里面,如果孩子知道如何进行书写,他也就知道如何读出单词的发音。然而,我们应当注意到,当孩子用字母组合出单词或者写出单词的时候,他必须有时间思考选择哪些符号来组成这个单词。由此,写出一个单词要比阅读同一个单词耗费更多的时间。

如果给知道如何书写的孩子一个单词,让他通过阅读对单词进行解释,他就会很长时间没有声音,然后以一种和书写一样缓慢的速度来读出构成这个单词的发音。但是,只有当清晰念出并且用语言学的方式来读出这个单词时,对于单词的感觉才变得明确。为了确定单词的音调,孩子必须认识这个单词,也就是说,他必须知道这个单词所代表的含义。如果孩子想要进行阅读的话,那么对于这种高级智力工作进行干预就是必要的了。因为所有这一切,我在阅读练习当中采用了如下的方式,并且很明显,我完全抛弃了旧式的启蒙读物。

我用普通书写纸做了一些小卡片，在每一张卡片上都写上一个大而清晰的单词,这些单词都是孩子们已经说过许多遍的,而单词所代表的物体也都是实际存在或者对孩子们来说是非常熟悉的。如果一个单词指的是孩子面前的一个物体,我就将这个物体放到孩子眼前,为的是使孩子对这个单词的解释更加直观方便。而这一游戏里面的物体绝大多数是“儿童之家”的玩具,这些玩具包括洋娃娃和她的房子、球、树木、羊群、各种动物、玩具士兵、铁路和各种简单图形等等。

如果书写能够纠正，进而指引和完善儿童的口头语言机制的话，阅读就是为了帮助概念的发展，将孩子与语言的发展联系起来。书写能够促进生理语言的发展,而阅读则对社会语言起作用。

接下来就像我说的那样,我们从名称开始,也就是读出熟悉物体的名字。

对于使用简单还是难一些的单词,这并没有太大关系,因为孩子们已经知道怎样去读任何一个单词，也就是孩子已经知道怎样读出组成单词的音节。我会让一个小孩子慢慢将书面单词转换成声音,如果这种转换准确的话,我也不会说“快一点。”孩子在读第二遍时会快一些,但是还是经常无法理解含义。这时我说道:“快一点,快一点。”孩子每读一次就比前一次更快,重复着相同的发音,最终这个单词进入到了他的意识当中。这时孩子就像认出了一位老朋友一样看着这个单词，并且表现出了一种小家伙们常有的满足感。这就完成了阅读的练习。这种课程进行得非常快,因为它是面对已经准备好书写的孩子们的。确实,我们将那些单调而愚蠢的启蒙读物和无用的抄写本都抛弃了。

而当孩子在读单词的时候，他需要将说明性的卡片放在相对应的物体上面。

我们最有趣的一个发现来自于进行一种游戏所付出的努力,这种游戏也许可以让孩子不费力气的学会读单词。我们在一张大桌子上面放上各种玩具,每个玩具都有相对应的写有名字的卡片。

我们将这些卡片叠好混放在篮子里面，然后让那些会读这些单词的孩子从篮子里面抽出卡片。每个孩子都要将卡片拿回自己的座位,安静的打开,在心中默读而不让周围的孩子看到。接下来,孩子要再次将卡片叠好,这样就可以好好保守这个秘密。孩子手中拿着叠好的卡片来到桌子边上,然后清楚地说出卡片上的名字,同时要给教师看卡片以确认他是否说对了名称。这时,如果说对了的话,这张卡片就成为了一个可以换到相对应玩具的金币。在此,如果孩子清楚地说出并且正确的指示出玩具，教师就可以让他拿走那个玩具,还可以让他尽兴的玩。

当每个孩子都轮了一遍之后,教师叫来第一个孩子,让他从另一个篮子里面抽出一张卡片，并且让他一抽到卡片后就立刻读出来。而这些卡片是他那些还不知道如何进行阅读的同伴的名字,这些同伴也就因此没有得到玩具。而这个读名字的孩子要将他刚才玩耍的玩具给他读到的小伙伴。我们教育孩子要以一种优雅而有礼貌的方式来给同伴玩具,并且一定要鞠躬。通过这种方式,就消除了任何等级观念，并且唤起了一种对那些没有像我们一样得到赐福的人的慈悲。

这种阅读游戏进行得非常好。我们很容易就能够想象出,孩子在得到哪怕是一小会那些漂亮玩具时的满足感。

但使我惊奇的是,那些已经学会理解单词的孩子拒绝拿玩具。他们解释到,他们不想浪费时间在玩耍上面,对于抽出卡片然后进行阅读本身,他们表现出了一种无法满足的渴望。

我看着他们,想要理解这些幼小心灵当中所潜藏的秘密,对于小家伙们灵魂的伟大我竟然一无所知！当我站在这群热切的孩子当中沉思时,我发现,正是孩子们对于知识的热爱而不是对这种简单的游戏,让我感受到了种种奇迹,使我思考人类灵魂的伟大。

因此,我抛开所有玩具,制作了上百张卡片,包括孩子们的名字,城市和物体的名字,以及通过感觉练习而学会的颜色和质地名称等等。我们将这些卡片放在盒子里面,孩子们可以自由的使用。我曾经预想,孩子气会使他们很快从一个盒子转到另一个盒子,但是,每一个孩子都是将一个盒子掏空之后才转向另一个盒子,他们有一种对阅读无法满足的欲望。

有一天来到学校，我发现教师让孩子们将桌椅都放在了阳台上,要在室外进行教学。一些孩子在阳光当中玩耍,而另一些孩子则在桌边围坐成一个圈,桌子上面放着砂纸字母和可移动的字母。教师坐在边上,手中拿着一个长而窄的盒子,里面放满了写着单词的卡片,在盒子边缘都是小手,寻找自己喜爱的卡片。这时教师对我说到:“也许你不会相信,我已经开始一个多小时了,可是他们还没有满足。”我们将球和洋娃娃拿过来,进行实验吸引孩子,但是没有结果。看来与知识所带来的快乐相比这些都没有用。

看到这令人吃惊的结果,我想到了用印刷体来测试一下孩子。我建议教师在一些卡片的手写体下面加上印刷体。但是孩子们的举动证明这根本没必要。在大厅里面有一个日历,上面用印刷体印着许多单词,另外还有个特体的字母。孩子们对阅读的狂热使他们开始看这日历。这真是让我无法形容的吃惊,他们不但能够阅读印刷体,而且还能读特体!

现在就差给孩子们一本书读了，可是我觉得现在的书没有一本适用于我的方法。

母亲们很快就提供了他们孩子进步的证据。她们在孩子们的口袋里发现了一些小卡片,上面粗略的写着购物清单:面包,盐等等。我们的孩子已经开始为母亲买东西列清单了!另外有一些母亲告诉我说,他们的孩子已经不在街上乱跑,而是停下来阅读商店里面的字符了。

有一个 4 岁的孩子,他在一所私立学校里面接受同样的教学。孩子的父亲是市长,收到了许多信件,这位市长知道自己的孩子已经接受书写和阅读练习两个月了，但是却没太注意这件事情。确实,他不太相信这种方法。有一天,他坐在那里看书,孩子在边上玩耍,一位仆人进来,将一大堆刚刚收到的信件放在桌子上。小男孩注意到了这些,拿起每一封信大声读出了地址。在他父亲看来,这真是一个奇迹。

有关学习阅读和书写的平均时间问题。经验表明,如果从儿童进行书写的那一刻开始，从那种比较低等的图形语言阶段过渡到阅读这种高级阶段,平均需要两个星期。然而,要想达到阅读当中的熟练,则要比书写当中的慢很多。在许多情况下,那些能够写得一手漂亮字的孩子,阅读依旧非常差。

同一年龄的孩子在阅读和书写上面并不是完全相同的。我们不但不强迫孩子,而且甚至也不刺激他,或者用某种企图来哄骗他去做不想做的事情。所以有的时候有些孩子没有自发参加这些课程,因此他们也就不知道如何进行书写和阅读。

如果是旧式方法,就可能会扭曲孩子的意志,破坏孩子的自发性。这些方法认为,在6岁以前进行书面语言教学是不可能的,如果真是这样的话,那就更不用说我们的方法了。

在没有更加丰富的经验以前,我不想确定是否在任何情况下,口头语言充分发展的时刻就是开始发展书面语言的最佳时机。

在任何情况下,几乎所有使用我们方法的孩子都可以在4岁的时候开始书写,在5岁的时候知道如何进行阅读,并且至少是达到小学一年级水平。因此在上小学一年级时,他们完全可以提前一年上二年级。

阅读句子游戏。当我的朋友发现孩子们可以阅读印刷体时,他们送给我精美的图书作为礼物。浏览了这些简单的童话故事之后,我确信孩子们无法理解。而教师对于学生的能力深感满意,想要证明我错了。他们让不同的孩子给我读故事,说这些孩子要比那些小学二年级的孩子强许多。

然而,我不想让自己受骗,于是就做了两个试验。一开始,我让教师给孩子讲一个故事,而我就在旁边观察孩子对这个故事在多大程度上感兴趣。在几个单词之后,孩子们的注意力就开始分散了。我不让教师提醒那些注意力不集中的孩子,慢慢的,教室里面响起了嗡嗡声,因为孩子们并不关心在听什么,转而关注自己的事情。

很明显,那些看上去似乎很高兴读书的孩子并不是因为书,而是因为他们获得了这种读书的能力,也就是能够将图形符号转换成他们认识的单词和发音而高兴。如果孩子们拿到一本有许多不认识单词的书,他们也不会表现出这种持久性来。

我的第二个试验是让一个孩子给我念书。我并不打断孩子,或者发表一些解释性的话语,就像教师们想帮助孩子去抓住故事的主线时所做那样。好比教师会问:“停一下,你明白吗?你读的是什么呢？告诉我这个小男孩是如何驾着一辆马车的好吗？注意书在说些什么！等等。”

我把书给了一个小男孩，以一种友好的方式坐在他边上。当他读书时，我像一个朋友那样简单而又严肃的问他：“你能明白在读什么吗？”他回答：“不能。”他的面部表情似乎是想知道我为什么让他读书。实际上，通过对一系列单词的阅读，其他人的复杂思想就可以传递给我们，这对孩子们来说是他们未来的目标，是惊喜的又一个源泉。

书依靠的是逻辑语言，而不是语言的机制。在孩子能理解并且欣赏书以前，必须建立起一种逻辑语言。对一本书，在知道如何阅读单词和如何阅读感觉之间存在着距离，这种距离就如同知道如何发音和如何说话之间是一样的。因此，我停止了阅读书籍，一直等待着。

一天，在自由对话时间里，有四个小孩同时站起来，脸上带着喜悦之情，他们跑向黑板然后写出了下面的话：

“哦！花园开花了，我们真高兴呀！”对我来说这真是一个巨大的惊喜，我深受感动。孩子们自发的实现了作文技巧，就像他们自发写出了第一个字母一般。

机制准备的过程是相同的，当时机成熟的时候，逻辑性的口头言语就刺激了相应书面语言的爆发式发展。

我知道现在到了该进行句子阅读教学的时候了。根据孩子们使用的方法，我在黑板上写：“你们爱我吗？”孩子们慢慢的大声读着，保持了一刻的安静好似在进行思考，接下来喊道：“爱！爱！”我继续写：“那好，保持安静，都看着我。”他们几乎是叫喊着读出了这句话，但是在就要读完时突然变得安静了，只有椅子发出声音，而这也是孩子们为了调整姿势减少噪音才发出的。就这样，在我和他们之间开始能够通过书面语言进行交流了，这让孩子们异常感兴趣。慢慢的，他们发现了书写的本质——传递思想。无论何时我开始进行书写，他们都非常急切，想要明白我的意思而不用听我说一个词。

确实，图形语言不需要口头词汇。当书面语言和口头语言被完全隔离时，我们才能理解它的重要性。

在这种阅读教学入门之后,我们采用了如下的游戏,而孩子们对此感到非常高兴。在一些卡片上我写了长句子,描述了孩子们要做的动作,比如:“关上百叶窗,打开前门;然后等待片刻,之后将所有的东西按原样放好”,“要非常有礼貌的邀请你的8个同伴离开他们的座位,在教室中心排成两行,然后让他们用脚尖着地,前后移动,注意不要发出任何声音”,“如果他们愿意的话,邀请三位年龄最大、唱歌最好听的同伴站在教室中间。和他们一起唱一支歌曲”,等等。只要我一写完,孩子们立刻就抓住卡片回到自己的座位上,非常认真自觉的读,并且与此同时所有的孩子都保持安静。

接下来我问道:“你们明白吗?”“明白!明白!”“那就按照卡片上告诉你们的去做吧!”我说。然后,我就能非常高兴的看着孩子们迅速而准确的按照卡片上行事。他们有的关百叶窗,然后又打开,有的让同伴踮起脚尖走路,有的让同伴唱歌,有的孩子则在黑板上进行书写,或者是从碗橱里面拿出某样东西。惊喜和好奇制造了一种安静,孩子们在课上饶有兴趣。好像是我的某种魔力刺激了这种前所未见的行为,而这种魔力就是书面语言,是人类文明最重要的成果。

孩子们是多么深刻的理解了书面语言的重要性呀!以至于当我走出去的时候,他们都聚集在我周围,流露出感激和喜爱的表情,说:“谢谢您!谢谢您!谢谢您的课程!”

而这种游戏立刻就成为了最受欢迎的游戏。我们一开始保持绝对的安静,然后拿出一个里面装满叠好卡片的篮子,每一张卡片上面都写有一长句话,表明一个动作。所有能够阅读的孩子都可以抽一张卡片,在心中默念一到两遍直到确定理解了卡片上的内容。接下来,孩子们将卡片还给教师,开始执行各种动作。这些动作都需要那些还不能进行阅读的同伴的帮助,需要处理和利用各种材料。各种活动都井然有序,教室里面的安静也只是偶尔被轻轻的小跑声音和孩子们的歌声打断。这也出人意料的揭示了一种自觉的纪律行为。

经验告诉我们,作文一定要处于逻辑阅读的前面,而书写要在词汇阅读之前。同样,如果教授阅读的目的是为了让孩子能够接受一个观念,那就必须是默读,而不能发出声音。

大声朗读暗含着两种机制形式语言的练习——口头和书面的形式，因此，也就成为一项复杂的工作。如果一个成年人要给大家读报纸的话，那他首先要知道报纸的内容。大声朗读是一种最困难的智力行为。因此，孩子在一开始的时候为了理解思想应当默读。而当涉及到逻辑思想解释时，书面语言就必须与口头语言相隔离。书面语言代表着一种远距离传送思想的语言，而与此同时，感觉和肌肉机制却都是无声的。这是一种精神化的语言，它保证所有懂得阅读的人能够进行相互交流。

在"儿童之家"的教育已经达到了很高的水准，作为结果，整个小学教育系统都需要改变。如何对小学校低年级进行改革，使他们能够按照我们的方法运作，这是一个大问题，在此无法进行讨论。我只能说，小学一年级应当取消，因为在我们的幼儿教育里面已经包含着相应的内容了。

在未来，小学的班级应当从接受过我们"儿童之家"教育那样的孩子开始教学，他们已经知道如何进行书写和阅读，知道如何照顾自己，如何穿衣服、脱衣服和给自己洗澡。孩子们也非常熟悉各种良好行为和礼节规则，很守纪律，能够很好的控制自己。孩子们除了拥有完善的口头语言之外，还掌握了阅读技巧，并且已经开始学习逻辑语言。

这些孩子发音清晰，写字流利，动作优雅。他们在美感中长大，有最真挚的人性，他们还是周围环境当中最富智慧和最有耐心的观察者，以自由的智力形式掌握了理性的力量。

对这样的孩子来说，我们认为小学应当并且值得接收他们，指引他们在生活和文明的道路上继续前进。而这样的小学校应当忠于以下的教育原则：尊重孩子们的自由，尊重孩子们的自发表现，因为这两条原则将会形成孩子们的个性。

PART 18

儿童期语言

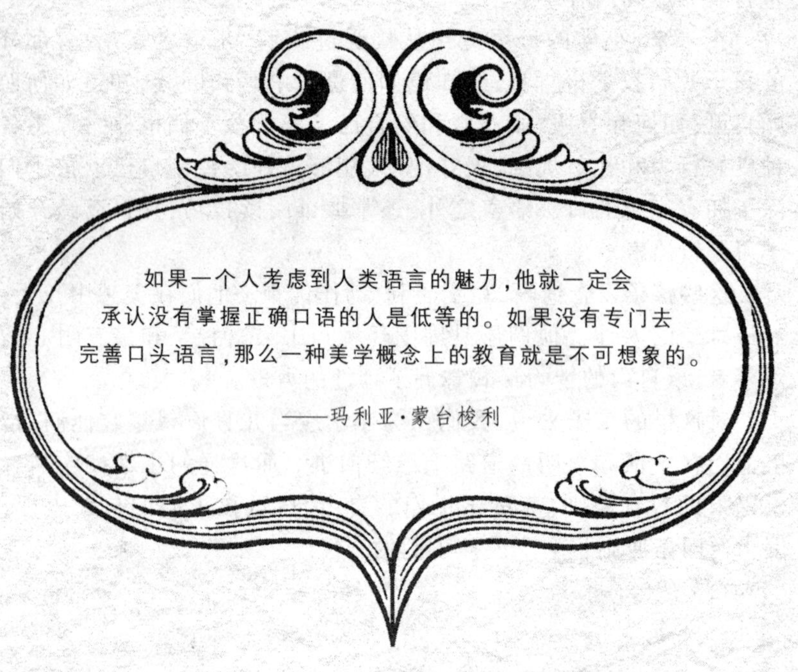

书面语言包括听写和阅读,同时它也包含着口头语言的全部机制(听觉通道、中央通道、运动神经通道),使用我们的方法所产生的发展方式主要是基于口头语言。

正因如此,书面语言可以从以下两点来考虑。

第一,掌握具有重要社会意义的新语言,将这种重要的社会意义附加于口头语言上。这就是文化的重要性,而这种重要性一般被赋予书面语言,因此在学校当中学习书面语言的时候,根本没有考虑到书面语言和口头语言的联系,而只是抱着传授给社会的个体一种工具,使个体能够与其他人进行交流的目的。

第二,从书面语言和口头语言的关系来看,在这种关系当中永远存在着这样一种可能性,那就是利用书面语言来完善口头语言。这种考虑正是我所坚持的,同时也给予了书面语言一种生理学意义上的重要性。

另外,就像口头语言既是人的一种自然能力,又是一种用来达到社会目的的工具一样,书面语言本身在形成过程中,可以被认为既是一种建立在神经系统内的新机制的总和,同时也可以被看作是一种实现社会目的的工具。

简言之,这个问题就是要赋予书面语言一种生理学意义上的重要性。

在我看来,书面语言在刚开始的时候充满了困难,不但因为直到目前为止我们还是在使用一种非理性的方法在进行教授,而且因为一旦获得了这种能力,我们就立刻尝试着要发挥书面语言的某些高级功能。可是我们却忽略了这样一个事实:这种书面语言是经过几个世纪文明人类的完善才固定下来的。

想一想我们曾经使用的方法是多么没有道理呀!我们分析各种符号,而不是那些对于书写字母来说是必要的生理动作,也没有考虑到任何符号都是难以掌握的这一事实。因为,符号的视觉呈现与书写符号的运动神经机制没有必然联系。比如,一个单词的听觉呈现完全可以与口头语言的运动神经机制相关。可是,除非我们在符号的视觉呈现之前已经建立了视觉呈现与书写符号的运动神经机制之间的联系,否则想要唤起一种应激性的运动神经活动是非常困难的;同样,除非我们已经通过练习和习惯性力量在之前建立起了这种联系,否则想要产生一个动作是非常困难的。

例如,如果我们将书写还原成对一些小直线和小曲线的分析,那么呈现给孩子的符号就体现不出任何重要性,也就无法激起孩子们的兴趣,无法引起自发的运动神经冲动。因此,仅仅是人为的动作构成了意志的努力,容易造成儿童很快就筋疲力尽,表现出烦躁和痛苦。

伴随着这种努力的是各种压抑感,并且会导致错误符号的出现,使教师不得不去纠正,这样会让孩子更加泄气,在以后还会犯更多的这种错误。因此,当孩子被催促着要努力的时候,教师实际上是压抑而不是唤醒了儿童的心智力量。

尽管遵循着这样一种错误的课程,孩子们只得十分痛苦地学习着书面语言,可是它还是要被立即用于实现社会目的。尽管书面语言还不完善成熟,它还是要服务于语言的句法结构,服务于高级精神中枢思想的表达。任何人都知道,在自然当中口头语言的发展是循序渐进的,当高级神经中枢按照库斯莫尔称之为逻辑思维的规则,按照语言的语法构成结构——这对于表达复杂的概念来说是必要的——使用词语的时候,这些词语其实早就已经建立在逻辑头脑当中了。

简言之,语言机制是高级神经活动的前提。

因此,语言的发展有两个阶段:低级阶段,是为各种神经通道和中枢神经做准备,而中枢神经要将各种感觉通道和运动神经通道联系起来;高级阶段,由高级神经活动来决定,这种高级神经活动通过语言机制的发挥来使自己外化。

比如,在库斯莫尔给出的有关口头语言机制的图示中,我们必须首先区分出大脑反射弧(代表了语言的纯粹机制),它于口头语言形成的第一阶段当中建立。E 代表耳朵,T 代表语言器官,A 代表语言的听觉中枢,M 代表运动中枢。通道 EA 和 MT 是外围通道,前者是向心性的,而后者是离心性的,通道 AM 是建立起联系的内部中枢通道。

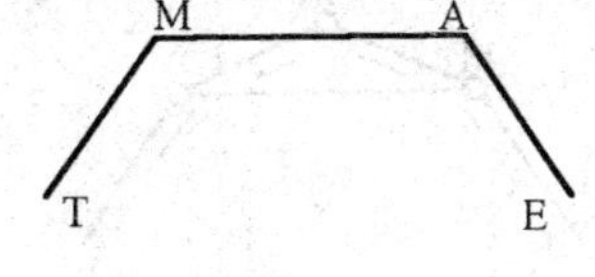

中枢 A 存贮着单词的听觉图像,就像图表当中所表明的那样, 它还可以被细分为三部分:声音(So),音节(Sy)和单词(W)。

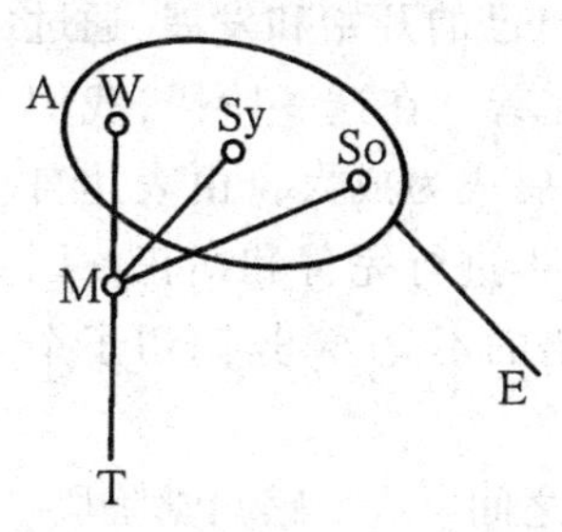

声音和音节中枢可以部分形成,因为在有关语言的病理学研究当中, 有一些失语症患者能发出声音, 或者是某些声音和音节。

在一开始的时候, 小孩子也仅仅是对语言当中简单的声音很敏感, 通过这些简单的声音,特别是“s”,母亲们可以吸引孩子的注意力。慢慢的,孩子开始对音节敏感起来,母亲同样可以利用它们来引起孩子的注意,比如,“ba,ba,punf,tuf! ”

最终是一些简单的单词开始吸引孩子的注意力。

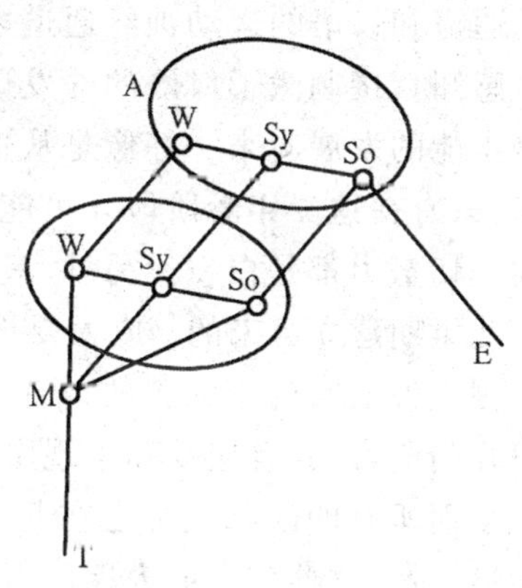

在运动神经中枢里面也重复着同样的一个进程。孩子在开始的时候只能说出一些简单的发音,比如 bl,gl,ch,母亲们对此表现得很高兴。接下来是单独的音节,ga,ba。最后是单词,一般情况下是唇音:mama。

我们认为, 当孩子们说出的词汇能够表明一个概念时, 口头语言就开始了。比如,当孩子看见并且认出母亲的时候, 他说:“妈妈”; 当看见一条狗的时候说:“狗”;想要吃东西的时候说:“爸爸”。

因此,当语言与感知建立起联系的时候,语言就开始了,而此时语言本身仍然是一种心理——运动神经机制, 还是非常初级的阶段。

也就是说,在反射弧之上,语言的构成机制还是无意识的。当孩子能够认识单词,也就是单词能够被感知并且与相对应的物体建立联系时,语言就开始发展了。

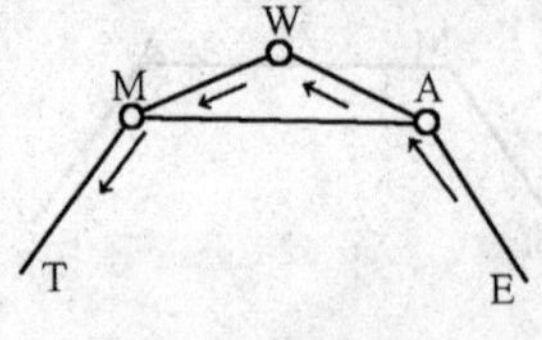

在这一层次上,语言继续不断的完善,与此同时,听觉也在更好的感知单词构成和发音,心理——运动神经通道对于语言也更加敏感。

这就是口头语言的第一阶段。它拥有自己的开始和发展,通过感知觉,引导着语言本身的原始机制不断完善。在这一阶段,我们称之为口语的东西建立了起来,它后来发展成为成人自由表达自己思想的工具,并且一旦建立,成人就很难再进行完善和纠正。因此,实际上高等级文化有时伴随着一种口语的不完善,这阻碍了个人思想的表达。

口头语言的发展一般是在孩子 2~7 岁之间。这是感知觉阶段,在这一阶段当中,孩子的注意力开始自觉转向外部世界,记忆力也特别的敏锐。这同时也是一个好动的阶段,心理——运动神经通道变得日益完善,肌肉机制也开始建立。在生命的这一阶段,通过听觉通道和口语的运动神经通道之间的神秘连接,我们可以看到听力感知直接刺激了口语的并发运动,并且在听力感知的刺激下,口语本能的发展起来,好像是从遗传的沉睡当中苏醒一般。众所周知,只有在这一年龄阶段才可能获得所有的语言调节,而在这之后的一切努力都是白费。另外,只有母语才能很好的发音,因为它是在儿童期建立起来的。成人要想学一门新语言的话,就一定会带有外国人说话时的不完善的口音。只有 7 岁以下的儿童可以同时学习几门语言,并且接受和重现所有的腔调和发音的方式。

而所有的缺陷也都是在儿童期产生的,比如方言或者是一些不良习惯,这些到了成人期就再也无法改变了。

随后发展的是高级语言,也就是逻辑思维语言。这种语言的根源已经不在语言的机制当中,而在智力的发展当中,因为智力的发展需要利用语言。正如口语的发展是通过对自身机制的不断练习,通过感觉来不断丰富一样,逻辑语言的发展是通过语法,通过智力文明来不断的丰富自身的。我们现在回到语言的图示中去就会看到,在定义低等级语言的弧的上方是逻辑语言 D,从中产生了话语的运动冲动,它是作为一种口头语言建立的,为的是表达人们的思想。这种语言可以通过智力活动不断进行丰富,同时通过语法研究不断得到完善。

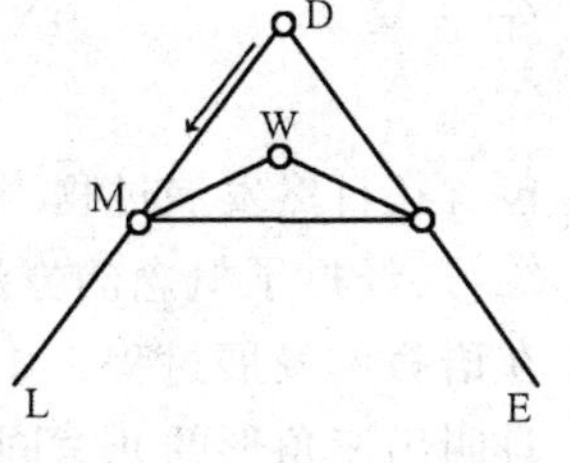

到目前为止,由于人们的成见,普遍相信书面语言只能进入到逻辑语言的发展当中来,是作为获得文化、进行语法分析和构建语言的一种方式。因为“口头语言有翅膀”,所以我们必须承认,只有通过一种稳定、客观并且能够进行分析的语言,比如书面语言的帮助,智力文化才能够前进。

我们承认书面语言是一种珍贵的、不可或缺的智力教育工具。因为它能够帮助人们巩固概念,可以进行分析,可以将它们写进书本,在书本当中它们成为无法更改的单词记忆,因此我们可以对之进行语言的语法结构分析。可是为什么我们却认为在一些低级的工作当中,比如强化一些代表感知觉的单词,以及分析它们的发音构成这样的任务当中,书面语言就不能发挥作用呢?

受一种教育学偏见的影响，我们不能将书面语言的概念与我们让它发挥作用这样一种功能相分离。在我们看来,向还处于简单感知和好动年龄阶段的孩子教授这样一种语言，就是在犯一个严重的生理学和教育学错误。

让我们消除这种偏见,仔细考虑一下书面语言本身,重构它的心理——生理学机制吧。而书面语言的机制要比口语的简单得多,对于教育来说更容易实现。

书写非常之简单,令人吃惊。现在让我们考虑一下听写,我们有了一个口头语言和书写之间的完美平行，因为运动神经行为一定要与听觉相对应，这里我们可以肯定地说不存在一种听觉和口语之间的神秘连接。但是书写的动作要比说话的必要动作简单得多,因为书写动作都是由外部大肌肉来执行的,我们可以直接活动这些大块肌肉,使这种运动通道更加熟练,建立起一种心理——肌肉机制。

而这正是我们的方法所作的，这些活动为书写动作做了直接

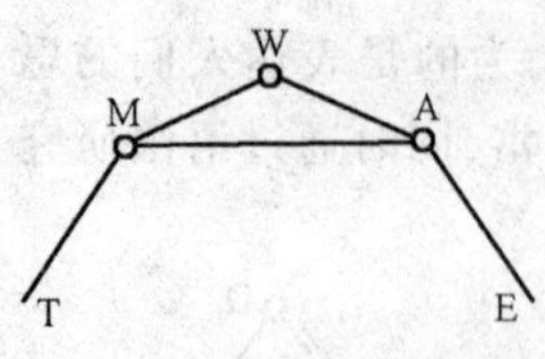

的准备，因此对于书写的心理——运动冲动就能够寻找到已经建立起来的通道，并且爆炸性的通过书写动作表现出来。

然而真正的困难在于解释符号。我们必须记住孩子处在感知年龄的阶段，在这一阶段，感觉、记忆和原始联系都准确地包含在自然发展过程当中。另外，我们的孩子已经经过了各种感觉练习，经过了概念的方法构建和感知图形符号的头脑联系的准备。在语言的发展过程当中，感知概念提供了材料。比如，能够认识并且叫出三角形的儿童同样也能够认出字母“S”并且发出读音。这是非常明显的。

我们且不谈论早熟教育，并且还要消除偏见。经验告诉我们，实际上孩子们可以不费力气的就取得进步，并且对认识代表物体的图形符号表现出明显的快乐。

在这一前提下，现在让我们来思考一下这两种语言机制之间的关系。

根据图示，3~4 岁的孩子早就已经开始说话了。但是他会发觉自己正处于完善口头语言机制的时期，正处于从感知觉的残余当中获取语言内容的时期。

也许孩子无法完全听清楚他所说出单词的所有组成部分，如果他能够做到这一点的话，那他的发音就很有可能出现了大问题，并且会导致听力感知觉的错误。在最容易建立运动神经适应的时期逝去以前，通过练习口头语言的运动神经通道，孩子应当建立起一种准确而且对于完善口语是必要的运动机制。而如果一旦强化了错误的机制，那么这种缺陷就将再也无法改变。

出于这一目的，对语言的分析就是必要的了。当我们希望完善语言时，我们让孩子首先进行作文，然后是语法研究；当我们希望完善语言形式的时候，我们首先按照语法规则教授写作，然后是对形式进行分析。同样，当我们希望完善话语的时候，首先必要的一点是话语必须存在，然后是进行适当的分析。因此，在话语的发展完成之前——这种完成能够固定孩子的言语机制，当孩子说话的时候，就必须抱着完善语言的态度对它进行分析。

现在,就像语法和修辞对于口头语言是不可能的,只能求助于记录了话语的书面语言进行分析一样,对言语的分析也是如此。

语言必须具体化,并且一定要稳定。因此,书写语言或者是通过图形符号呈现的语言是必需的。

在书写教学方法的第三阶段,也就是言语的构成上,包含着对词的分析,不但要将单词分解成符号,而且要对每一个构成发音进行分析,并且这种符号代表着单词的翻译。孩子不但听到整个单词,并且知道含义,而且还要将单词分为发音和音节。

我提醒注意一下下面的图,这张图表明了书写和口头言语两种机制之间的相互关系。

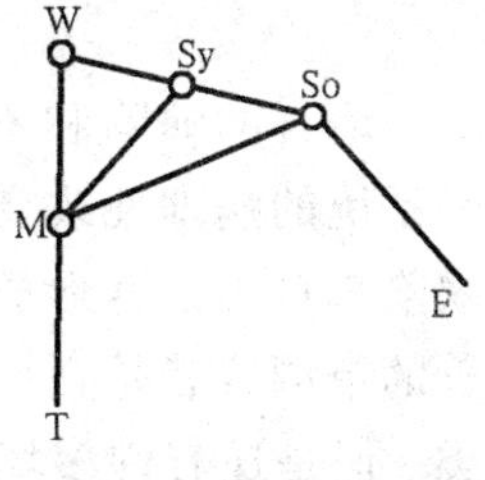

在口头语言的发展当中,构成单词的发音也许无法清楚的感知到,在这里对图形符号和相应的发音(对发音的教学包括给孩子呈现一个砂纸字母,清楚地说出字母的名字,让孩子看并且触摸字母)进行的教学不但包括对听到的清晰明确的发音的感知,而且还包括与其他两种感知之间的关系:中枢运动神经感知和中枢视神经对书写符号的感知。

三角形 VC,MC,So 代表了分析言语时三种感觉之间的关系。

当呈现给孩子字母,孩子在字母被读出来的时候看并触摸字母,向心通道 Eso;H,MC,So 和 V,VC,So 就会起作用。当孩子读字母的时候(也许是单独的,也许是伴有元音的),外部刺激通过 V,VC,So,M,T 和 V,CV,So,Sy,M,T 通道起作用。

当这些通道之间的联系通过视觉刺激建立起来时,就能激发起相应的口头语言动作,我们还可以一一研究当中的缺陷。而同时,通过保持引起言语的图形符号的视觉刺激,并且保持教师发出相应声音的听觉刺激,言语就可以得到完善。这种言语通过内在条件与听到的话语相连接,

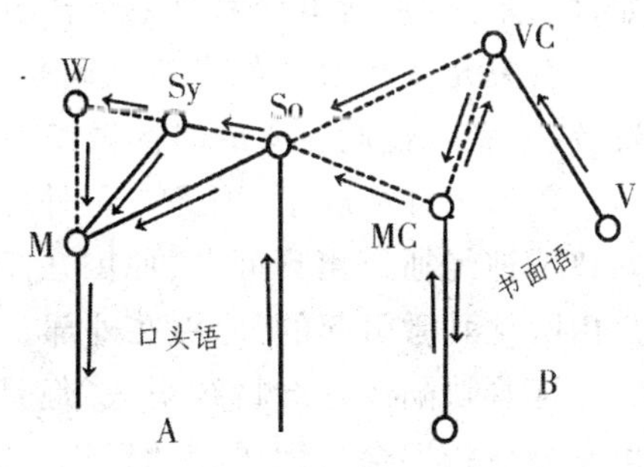

也就是说,在视觉刺激引起的发声过程中,在语言器官相对应的重复运动中,练习当中引入的听觉刺激对于完善组成口语的发音起到了促进作用。

当后来孩子在进行听写的时候,他们将言语的发音转化成符号。孩子们将听到的言语按发声进行分析,通过相应的肌肉感觉建立起来的通道,将言语转化成运动过程。

由于缺乏教育而引起的语言缺陷

语言的缺陷和不完善部分是由于生理原因,比如畸形或者神经系统的病理性改变。但是也有部分原因与功能性缺陷有关,这种缺陷来自于语言形成时期,错误的单词发音。当孩子听到发音不完善的单词或者是言语时,就学得了这种错误。方言口音就属于这一类。但是还有许多坏习惯,这些坏习惯会使儿童期口头语言的自然缺陷保留下来,或者会刺激孩子模仿周围人群当中的语言缺陷。

儿童语言当中的缺陷是因为这样一个事实:口头语言发声器官的肌肉没有很好的起作用,结果导致了无法重现发音。对于口头语言来说,必要的肌肉运动是一点一点建立起来的。如果无法一步一步的建立起必要的肌肉运动,其结果就是语言发音不好,或者是缺词。所有这些缺陷都统称为"口齿不清",这主要是因为孩子还不能很好的运用自己的舌头。"口齿不清"主要包括:s、r、l、g 等的发音不准,喉音和唇音的缺陷,还有就是根据另外一些作者的分类,比如普瑞尔,也包括单词发第一个音的压抑。

有关元音和辅音的发音缺陷是因为孩子没有能够很好的重现发音,或者是他们在听的时候做得不好。

在第一种情况下,因为一种外围运动器官的功能性不足,由此导致了神经通道出现问题,原因在于个人。在第二种情况下,错误是由听觉刺激引起的,原因在外部。

这些缺陷经常会持续很久,但是在成长过程当中会逐渐减弱。但是最终依旧会导致语言的错误,这种错误将在语言当中体现出来,比如方言错误。

如果一个人考虑到人类语言的魅力,他就一定会承认没有掌握正确口语的人是低等的。如果没有专门去完善口头语言, 那么一种美学概念上的教育就是不可想象的。尽管古希腊人传授给了罗马人教授语言的艺术,但是这种实践没有被人文主义所重新采用,人文主义关心的只是环境的美感和艺术作品的复兴,而不是人的完善。

目前, 我们仅仅是通过教学方法开始纠正语言的许多严重不足,比如口吃。但是语言体操这一概念却还没有作为一种普遍的方法,作为完善人类的巨大工程当中的一项细节在学校当中推广。

一些聋哑人学校和纠正发音的热心人士现在正试图将正音课程引入小学校,并且已经小有成功。统计数字表明,这种缺陷在学生当中广泛分布。一些纠正性练习包括让发声器官进行休息,耐心的重复单个的元音和辅音发音;此外,还有呼吸体操。这里我们并不会详细的介绍这些练习方法和细节, 因为这些需要长时间的耐心,所以与学校的教学是不相容的。但是在我的方法当中可以找到所有纠正语言的练习:

1. 安静练习。这种练习让语言的神经通道做好接受新刺激的准备。

2. 课程。包括,首先由教师清楚的读出几个单词(特别是那些有具体概念的名词)的发音。通过这种方式,清晰而完善的语言听觉刺激开始了,教师不断重复刺激,孩子慢慢开始感觉到这个单词所代表的物体概念(认识物体)。最后,在语言的刺激下,孩子必须一个人大声重复,单独发出单词的每个发音。

3. 书面语言练习。这种练习对语言发声进行分析,并且用几种方式单独重复这些发声。当孩子学了字母表当中的每一个字母时,当他组合或者是书写单词时,就应当重复这些发声。

4. 体操练习。正如我们所看到的,体操练习包括呼吸练习和发生练习。

我相信在未来的学校里面,“小学校纠正语言缺陷”这一概念将会消失,并且会被一种更理性的方法,也就是“儿童之家”当中,在儿童期语言发展的年龄阶段,“关注孩子的语言发展以避免缺陷”所取代。

PART 19

算术入门:数字教学

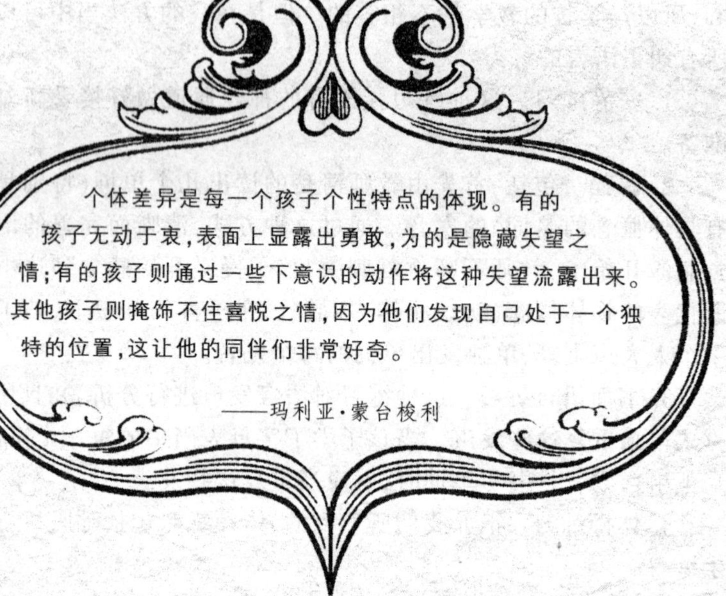

个体差异是每一个孩子个性特点的体现。有的孩子无动于衷,表面上显露出勇敢,为的是隐藏失望之情;有的孩子则通过一些下意识的动作将这种失望流露出来。其他孩子则掩饰不住喜悦之情,因为他们发现自己处于一个独特的位置,这让他的同伴们非常好奇。

——玛利亚·蒙台梭利

当3岁的孩子来到我们学校的时候，他就已经能够数二或者三了，因此，他们可以很容易地学会数数，也就是数物体的个数。有许许多多不同的方式可以达到这一目的，日常生活提供了许多机会。比如，当母亲说："你的衣服上面掉了两颗扣子"或者"我们还要三个盘子"等等。

我最开始使用的方法是数钱。我找到一些崭新的钞票，如果可以的话我就会制作一些精美的卡片复制品了，而我曾经在伦敦的一所缺陷儿童学校里面见过。

A　　B

1
1 2
1 2 3
1 2 3 4
1 2 3 4 5
1 2 3 4 5 6
1 2 3 4 5 6 7
1 2 3 4 5 6 7 8
1 2 3 4 5 6 7 8 9
1 2 3 4 5 6 7 8 9 10

换零钱是一种非常吸引孩子注意力的数数方法。我给孩子们1,2和4生丁的硬币,用这种方法能让孩子们学会数到10。

没有什么其他方式能够比让孩子们熟悉日常使用的硬币更加实际的了。也没有什么练习比换零钱更有用的了。正是因为他们与日常生活联系如此紧密,所以才大大引起了孩子们的兴趣。在尝试过这种以实际的方式进行数数教学后,我想试试更加系统的练习,就像在感觉训练当中所使用的木块那种教学用具, 也就是我们在教授长度时所使用的10根木棒。最短的一根长10厘米,最长的是1米,中间的每根木棒相差10厘米。木棒上每10厘米的部分交替着红色和蓝色。

有一天,当一个孩子按照长度顺序排列这些木棒时,我们让他从最短的一根开始数红色和蓝色的记号,也就是:1;1,2;1,2,3;等等。在数每根木棒的时候都要从1开始,从A边开始。接下来,我们让他根据每根木棒上面所包含的记号数目来从短到长给每一个木棒命名,要求是从B边开始,也就是成楼梯等级的那一边开始。当孩子数最长的一根木棒时, 也会得到相同的数字:1,2,3,4,5,6,7,8,9,10。如果想要知道木棒的数量,我们就从A边开始数,也是同样的结果:1,2,3,4,5,6,7,8,9,10。这正好与三角形的三边相对应。让孩子验证了自己的记数是否正确,这让他非常感兴趣,他能够进行许多遍的重复。

现在, 我们再把数数练习与前面孩子认识木棒长短的感觉练习结合起来。在地毯上面将这些木棒混合起来,教师从里面拿出一根给孩子看,让孩子数上面的标记。比如说5。接下来,教师让孩子给她在长度上挨着的那一根木棒。孩子通过眼睛来进行选择,而教师将这两根木棒放在一起数上面的记号来让孩子进行验证。这种练习可以以多种方式进行重复。通过练习,孩子们学会了给每一根木棒命名。我们现在就可以称呼这些木棒为1号,2号,等等。最终,在课堂上我们可以简称为1,2,3等等。

用符号呈现的数字

在这一点上,如果孩子已经知道如何进行书写,我们就可以将这些数字用砂纸剪出来,然后贴在卡片上,这与教授字母的方法是相同的。“这是数字 1”,“这是数字 2”,“给我数字 1”,“给我数字 2”,“这是几?”孩子们就像在字母教学当中那样描画数字。

数字练习。将符号与数量联系起来。

我设计了两个盘子,每个盘子分成 5 部分。每部分的底面上都有一张贴着数字的卡片。第一个盘子中的数字是 0,1,2,3,4,第二个是 5,6,7,8,9。

练习很明确,就是要在每个部分里面放上和数字相应数量的物体。我们给孩子各种各样的物体,为的是不停变化。但主要是利用大木钉子,因为它们不容易滑落。我们在孩子面前放上这些大木钉,一个大木钉代表数字 1,依此类推。当孩子完成之后,就拿给教师以检验是否正确。

0 的教学。我们需要一直等到孩子们指着写有 0 的盘子分隔问:“我要在这里面放多少呢?”我们回答:“一个也不用放,0 就是没有。”但通常情况下这还不够,有必要让孩子明白我们所说的 0 意味着什么。为了这一目的,我们利用了一个让孩子非常放松的小游戏。我站在他们中间,然后转向其中一个已经进行过这一练习的孩子说:“亲爱的,过来,到我这里来 0 次。”孩子们几乎总是到我这里来,然后又跑回到自己的位置。“可是,我的孩子,你来过了 1 次,而我告诉你的是来 0 次。”接下来,孩子就想知道原因了。“可是我应该怎么做呢?”“什么也不做,0 就是什么也没有。”“可是我该怎样去做什么都没有呢?”“你不要做任何事情,你必须静静地站在那里。你不应该过来。0 次,就是一次也没有。”我一直重复这一练习直到孩子们理解。当我让他们到我这里来 0 次或者是吻我 0 下的时候,他们对于保持安静感到非常好笑。他们自己经常喊道:“0 就是什么都没有!0 就是什么都没有!”

数字记忆练习

当孩子们认识书写的数字，并且知道这些数字所代表的数值的时候，我就进行如下练习：

我从旧日历上面将数字剪下来，然后贴在卡片上，叠好放在盒子里面。孩子们抽出卡片回到座位上，在座位上打开卡片，看完后再将卡片叠好，并且不让别人知道。接下来，可以让这些孩子们(一般说来很自然的是班上年龄最大的孩子们）一个接一个或者分成小组，来到教师桌子边上，桌子上面放有各种各样的小物体。每一个孩子都根据自己卡片上的数字来选择相应的物体数目。而与此同时，孩子要将自己的卡片也放在物体边上，当然是叠好的以保密。在这一过程当中，孩子们不但要在来回走动的过程里面，而且要在选取物体一个一个数的时候，一定牢牢记住自己的数字。在此，教师就可以对每一个体的数字记忆差别进行有趣的观察了。

当孩子们拿好了物体之后，就回到自己的桌子上进行摆放。他们要将物体摆放成相等的两列。如果数字不是偶数的话，那孩子们就要把最后一个落单的物体放在这两列最下面的正中间，就像图表所显示的那样：十字代表物体，小圆圈代表写有数字的叠好的卡片。在排列好物体之后，孩子们就等待着教师的检验。教师来到桌子前面，打开卡片，读出数字，然后数物体的数目。

```
o    o    o    o    o    o    o    o    o    o
x    xx   xx   xx   xx   xx   xx   xx   xx   xx
           x   xx   xx   xx   xx   xx   xx   xx
                     x   xx   xx   xx   xx   xx
                               x   xx   xx   xx
                                         x   xx
```

当我们一开始进行这一游戏的时候，孩子们经常要比卡片上所要求的数字多拿一些,这并不是因为他们记不住数字,而是因为他们想要拥有最多的物体,这是人类贪婪本能的一种体现,而这对那些原始而没有受过教育的人来说是非常普遍的。这时教师就要向孩子们解释,告诉他们就是把所有的都拿过来也没有用,因为这一游戏的要点就在于拿取卡片上所要求数目的物体。

慢慢的,孩子们开始明白了这一概念,但是并不像一个人想象的那么容易。这是一种自我否定的努力,这种否定要求孩子们将自己限制在一定范围之内。比如,当他看见别的孩子拿了许多东西的时候,自己应当按要求只拿两个。

因此,我认为这一游戏不但是一种数字练习,而且更是一种意志力的练习。特别是那个抽到 0 的孩子,他不应该拿任何东西,而同时却只能眼睁睁地看着其他同伴自由的选取物体。有许多次,0 落到了数数非常好的孩子手里面,他们本应该在拿物体和将这些物体摆放整齐并且等待教师检验的时候感到巨大的快乐,可是这次却不能了。

研究那些抽到 0 的孩子们的面部表情是最有趣的事情了。个体差异是每一个孩子个性特点的体现。有的孩子无动于衷,表面上显露出勇敢,为的是隐藏失望之情;有的孩子则通过一些下意识的动作将这种失望流露出来。其他的孩子则掩饰不住喜悦之情,因为他们发现自己处于一个独特的位置,这让他的同伴们非常好奇。有的孩子以一种渴望,几乎是嫉妒的目光打量着其他同伴的每一个动作,而另外有一些孩子表现出立即接受了这种情况。当在进行检验的时候,那些拿着 0 的孩子的表情是最有趣的了。“你为什么什么东西都没有拿呢?”“我抽到了 0”,“是 0”。这些话都很普通,但是孩子们的面部表情以及说话的腔调表现出了各种不同的情绪。

实际上,很少有人在解释的时候流露出高兴的表情,大多数都是不高兴或者是无可奈何。

所以,我们对这一游戏的意义进行了说明:“如果抽到 0,那么想要保守秘密就非常难了,这是最难的。”这样过了一会,保持安静这一难题吸引了孩子们,当他们打开写有 0 的卡片时,我们可以看到他们还是可以保守秘密的。

1~20的加减乘除法

我们在第一次教授算术运算时所使用的教学用具与在数数时所用的是相同的。也就是那些根据长度不同进行着色的木棒,这里面还包含了十进制的最初概念。

正如我所说过的，这些木棒根据所代表的数字进行称呼：1,2,3,等等。他们按照长度进行排列,而这同时也是在按照数字进行排列。

第一个练习包括用木棒组成10。最简单的方法是将从1开始的木棒按顺序放到从9向下的木棒边上。我们在进行这一步骤的同时可以这样指挥:“把1拿起来,然后放到9边上;把2拿起来,放到8边上;把3拿起来,放到7边上;把4拿起来,放到6边上。”通过这种方式,我们组成了四组等于10的木棒。还剩下5,我们将5转一下头,就会发现从这头开始到那一边与其他的10是相等的,就明确了5的2倍是10这样一个事实。

重复这一练习，孩子们慢慢就学会了更加专业的语言:9加1等于10;8加2等于10;7加3等于10;6加4等于10,对于剩下的5来说,5乘以2等于10。最后,如果孩子们能够进行书写,我们就教给他们加号,减号和乘号。下面就是我们在一个小朋友整齐的笔记本上看到的:

9+1=10
8+2=10　　5×2=10
7+3=10
6+4=10

当所有这些孩子们都已经学会，并且对在纸上书写表现出极大快乐的时候，我们就要将孩子们的注意力转移到将那些已经形成10的数字组合上来，将这些数字分开然后放回到原始的位置上。在最后一组10当中,我们拿走了4,剩下6;接下来我们拿走3剩下7;依次,我们拿走2剩下8,拿走1剩下9。为了清楚的说明这些,我们可以说:“比 10 少 4 等于 6;比 10 少 3 等于 7;比 10 少 2 等于 8;比 10 少 1 等于 9。”

在轮到最后剩下的 5 时,我们可以说 10 的一半是 5。通过将长木棒截成两段,也就是将 10 分成两份,我们就得到了 5。10 除以 2 等于 5。有关这一过程的记录如下:

10–4=6
10–3=7　　10÷2=5
10–2=8
10–1=9

一旦孩子们掌握了这一练习,他们就能自觉的举一反三。“我们可以通过两种方法得到 3,对吗?”在 2 后面写上 1,2+1=3。我们也可以用两根木棒相拼来与木棒 4 相等对吗?3+1=4,4–3=1,4–1=3。木棒 2 和木棒 4 之间的关系与木棒 5 和木棒 10 之间的关系是相同的,也就是说我们将木棒 2 翻转一下就会发现 4 里面正好包含着两个 2,即 4÷2=2;2×2=4。我们来看看另外一个问题:进行这同一个游戏,我们可以使用多少木棒呢?我们可以用 3 和 6,4 和 8,也就是:

2×2=4	3×2=6	4×2=8	5×2=10
10÷2=5	8÷2=4	6÷2=3	4÷2=2

在这里我们发现用来进行数字记忆的正方体可以提供帮助:

```
     2           4           6           8           10
× ×  |  × ××  ×  |  × ××  ×  |  × ××  ×  |  × ××  ×  |  ×
     |     ×  ×  |  × ××  ×  |  × ××  ×  |  × ××  ×  |  ×
     |           |     ×  ×  |  × ××  ×  |  × ××  ×  |  ×
     |           |           |     ×  ×  |  × ××  ×  |  ×
     |           |           |           |     ×  ×  |  ×
```

按照这种排列，可以立刻看出那些数字能够被 2 整除——所有这些数字在正方体的底下均没有一个单独的数字。这些数字都是偶数,因为它们能够两两成对排列,并且可以被 2 整除。数每一列当中的数目我们就得到了商。而为了还原为原始数字,我们只需要将这两列进行重组,也就是 2×3=6。所有这些对于 5 岁的孩子来说并不困难。

这种重复练习很快就变得非常单调，但是练习可以很容易的进行变化。我们把这套木棒拿过来，不再将木棒 1 放在木棒 9 后面,而是放在木棒 10 后面。同理,我们将木棒 2 放在木棒 9 后面,木棒 3 放在木棒 8 后面。通过这种方式,我们让木棒要比 10 长,这些长度分别是 11,12,13,等等,直到 20。木棒也可以用来表示这些数字。

因为我们已经学过 10 以内的运算，所以在进行 20 以内的运算时就没有困难了。唯一的困难就在十进制,而这需要一定的专门课程。

十进制课程:大于 10 的算术运算

必要的教学用具包括一些正方形卡片,在卡片上面数字 10 用大号字体印着。我们还需要一些长方形的卡片,这些长方形卡片恰巧是正方形卡片的一半,包含着从 1 到 9 的单个数字 我们把这些数字排成一条直线:1,2,3,4,5,6,7,8,9,10。我们从 1 开始，这里的 1 就像是木棒教学当中的 10,它超过了 9。我们沿着数字阶梯一直数到 9,因为再数就没有数字了,我们再次从 1 开始。但是这里的 1 要比一开始的那个 1 高一个等级,为了进行区分,我们将这个 1 放在 0 边上,这样就是 10。接下来我们用写有数字的长方形卡片按顺序将 0 覆盖住,就得到了:11,12,13,14,15,16,17,18,19。通过

A	B
10	10
10	20
10	30
10	40
10	50
10	60
10	70
10	80
10	90

将木棒 1,木棒 2,木棒 3 直到木棒 9,分别与木棒 10 相加我们就得到了这些数字,最终我们得到了一个非常长的木棒,当我们数上面交错的红色和蓝色时,就得到了 19。

接着,教师可以给孩子们看卡片,比如数字 16,这时教师可以在木棒 10 后面放上木棒 6。然后,教师将写有 6 的卡片拿走,换成数字 8 的卡片,与此同时,孩子们将木棒 6 拿走,然后放上木棒 8,组成 18。所有这些动作可以进行如下记录:10+6=16;10+8=18 等等。对于减法我们也采用相同的方法。

当孩子们对数字有了一个清晰概念的时候,我们要做一个结合,就像在图 A 和图B 上面所表明的那样。

10
11
12
13
14
15
16
17
18
19
20

在左面的 A 当中,我们在第二个 10 的 0 上面用写有数字 1 的卡片进行覆盖,以次类推。这样,第一个 10 保持不变,而右边的数字则是从 1 到 9。

在卡片 B 当中,应用要更复杂一些。上面的数字每个相差 10。

这样几乎所有的孩子都能够数到 100,因为这是为了满足他们在学习时的好奇心。

我认为这一阶段的教学没有必要进行深入的说明。每一位教师都能使算术运算产生变化,并且利用一些孩子们容易处理的物体。

PART 20

练习的顺序

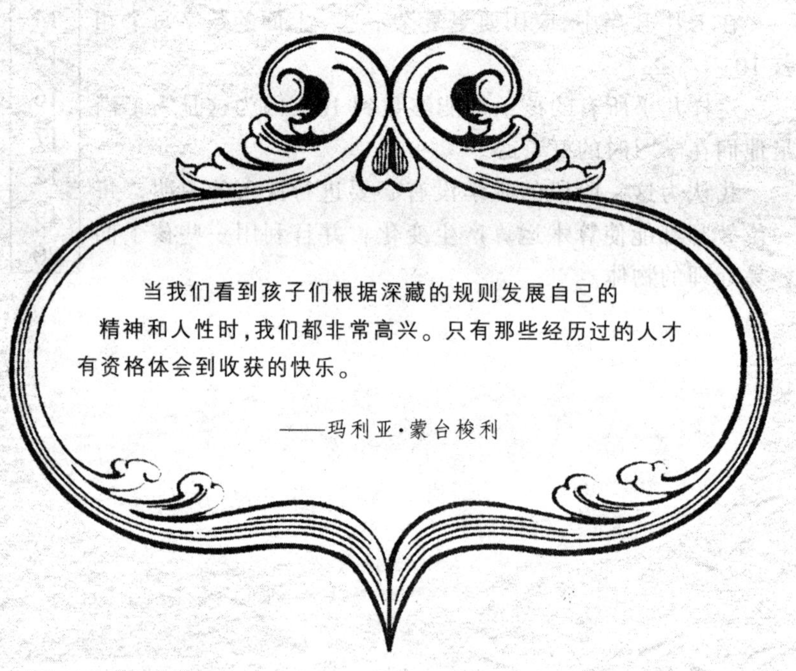

当我们看到孩子们根据深藏的规则发展自己的精神和人性时，我们都非常高兴。只有那些经历过的人才有资格体会到收获的快乐。

——玛利亚·蒙台梭利

在方法的实际应用当中，了解练习的次序以及各种不同练习系列——这些练习需要依次呈现给孩子们，是非常有帮助的。

在本书的第一版当中，清楚列出了各种练习的进程。但是在“儿童之家”里面，我们可以同时开展各种不同的练习。从整体上来讲，教学材料的使用存在着不同级别，在第一版当中，这些级别通过“儿童之家”的实践经验进行了明确的定义。

练习和教学材料使用当中的顺序和级别

第一阶段

孩子们一来到学校，我们就应当对他们进行如下练习：

1. 不出声音的移动座椅(实际生活)。
2. 系鞋带，扣扣子，挂衣服等等。
3. 圆柱体练习(感觉练习)。

在这里面，最有用的是圆柱体练习(固体木块)。在这里，孩子们开始集中注意力，他进行了自己的第一次比较，第一次选择，同时也进行了判断的练习。因此，他练习了自己的智力。

在圆柱体练习当中，从简单到困难有着如下顺序：

1. 高度相同直径递减的圆柱体。
2. 所有维度上都递减的圆柱体。
3. 直径相同高度递减的圆柱体。

第二阶段

实际生活练习。不出声音的站起和坐下，笔直的走路。

感觉练习。有关维度的教学用具包括木棒、棱柱体或者是立方体练习。这里，孩子们进行练习是为了认识维度，就像是在圆柱体练习当中是一样的，只不过是从另一个不同的方面进行。这一阶段所使用的教具都非常大，所以物体之间的差异要比我们之前叙述的练习当中明显得多。但是在这里，只有孩子们的眼睛能够看出这些差异并且发现错误。而在先前的练习当中，出现的错误通过教学用具本身就能够机械地呈现给孩子。比如，我们不可能将一个物体放进不属于它所在的位置，这本身就提供了一种对错误的提示。最后，在前面的练习当中，孩子们进行的是一些非常简单的动作（坐在那里用自己的手去摆弄小物体），而在这种新练习当中，若想要完成动作就需要更复杂、困难以及肌肉上的努力。孩子们通过从桌子到地毯上，站起来，跪下，搬运重物体等动作来实现这一努力。

在这一练习当中我们注意到，孩子们对于最后的也是最大的两件物体总是搞不清楚。尽管他们已经学会将其他物体放到相对应的位置里面，但是他们对这两件物体总是意识不到错误的出现。而实际上，所有物体的变化差异都是相同的，而当物体本身的尺寸不断增大时，这种差异也就相对的减小了。比如，如果将底面边长是1厘米的立方体增加1厘米变成2厘米的时候，就增长了一倍，而如果是边长是9厘米的正方体增加1厘米的话，差别仅仅是1/10。

因此从理论上讲，在这种练习当中，我们似乎应当从最小的一件开始。确实，我们能够利用教学用具的尺寸和长度来实现这一点，但是在使用立方体的时候却不能这样做，我们必须要将立方体排列成一个宝塔状，而这个宝塔必须要用最大的立方体来当底。

孩子们立刻被这个宝塔所吸引，开始玩起来。我们经常看到一些非常小的孩子在玩宝塔时，将第二大的立方体当作宝塔底。但是，当这个孩子重复这一练习的时候，就自己纠正了这个错误，并且是永久性的。我们可以确定，孩子的视觉已经经过训练，能够感受到两个物体之间的甚至是非常轻微的差别。

在我们教授维度的三套木块当中，其中一套每个部件之间相差 10 厘米,而另外两套只相差 1 厘米。理论上似乎应该是差别较大的首先吸引孩子的注意力并且能阻止错误发生。然而,事实并非如此。孩子们确实被这套木块吸引,但是在练习过程当中却也犯了最多的错误,只有在孩子们经过长时间练习,在消除了另外两套木块当中的错误之后,他们才能够完好的对这套木块进行排列。或许我们可以认为这套木块是维度教学当中最难的一个系列了。

孩子们的练习到这里以后，他们就可以满怀兴趣的集中注意力于热觉和触觉刺激练习上了。

因此，在实践当中感觉的发展与心理测量学研究理论上的发展过程并不一致，同时也并不遵循着生理学和解剖学上对感觉器官发展过程的描述。

实际上,触觉是最原始的感觉。然而尽管触觉器官是最简单也是分布最广泛的,但是我们也很容易解释最简单的感觉、最不复杂的器官，在教学当中却往往不是第一个吸引住对感觉刺激的注意力的。

因此,当注意力练习开始时,我们可以给孩子们呈现一些粗糙和光滑的表面(位于热觉练习之后,这在书中其他部分有过叙述)。

如果时机合适的话,这种练习会引起孩子的极大兴趣。我们应当记住一点,这些游戏非常重要。因为在这种练习的基础上,结合到后面将要介绍的手部动作练习,我们才能够进行书写的学习。

与上面介绍的两种感觉练习结合在一起，我们现在可以开始称之为“颜色匹配”的练习,也就是认识两种颜色的练习。这是有关色觉的第一项练习。

这里同样是只有孩子的眼睛能够进行判别，就像在维度练习当中是一样的。颜色练习一开始非常简单,但是这时,如果孩子们想要饶有兴趣的重复这一练习,他们就必须通过前面的练习,并且已经获得了一定程度的注意集中能力。

与此同时,孩子已经听过了音乐,能在教师演奏的音乐节奏当中走一条直线。慢慢的,孩子们学会了自发伴随着音乐进行一定的动作。这同样要求音乐的重复(为了获得节奏感,相同练习的重复是必需的,而这也是所有有关自觉行为的练习当中所必需的)。有关保持安静的练习也要进行重复。

第三阶段

实际生活练习。孩子们要自己洗澡，自己穿衣服脱衣服，自己擦桌子，学会使用各种物体等等。

感觉练习。我们现在可以让孩子开始对刺激（触觉和色觉等等）不同级别进行认知的教学，可以让孩子们自己自由进行练习。

我们开始给孩子们呈现听觉刺激（声音，噪音）和压觉刺激（不同重量的小板子）。

与此同时，可以进行几何图形教学。这里，我们开始进行描画图形轮廓线的手部活动练习。这一练习以及同时进行的触觉刺激程度认知练习和其他一些练习，都为书写作了准备。

在孩子们能够很好的认出木质几何图形之后，我们给他们一系列画有几何图形的卡片。这些卡片为抽象符号作了准备，而抽象符号是包含在书写当中的。孩子学会了认识图形，而在这之前的练习已经在孩子身上形成了一个有条理的智力个性。所有这些练习可以被看作是从感觉练习通向书写，从准备通向实际教学的桥梁。

第四阶段

实际生活练习。孩子们为午餐清洁并且布置桌面。他们学会了将房间整理得井井有条。我们还教给他们如何关注个人清洁卫生和一些细节问题。（怎样刷牙，怎样修剪指甲等等。）

通过节奏练习，他们学会了以一种优雅自由和平衡的方式走路。

孩子们知道如何控制自己的动作（如何保持安静，如何移动各种各样的物体而不弄坏或者掉下来，也不发出任何噪音）。

感觉练习。在这一阶段，我们重复各种感觉练习。另外，通过一系列小钟的帮助，我们可以介绍各种音乐符号。

和书写有关的练习。图画。孩子这时转移到金属制作的平面几何图形上来。他已经能够协调手部动作，描画轮廓线了。这里他不再用手指来描画，而是用铅笔把轮廓线画在纸上。接着用彩色铅笔将图形涂上颜色，就像后来进行书写一样握笔。

与此同时,教授孩子触摸并且认识一些由砂纸做成字母。

算术练习。在这一点上,我们重复感觉练习和木棒练习,不过已经不再是出于之前进行这些练习的目的了。我们让孩子根据蓝色和红色部分数不同的物体,从只包含一个颜色部分的木棒开始,直到包含十个颜色部分的木棒为止。我们继续这种练习并且还进行一些其他更复杂的练习。

在图形练习当中,我们从几何图形的轮廓线过渡到在四年实践经验基础上所建立起来的图形轮廓,而这些图形轮廓就要被当作模型出版了。

这些图形有教育意义上的重要性,都表现出了我们方法当中经过最仔细研究的细节。

这些练习为感觉训练的继续而服务,同时也帮助孩子观察周围环境。这些练习还发展了孩子的智力,而在书写方面,也为书写长短笔画作了准备。在这些练习之后,对孩子们来说,书写各种字母就变得很容易了,这样就可以不使用现在在意大利各类小学当中使用的课本。

在学会使用书面语言上,我们让孩子们学习字母表当中的字母知识,用可移动的字母进行组词。

算术上,教授数字知识。孩子们在木棒练习当中的每一根木棒边上放上与红蓝颜色部分相对应的数字。

孩子们现在开始了大木钉练习。

我们同时还应当进行在数字下面放上相应数目物体的游戏。这些物体应当排成两列,这样就能够使奇数和偶数问题变明确。(这种排列方法来自塞昆)

第五阶段

我们继续前面的练习,并且开始更加复杂的节奏练习。

在图画练习当中我们开始:

1. 水彩的使用;

2. 自由的写生(花朵等等);

使用可移动的字母进行单词和短语的组合;

1. 自发的书写单词和短语;

2. 阅读教师准备好的卡片。

我们继续从木棒练习开始的算术运算。

在这一阶段，孩子们表现出了令人感兴趣的发展差异。他们以一种显著的方式按照指导在发展着，并且智力也在进一步条理化。

当我们看到孩子们根据深藏的规则发展自己的精神和人性时，我们都非常高兴。只有那些经历过的人才有资格体会到收获的快乐。

PART 21

有关纪律的一些观点

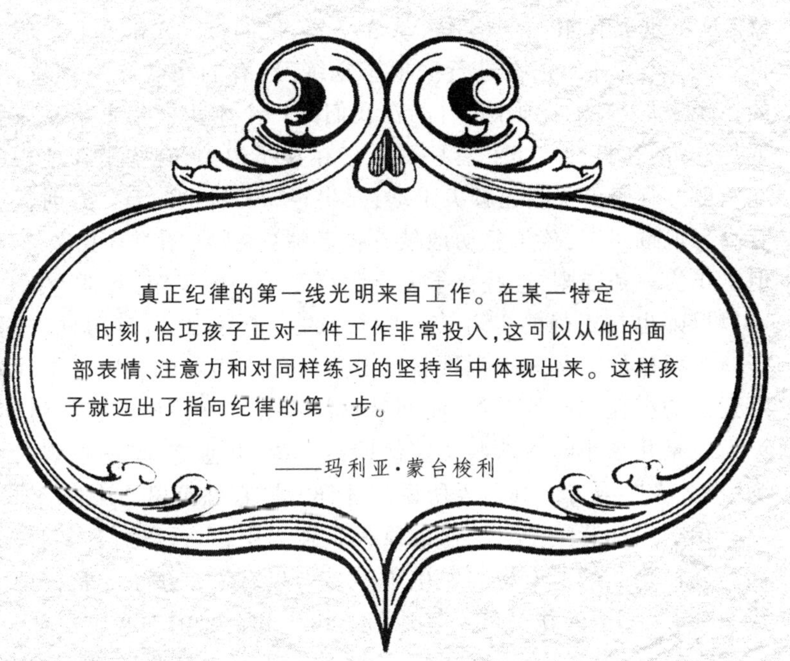

真正纪律的第一线光明来自工作。在某一特定时刻，恰巧孩子正对一件工作非常投入，这可以从他的面部表情、注意力和对同样练习的坚持当中体现出来。这样孩子就迈出了指向纪律的第一步。

——玛利亚·蒙台梭利

自从意大利文版出版以来直到现在，我们积累的经验不断证明，在这些由 40 个甚至 50 个小孩子组成的班级里面，比一般学校更加需要强调纪律。出于这一原因，我想到要对使用我们的方法所获得的纪律进行分析——这种纪律是基于自由基础上——这会使美国的读者感兴趣。

任何人参观一所井然有序的学校（比如在罗马由我的学生安娜·马切洛尼负责的一所学校）都会对孩子们的纪律留有深刻印象。这个班上有 40 个小家伙，从 3~7 岁，他们每个人都专心致志于自己的工作，有的正在进行一项感觉练习，有的在做算术题目，有的在玩字母，有的在画画，有的在我们的一个木头框架上给布系扣解扣，有的在打扫灰尘。有些孩子坐在桌子边上，有些坐在地板的地毯上。有些孩子踮起脚尖走动，发出轻微移动的声音。有时候会有高兴地喊叫声，孩子急切地喊着：“老师！老师！看！看我做的！”但是作为一条准则，这些孩子完全沉浸于手中的工作，互不干扰。

教师也在安静的走着，走到叫她的孩子身边，通过这种方式，任何需要她的人都能感到她就在身边，而不需要的人则根本注意不到她的存在。有的时候，时间就这样没有任何话语的静静流逝，一下就是几个小时。这些小家伙们被一些“儿童之家”的参观者誉为“小大人”，或者向其他人所说的那样，是“正在沉思的法官”。

孩子们都沉浸于对工作的巨大兴趣当中，所以他们之间没有因为任何物品的所有权而发生争吵。如果有哪个孩子非常好的完成了什么，那他的作品就是其他孩子快乐和羡慕的源泉；没有人嫉妒他人的财富，有的只是一个人的成功让所有人都高兴。孩子们看上去都很高兴并且满足于自己所能做的事情，而感觉不到对其他人行为的任何嫉妒。3 岁的孩子在 7 岁的孩子身边静静的工作着，就好像他满意于自己的身高，而不嫉妒大孩子的身高一样。一切都在平静当中进行着。

如果教师希望孩子们集合起来去做什么的话，比如让他们离开深感兴趣的手头工作，那么教师所要做的仅仅是用一种很低的腔调说话或者是做一个手势，这样孩子们就都注意到了，他们都用一种急切的目光看着教师，想要知道如何听从教师的命令。有许多参观者看到过教师在黑板上写出命令，而孩子们很乐意的去遵守。不但是教师，而且所有那些要求孩子们做些什么的人都被孩子们那种对最细节东西的遵守和高兴的服从所震惊。经常有参观者希望听正在画画的小朋友唱歌。这个孩子就离开手头的画画去唱歌，但是在表演完唱歌这种礼貌行为之后，他们就立刻回到画画当中去了。不过有时候一些小一点的孩子会在服从命令前先完成自己的工作。

我们注意到这种纪律一个最令人吃惊的结果是在那些参加我课程的教师进行考试期间。这种考试是实践性的，参加考试的教师可以指挥分组的孩子们，根据自己所抽到的签来完成一项给定练习。当孩子们在等待自己的轮次时，他们可以做自己高兴做的事情。孩子们的工作是断断续续的，一旦中断他们工作的考试结束，孩子们就可以立刻回去继续自己的工作。有时，一些孩子给我们看她在间歇期间画的画。芝加哥的乔治女士多次碰到过这种场面，而在巴黎建立了第一所“儿童之家”的普约尔夫人则为孩子们的耐心、坚持和无穷的和蔼亲切所震惊。

也许有的人会想这些孩子是受到了压抑才表现成这样，但是你看看他们没有胆小怯懦，他们明亮的眼睛，他们的幸福和自由，他们对来访客人希望看他们作品这种邀请的诚恳，他们对待访客和向访客解释事情时的方式，就会知道事实并非如此。所有这些事情只会使我们感觉到孩子是这里的主人。他们围过来抱住教师的膝盖，让教师弯下腰来亲吻她的脸这种热情表明了这些幼小心灵正在自由而无拘无束的生长着。

任何见到过孩子们摆放餐桌情景的人都会感到非常吃惊。一个 4 岁大的小侍者将刀、叉和调羹拿上来，放在不同的地方。然后又拿出五个餐盘和玻璃杯。最后，他们给每张桌子送上装满热汤的汤盘。这中间不会犯一个错误，不会打碎一个玻璃杯，也不会撒落一滴汤。在用餐期间,这些不起眼的小侍者们专著的看着桌子,汤喝完后立刻就会有人再添上。如果有人想要下一道菜,侍者就会敏捷的收走汤盘。整个进餐过程非常愉快。

想象一下普通的4岁孩子我们会发现:他们大喊大叫,打坏任何他们碰到的东西,他们需要伺候。因此所有人都被我刚才所描述的场景深深打动了,这些很明显是来自于潜藏在人类灵魂深处能量的发展。我经常看到参观者们在观摩这些小家伙们进餐时,激动得落下了眼泪。但是,这种纪律是不可能通过命令,通过说教,简言之就是通过任何普遍认为的纪律措施实现。这些孩子们不但行为变得很有条理,而且他们的生活也深化和拓展了。实际上,这种纪律是通过对孩子们进行艰苦练习实现的,这不是依靠教师,而是依靠一类发生在每个孩子内部世界当中的奇迹实现的。

如果我们想要在成人生活当中找到相对应的部分,就会注意到皈依这种现象,注意到超人大大提高了殉道者和传道者的力量,注意到使徒的坚持,注意到僧侣的顺从。世界上除了这些没有其他事情能够在精神性上和“儿童之家”的纪律相比了。

依靠训诫和劝告来实现纪律是没有用的。那样一种方式在一开始的时候也许会表现出一定的效率,但是很快这种纪律在遇到现实时就成为了泡影。

真正纪律的第一线光明来自于工作。在某一特定时刻,恰巧孩子正对一件工作非常投入,这可以从他的面部表情、注意力和对同样练习的坚持当中体现出来。这样,孩子就迈出了指向纪律的第一步。无论孩子正在做什么练习——感觉练习也好,系扣子或者是鞋带练习也好,洗盘子练习也好——他们都表现出纪律性。

而在我们这一边,也可以施加一些影响,比如重复“有关安静的课程”来使这种现象更持久。静止不动,集中注意力于远处低声传来的名字,接下来是认真协调好动作而不碰到桌椅,踮起脚尖来走路——所有这些都是非常有效的手段,可以为个性、运动神经力量和心智的发展做准备。

一旦这种工作习惯形成,我们就必须严格监督,练习要按照经验循序渐进。在建立良好纪律的努力过程中,我们必须严格应用方法原则。纪律并不是通过说教实现的,没有人“通过听其他人说教”

就学会了自律。纪律需要一系列完善的动作做准备，就像采用真正的教学方法一样。而纪律通常是通过间接手段来实现的，实现这一目标并不是通过指出错误并且改正，而是通过自觉工作过程来发展。

这种工作不能是随意的，我们的工作需要非常精确。这种工作必须是人类本能渴望做的，必须是人类潜在的自然倾向指向的工作，必须是使个人一步一步前进的工作。

就是这样一种工作让个性很有条理，在个性无限发展的可能性面前打开了广阔空间。比如，我们可以看看婴儿所表现的自控缺乏，这主要是一种肌肉纪律的缺乏。孩子们总是处于一种不协调的运动状态里：他摔倒在地上，做出各种古怪的姿势，大喊大叫。然而潜藏在这下面的是一种寻求建立协调动作的趋势，而这在以后这种协调动作会逐步建立起来。婴儿还不能确定身体各个不同肌肉的运动，也还没有掌握话语器官的运用，但是婴儿最终会建立起这许多种运动。但是现在，它正处于一个充满错误的试误阶段，它正努力实现一个潜藏在本能下的目标，只是在意识当中婴儿还不清晰罢了。对一个婴儿说“像我一样一动不动地站着”根本没有任何作用，命令也不能给处在进化中想要建立起秩序的个体心理——肌肉系统以帮助。在这一点上我们可能会发生混淆，成人会因为一个邪恶的冲动而选择无序，会因为遵守一个训诫而将自己的意志转向另外的方向，朝着他能够认识到并且能够实现的有序而努力。而在小孩子当中，问题在于促进自觉行为的自然进化过程。因此，教授所有的协调动作，并且尽可能的分析这些动作，一步一步发展这些动作就非常有必要。

比如，我们有必要教会孩子安静和静止不动的不同程度，从椅子上面站起来或者是坐下的动作，走路，用脚尖走路，按照画在地上的一条直线行走并且保持平衡。要教给孩子们移动物体，将物体小心放下，最后是一些与穿衣服和脱衣服有关的复杂动作(在学校里面可以分析系鞋带和扣扣子的动作)。在每一项练习当中，整个动作的每一部分必须要进行分析。静止不动和动作的完美连接是在“安静！别动！”这种习惯性命令当中产生的。孩子们通过这种练习方式学习自律，而在此时他们还缺乏对肌肉的控制，我们没有必要为此感到惊奇,因为这是很自然的事情。简言之,正是因为孩子处在运动中,所以他对自然有反应。但是这种指向一定目的的运动已经不再呈现出无序,而是以工作的形式出现。这就是纪律,它代表了通过努力可以实现的结果。通过这种方式进行自律的孩子已经不再是开始时的样子,那时他们只知道如何被动的成为好孩子。但是它是一个不断完善自我的个体,通常可以突破年龄的限制,向前迈进一大步,实现真正的自律。

因此,孩子就扩大了自身自主范围。他不再需要身边总是有人帮助他,告诉他:"安静!做个好孩子!"(这实际上混淆了两个相对的概念)孩子所达到的这种安静和好并不能被归结为懒惰:这种安静现在完全是建立在行动基础上的。事实上,好人是那些向好不断迈进的人,这种好是由他们自身的自我发展和有序的外部行为构成的。

在我们对孩子的努力当中,外部行为是刺激内部发展的一种方式,这两种元素紧密交织在一起。工作发展了孩子的精神性,拥有更深精神发展层次的孩子则会做得更好,而工作做得更好就会使孩子更加高兴,孩子就更愿意继续发展精神性。所以,纪律不是某种特定事实而是一条道路,遵循着这一道路,孩子就能够科学准确的掌握抽象的、好的概念。

除此以外,通过实现直接的确定目的,孩子就能够实现最高精神的有序快乐。在长期准备当中,儿童经历了高兴、精神觉醒和欢乐,这形成了自身内部的宝库,在其中蕴藏着甜蜜和力量,这将成为正直的来源。

简言之,孩子不但学会了运动和有用的动作,他还掌握了一种优雅的姿态。这时他的姿态更富吸引力,他的双手更美丽,整个身体更平衡,对自己更有信心。他学会了一种雅致,这种雅致使孩子能够美化自己的面部表情和真诚明亮的眼睛,使我们看到精神生活的火种在另一个人身上再次点燃了。

很明显,协调的动作是一点一点自发发展的(也就是说由孩子自己选择的练习来执行),而这种协调动作要比无序动作省力得多。运动的本质决定了对肌肉来说真正的休息就是协调运动,就像对肺来说真正的休息就是在空气当中进行有节奏的呼吸一样。如果不让肌肉运动，那就是消除了肌肉的自然运动神经冲动，这除了使肌肉疲劳以外，还意味着肌肉的退化。就像强迫肺处于静止状态会使整个有机体立刻死亡一样。

因此我们有必要牢记，对于任何自然运动的休息在于根据它的本性而进行某种特定形式的运动。

按照人身体内部隐藏的自然规则运动，这就是休息。因为人是一种智慧的生物，所以运动时运用的智慧越多，就越能保持平静。当儿童只是以一种无序和割裂的方式运动时，他的神经力量就将处于紧张之中。而另外一方面，通过智慧运动，儿童的神经力量就会不断增长和扩大，会给儿童一种真正的满足感和征服自我的骄傲感，他会发现自己超越了不可逾越的障碍，而在他周围是一些指引着他却从不现身的人们。

这种“神经能量的扩大”表明了这样一个过程，这一过程可以进行生理分析，这一过程来自于通过理性练习而实现的器官发展，来自于更好的血液循环和全部机体组织的快速反应——所有这些因素都保证了身体的发展和健康。而精神性则帮助了身体的发展。心脏、神经和肌肉的进化受到了精神性的帮助，因为精神和肉体发展的道路是相同的。

通过类比，我们可以说孩子智力发展的特点尽管是无序，但是同时也是一种“寻求有序的方式”。通过不断的实践，通常就可以实现目的，但也会受到阻挠。在罗马公园平西亚花园里面，我曾经看到过一个大约一岁半的孩子，他长得非常漂亮，正埋头用一把小铲子往桶里装沙子。在他旁边是一个穿着整洁的保姆，看得出来非常喜欢这个孩子，并且是那种认为自己给予了孩子最慈爱和最明智照顾的保姆。到了该回家的时候了，保姆耐心的劝说着小婴儿放下手中的工作，要把他抱回到婴儿车里。当看到自己的劝说对小婴儿没有起丝毫作用时，这位保姆就亲自用沙子将小桶填满，然后将婴儿和小桶一起放到了婴儿车中。她坚信自己给了婴儿想要的东西。

我对小婴儿的大喊大叫以及在他脸上流露出来的对暴力和不公正的抗议印象深刻。这对刚出生的智慧是多么大的打击呀！小婴儿并不只是想用沙子装满小桶，而是希望满足机体发展的需要。孩子无意识的目标是自我发展，而不是一些外部事实比如用沙子装满一只小桶。丰富多彩的外部世界对他们说来只不过是空虚的幻觉,只有生命的需要才是真实的。事实上,如果那个小婴儿能够装满自己的小桶,他也许会将桶倒空然后再继续装,直到他的内部自我得到满足为止。正是这种指向工作的满足感觉使小婴儿脸上带着微笑。而精神快乐、练习和阳光是儿童幸福生活的三个源泉。

这只是那个孩子生活当中的普通一幕，对所有孩子来说也是经常发生的,甚至是那些最优秀和最受宠爱的孩子。成人总是无法理解孩子们,因为成人总是用他们自己的标准来对孩子进行判断:成人认为孩子的愿望就是得到某些实在的物体，并且乐于帮助孩子。可是孩子们的需要是对无意识渴望的满足,满足自我发展的要求。因此,孩子总是对已经得到的任何东西都不满意,而对那些还没有得到的东西非常渴望。比如,他们希望自己穿衣服,并且希望能够穿得很整齐;希望自己洗澡,获得清洁的满足感;他希望自己整理房间,而不仅仅是拥有房间。儿童的自我发展才是他真正并且几乎是唯一的快乐。小婴儿在1岁以前的自我发展包括大范围的摄取营养。但在这之后，自我发展则包含建立起协调有序的心理——生理机体功能。

平西亚花园当中那个漂亮的婴儿就是这一代表：他希望协调自主运动,通过举起物体来练习肌肉,训练眼睛目测距离的能力,通过工作来练习自己的智力推理，通过确定自身的行为来强化意志力。而那位深爱他的保姆却认为这个小婴儿的目标只是那些小卵石,这使小婴儿非常失望。

当我们经常异想天开,认为学生的渴望就是获得一条信息时,我们也犯了同样的错误。我们帮助他掌握这些知识,却阻碍了他的自我发展,我们使他非常失望。然而一般认为,在学校里面获得满足感的方式就是“学点什么”。但是通过让我们学校里面的孩子处于一种自由之中，我们却能够遵循着自我发展的自然方式来进行教育。

学点什么东西对孩子来说仅仅是开始。当孩子理解了一种练习的含义之后,他们会非常高兴的开始进行重复,这种不断重复还带有明显的满足感。孩子乐于进行那种动作因为通过那种方式,他能够发展自己的心灵活动。

从对现在许多学校进行的观察当中,出现了各种批评。比如,当提问学生的时候,教师经常对那些急切希望回答问题的孩子说:“不,不是你,因为你已经知道答案了”。而是将问题问向那些她认为还不确定答案的孩子。此时就出现了这样一种局面:那些不知道答案的孩子要进行回答,而那些知道答案的却要保持安静。之所以出现这种情况，是因为人们一般认为知道某些东西就是最终的目的。

然而,在我们的日常生活当中,有许多次就是在重复着我们所熟知的东西,重复着我们最关心的和回应着我们生命力量的东西。比如,我们喜欢唱非常熟悉的音乐片段,因此这也就成为了我们生活当中的一部分。我们喜爱重复那些让我们高兴的故事,对这个故事我们知道得非常清楚，我们甚至知道自己根本没有说任何新东西。另外,无论我们重复多少遍“上帝的祷告”,可它永远是新的。最明显的例子就是,任何两个人之间的爱都比不上恋人之间的爱情,可是恋人之间却在无休止地重复着他们彼此相爱。

但是,为了以一定的方式进行重复,首先一定要有可以重复的概念存在。在头脑当中理解这个概念对于重复来说是必不可少的。发展生命的练习是由重复构成的,而不仅仅是对概念的掌握。当孩子到达重复练习这一阶段时,他正走在自我发展的道路上,这种状态的外部标志就是孩子们开始自律。

这种现象并不总是发生，而同样的练习也不能被所有年龄的孩子重复。实际上,重复是根据需要进行的。这里涉及到教育实验方法。提供与发展需求相适应的练习是必要的,如果孩子的年龄已经超过了某种需求,那他就不可能再获得最佳时机所获得的发展。

另外一个非常有趣的观察是有关动作执行时间长度的问题。孩子在第一次从事什么东西的时候总是非常缓慢。在这方面,他们的生活是与我们完全不同。小孩子为了完成什么东西可以很慢、很有耐心,各式各样的复杂操作对他们来说都是惬意的,比如穿衣服和脱衣服,打扫房间,给自己洗澡,布置餐桌,吃东西等等。所有这些他们都非常有耐心，克服了所有仍处在发展当中的机体带给他的困难。但是另外一方面,我们却将自己放在孩子的位置上,认为他们“让自己筋疲力尽”或者是“浪费时间”在一些我们一下子就能完成、毫不费力的东西上。同样是这种错误的观念:目标就是完成运动,驱使我们亲自给孩子洗澡、穿衣服,将孩子喜欢握住的物体从他手里面夺出来,给他的碗里面倒汤并喂他,还要为他布置餐桌。在这些服务之后,我们却还持有一种偏见,这种偏见甚至是被那些怀着最仁慈动机的施惠者所实践。他们认为孩子是无能和懒惰的。实际上,我们经常说孩子没有耐心,只是因为我们自己没有耐心让孩子们的动作去遵循着与我们不同的时间法则。我们称孩子为“暴君”只是因为我们在给孩子施以暴政。然而正是这种没有耐心和“暴政”却成为儿童期理论的一部分,可是实际上孩子们是非常有耐心、非常温顺的。

就像所有为了生存权而进行斗争的生物一样,孩子们也会反抗所有冒犯他们的东西。他内心的冲动就是自然本质的呼声,我们应当服从这种自然本质。如果这些本质受到压制,他就会表现出暴力行为,表现出大喊大叫,哭闹不停。这时孩子就成了一个反叛者,一个革命者,一个不遵从传统者,他反抗那些不理解他的人,反抗那些自以为在帮助而实际上在阻碍他的人。所以导致即使是最喜爱他的人都将这种反抗和天生的淘气混为一谈,认为他是淘气的孩子。

如果我们掉入一群杂耍者里面,会变成什么样子呢?如果我们像平常一样,看着自己被那些手法灵活的表演者戏弄,强迫给我们穿衣服,在给我们喂食的时候是如此之快以致我们几乎都无法下咽,如果我们想要做的任何事情都被从手里面夺走然后让其他人来完成,而自己则堕落到一种无能和懒惰当中,我们该怎么办?我们不知道该如何表达自己的困惑,我们只能通过拳头和呼喊来保卫自己,而那些疯子们却是怀着最好的愿望来为我们服务的,他们因为反抗和呼喊而将我们称作高傲、反叛、无能。可是我们了解自己的环境,我们会对那些人说:“到我们的国度来,你会看到我们建立的灿烂文明,看到伟大的成就。”当他们观察我们的世界充满了美,如此规则、平和、安详,和他们的世界如此接近时,这些杂耍者会羡慕我们,他们将很难相信自己的眼睛。

而孩子和成人之间却正在发生着这样的事情。

正是在练习的重复当中,我们进行了感觉训练。这种练习的目的不是让孩子知道颜色、形状和物体的不同质地,而是通过对注意力、比较和判断来训练孩子的感觉。这种练习是真正的智力体操。这种体操通过各种教具的理性指引,可以帮助形成智力,就好比身体练习增进健康、加速身体成长一样。通过各种外部刺激,孩子训练了各种感觉,集中了注意力,并且慢慢的发展了大脑活动,就像是通过运动来为肌肉活动做准备一样。这种智力体操并不仅仅是心理——感觉性的,还为概念自发的连接,为发展出理性知识,为和谐平衡的智力作了准备。它是引发智力爆炸的导火索,这种智力爆炸在孩子发现周围世界,进行沉思并且探索外部世界的新事物,完善自身日益增长、复杂化的意识时,让孩子感到非常高兴。最终,所有这些表现为一种自发的成熟,就像是内部自然生长现象一般,在孩子内部形成了通过学习得到的外部产物——书写和阅读。

曾经有一次我看到过一个 2 岁大的孩子,他是我医学院同事的儿子,从自己的母亲怀中跑出来,一下子钻到父亲桌子上的杂物堆里,那有长方形的书写板和圆形的墨水瓶盖等等。我一下想到了我们聪明的小家伙们在不停尝试的各种练习,他们表现出了无尽的乐趣,直到完全记住为止。可是这时孩子的父母把孩子抱到一边斥责他,解释到玩爸爸桌子上的办公用品是没用的,说:“这孩子就是待不住,太淘气了。”我们经常斥责孩子,因为尽管告诉过他不要,但是他依旧“拿起任何东西”。现在,我们正是通过指引并发展这种“拿起任何东西”的自然本能和认识几何图形之间关系这些方式,来为我们 4 岁的孩子的自发书写做准备。

那些对书写板、墨水瓶盖之类的东西感兴趣的孩子总是徒劳无功的去实现自己的渴望,总是被一些比自己强大的人所阻挠,总是对自己努力的失败备感激动和难过,他们是在浪费力气。如果这些孩子的家长认为应该让孩子保持安静的话,那就大错特错了,就像他们称呼孩子为“淘气”是一样的,孩子们其实只不过想为自己的智慧大厦打下基础。在我们的学校里,孩子们是真正的休息,他们可以自由将几何图形块拿出或者是放入相应的位置,这种几何图形为他们的本能提供了更高程度的发展。这些孩子享受着最完整的精神宁静,他们还没有注意到自己的眼睛和手正在将他们引向一种神秘的新语言。

绝大多数孩子在进行这些练习之后变得非常宁静，因为他们的神经系统处于休息之中。这时我们就可以说这些孩子是安静的好孩子。普通学校里面急切寻求的外部纪律在我们这里已经很好的实现了。

然而，宁静的人和自律的人并不相同，所以孩子们所表现出来的宁静实际上只是身体现象，只是部分体现出了在孩子内部正在发展当中的真实自律。

我们经常认为，为了让孩子实现一种自主行动，需要做的全部就是命令他去做(这是另外一种错误观念)。这种强迫性的自主行动现象确实存在，我们称这样的孩子为“听话的孩子”。可是我们发现，在孩子4~5岁时，这种不听话甚至是抵抗行为是如此剧烈，以至于我们都绝望了，几乎要放弃使他们听话这种努力。我们转而开始夸奖这些小家伙们“真听话”，而这种美德在我们的偏见看来似乎只属于婴儿，应当是一种“婴儿期美德”。但是我们却没有从这种偏见中学到任何东西，我们之所以如此强调听话也许仅仅只是因为我们在让孩子听话的过程当中遇到了重重困难。

这是一种普遍性错误，试图通过祷告、命令或者是暴力的方式来实现纪律非常困难甚至是不可能的。比如，我们要孩子听话，可是他却反过来向我们要天上的月亮。

我们只需要反思一下这种“听话”却在大一些的孩子身上作为一种自然倾向出现，并且是成人的一种本能，这样就能意识到“听话”是自发的出现于人当中的，并且是人类最强有力的本能之一。我们发现社会正是基于一种服从基础上，文明也正是前进在一条由服从构成的道路上。而人类组织却也经常建立在对服从的滥用上，比如协同犯罪的基石就是服从。

许多时候社会问题的中心就在于将人们从服从的状态里唤醒，而正是这种服从使他们受到剥削和压迫。

服从本质上讲是一种牺牲。我们是如此习惯于服从，习惯于自我牺牲和自我节制。尽管我们称婚姻为“幸福的状态”，但它却是由服从和自我牺牲构成的。战士命中注定就是要服从命令，如果因此牺牲，普通人还会非常羡慕他们。如果有人想要逃脱服从，我们就认为他们是罪犯或者是疯子。另外，有多少人在精神深处热切渴望去服从某些事物或者人，因为这些事物或者人能够引导人们走上生活的道路。比这更进一步的，人们还怀有一种为了这种服从而去牺牲的渴望。

因此很自然的，如果我们爱孩子，我们就应当向孩子指出：服从是生命的法则，是自然的本能。如果任何人对一个不服从的小孩子感到焦虑，那丝毫也不足为怪。但是服从只能通过心智个性的复杂基础来实现。为了服从命令，一个人不但怀有服从的愿望，而且要知道如何去服从。因为，当一条命令要求去做某种特定事情时，为了对服从进行准备和执行，应当通过练习来间接的让孩子学会服从。这本书当中每一部分的方法都包含着意志力练习。当孩子完成了直接指向某一特定目的的协调动作时，当孩子实现了他要做的东西时，当孩子耐心的重复练习时，他也正在训练着自己的意志力。同样，在一系列复杂练习当中，孩子通过活动也建立起了抑制能力。比如“安静课程”，其中就要求对许多动作进行长时间抑制。当孩子等待着被叫到时，以及被叫到之后对兴奋的控制，对高兴的回答和跑向教师行为的控制，都处于一种安静之中。他们小心的走动，努力不去碰到桌椅而发出噪音。

另外的抑制练习是算数。当孩子抽到写有数字的签时，必须从自己面前拿走物体。从表面上看好像可以随便拿，可实际上只能根据签上面相应的数字拿，可实际上（经验已经证明）孩子们总是希望尽可能多的拿。另外，如果他恰巧抽到了 0，他就必须两手空空的耐心坐在那里。在“0 的教学”里面还有其他的有关抑制力的训练。当一个孩子被叫到来我这里 0 次，亲吻 0 下的时候，他必须静静的站着，我们可以看到他正努力的去“服从”这一命令。在我们的学校里面负责端送装满汤的汤盘的孩子，努力使自己处于一种与外部刺激相隔离的状态，因为这些刺激会扰乱他。这个孩子抑制住想要跑掉的孩子气冲动，抑制住要轰走苍蝇的冲动，完全集中于不要把汤洒出来的责任之中。我们这里一个四岁半的孩子，每次他都把汤盘放在桌子上，这样同伴们就可以很方便的盛汤，这时他就蹦蹦跳跳的。接下来当他又要把汤盘送到其他桌子上时，他就抑制住自己，很沉稳的走路。尽管他非常渴望想玩，但是在把汤送完二十张桌子之前，他是不会放松的，同时他也时刻对自己的动作保持警觉。

就像其他活动一样,意志力也是通过练习来发展的,我们有关意志力的练习既是精神性的,同时也是实践性的。在一般人看来,孩子们似乎在学习动作的优雅和准确,去完善他的感觉,去学习如何进行书写和阅读。但更深刻的是,孩子们同时也在学习如何成为自己的主人,如何成为一个拥有敏捷思维和坚强意志的人。

我们经常听到孩子们的意志应当被"破坏掉",对于意志最好的训练就是要让孩子学会服从成人的意志。我们先不管这一问题不公正的粗暴根源,这一概念本身就是没有道理的,因为孩子不可能放弃他已经拥有的东西。通过这种方式只是我们阻碍了孩子形成自己的意志力,我们犯了最不可容忍的错误。孩子从来没有时间和机会去测试自己,去估计自己的力量和极限,因为他总是被我们的暴政所打断;对于不公正也变得无能为力,因为他总是因为没有按照大人的意志行事而受到严厉批评。

所有这些会导致儿童胆小怯懦,意志力得不到发展,成人这种经常性的有意或者无意的责骂会造成病态后果,会导致儿童说谎,而我们却将这种错误方法造成的恶果当成是儿童期天性。在我们的学校里面,孩子们从来不胆小怯懦。他们最吸引人的品质就是坦率,以这种坦率来对待他人,以这种坦率在他人在场的情况下从事,并且将自己作品毫无保留的给别人看,赢得喜爱。而那些心理发展不良,也就是那些受压抑和胆怯的孩子,只有在和自己的玩伴或者是街上的小朋友在一起时才表现出这种轻松,因为他的意志力没有充分发展。而在我们的学校里面是完全没有这种孩子的。这种现象代表了无知和残暴,就好像将孩子们的身体人工压制成"小矮人",像是博物馆里面的怪物一样。然而,这正是我们这个时代孩子精神成长所受到的对待。

实际上,在所有的教育学会议当中,人们听到的有关我们这个时代的最大危险就是学生们缺乏个性。然而,这些警告者们却没有指出这种状况正是由于错误教育方法造成的,是由于学生处于一种被奴役状态。在这种情况下,学生的意志力和个性受到压抑。针对这种情况最简单的办法就是重新赋予学生人性的发展。

除了发展意志力的练习外,服从当中的另一个因素是执行服从能力。我的学生安娜·马切洛尼(她一开始在米兰的学校里,后来到了罗马的维亚·古斯蒂学校)所做的最有趣的观察就是将孩子的服从和“知道怎样服从”联系起来。一旦孩子个性开始形成,服从就表现为一种潜在本能。比如,孩子开始尝试某些练习,突然某一时刻他非常好的完成了这个练习。孩子会很高兴的看着,希望再来一遍,但是有时这种重复并不成功。孩子在重复时会出现这样一种情况:如果是孩子自愿进行的话,那练习几乎每次都能成功,而如果是在别人要求下进行的话,那就会出现错误。外部命令和自觉行为的结果并不总是相同的。然而,当练习总是成功,具有绝对确定性的话,那么无论是来自其他人的外部命令还是自觉行为就总能在孩子身上激起相同的正确行为。这也就是说孩子每一次都能执行接收到的命令。这种心理发展事实(依据个体会存在差异)对于那些具备与孩子相处经验的个人来说非常明显。

一个人会经常听孩子说:“我确实可以做这事情,可现在不行了。”而这时对学生的无能感到失望的教师会说:“那个孩子确实可以做得很好,但是现在他不能了。”

孩子的发展最终存在着完善期,在这期间孩子们永久性的获得了执行某种操作的能力。而在此之前发展存在着三个阶段:第一阶段,潜意识阶段。在孩子混乱的头脑当中,有序通过一种神秘的内部冲动在无序当中创造自己,表现出一种外在行为结果。然而,这种行为不属于意识领域,因而不能够随心所欲的进行重复。第二阶段,意识阶段。这里出现了一些具备意识性的行为,这些行为出现在建立和发展行为动作的过程中。而在第三阶段,意志就可以指引并产生动作了,这样孩子就能够对其他人的命令做出回应。

同样,服从也遵循着相同的顺序。第一阶段是精神混乱阶段。孩子不服从任何事物和人,好像他们是心智上的聋子一样,他们听不进任何命令。在第二阶段,孩子愿意服从,他看上去似乎理解了命令并且能做出回应,但实际上却不是这样,至少不是总能成功地理解并回应。孩子们的反应并不迅速,在执行时也没有任何快乐。在第三阶段,孩子们对服从反应迅速,并且充满热情。他们在练习当中越来越熟练,对于自己知道如何服从而备感骄傲。在这一阶段之中,孩子们非常高兴的服从,对于只要使他感兴趣的哪怕是最细微的要求也会立刻执行，这样他就可以脱离生活中的孤独，通过服从这种行为进入到其他人的精神世界当中去。

所有这些纪律现象和精神发展都要归因于有序，而这种有序是从最开始的紊乱当中建立起的一种意识，它开创了一个新时代。头脑从混乱进入到有序，好比“将黑夜和白天截然分开”一样，这时就出现了情绪和精神，这让我们想起了圣经当中的创世纪。在孩子的头脑当中不但有自己努力所获得的，而且还有精神生活当中的天赋：慈爱、和蔼和对正义的热爱。这些天赋散发出儿童心灵的芳香，结出圣保罗所许诺的“精神果实”——爱、欢乐、祥和、忍耐、善、忠诚和温顺。

这些孩子们品德高尚，因为他们在不断重复练习当中锻炼了耐心，在顺从他人的命令时锻炼了忍耐，在与其他人没有嫉妒和竞争的和平共处中锻炼了善。他们以一种快乐的心境和平和来行善，他们令人惊奇的勤奋。但是对自身的正义他们却并不骄傲，因为他们并没有将这种道德获得当成是一种优越。他们正走在通向正直的道路上，仅仅因为这是实现真正的自我发展和学习的唯一途径。他们享受着沿途收获的纯朴心灵和祥和的果实。

这是有关试验练习的第一个大纲，体现了一种间接的纪律形式，在这里孩子们合理组织的工作和自由代替了教师的批评和说教。在这里包含着一种生活的概念，这一概念在宗教当中要比在教育学当中更加普遍。因为这种概念作为人类的精神力量，是建立在工作和自由这两条所有人取得进步的道路上的。

PART 22

结论和印象

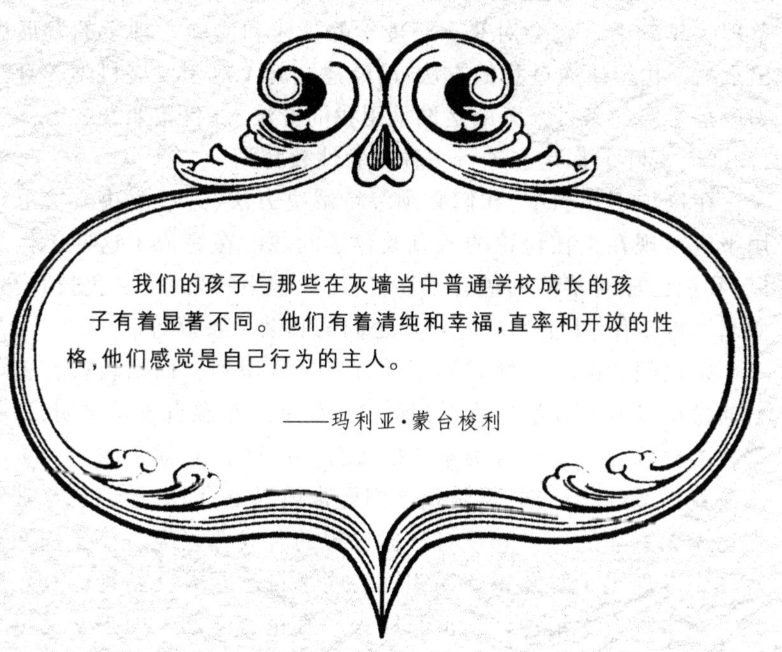

我们的孩子与那些在灰墙当中普通学校成长的孩子有着显著不同。他们有着清纯和幸福，直率和开放的性格，他们感觉是自己行为的主人。

——玛利亚·蒙台梭利

在“儿童之家”里面，那种旧式的教师为了维持纪律而筋疲力尽，徒劳的空喊和不停的讲话这种局面已经消失了。

我们已经用教学用具取而代之，这种教学材料当中自身就包含着对错误的控制，使每个孩子进行自我练习成为可能。而教师也因此转变成为孩子们自发工作的指导者，而不再是一种被动的力量，一种无声的存在。

每个孩子都在做着不同的事情，教师可以一边看着他们一边进行心理观察，并且这种心理观察如果能够根据科学标准进行有条理收集的话，将会对儿童心理学的重建和实验心理学的发展做出贡献。我相信通过我的方法，已经建立起了对于发展科学教育学来说是必要的条件。无论是谁采用我的方法，并且按照我的方法进行教学，实际上都是在进行一种试验性教育学。

在这项工作当中，我们必须等待解决方法，这些解决方法可以用来应对现在正在讨论的所有教育学问题。在完成了这些工作之后，我们已经对某些问题有了答案：比如学生的自由，自我教育，建立起一种工作、生活和家庭作业之间的和谐关系等等。

宗教问题的重要性我们还没有充分意识到，而宗教教育也应当通过积极的教育学方法得到解决。如果宗教源自人类文明，那么宗教的根源就一定在人类本质的深处。孩子们对知识的一种本能热爱就是最好的证据，但是孩子们经常被误解，因为他们总是被认作对于无意义的玩耍和没有任何思想的游戏感兴趣。孩子们在游戏当中表现出了对知识的渴望，表明了自己是人文精神的真正后代，而这种人文精神许多世纪以来一直是科学和文明进步的创造者。我们藐视那些给儿童愚蠢玩具的人，那是一个无知的世界，在那里孩子们被一种不好的准则所扼杀了。现在，孩子们在自由当中表现出我们人类在本质上是宗教的产物。

否定人类的宗教感情,剥夺人文教育当中的这种感情,我们就犯了一个教育学上的错误,就像认为孩子热爱学习仅仅是因为学习本身的缘故是一样的。这种无知的假设使我们让学生屈从于一种“奴隶”制度,而这仅仅能让学生表现出表面上的纪律。

认为宗教教育只适合于成人这种假设,与当今教育中存在的另外一种巨大错误,也就是在最佳的时机却忽略了感觉训练是一样的。成人生活就是将感觉应用于周围实际环境的感觉收集当中。如果缺乏这种感觉准备,就经常会导致实际生活问题。比如缺乏镇静导致如此大数量的个体浪费自己的精力于无意义努力之中。在此,我们不是为了表明通过学习建立一种平衡,这种平衡位于成为实际生活指导的感觉和成为道德生活指导的宗教之间,而只是对宗教教育进行一下说明。在这里我还要提醒一下,在那些不信教的人当中我们经常发现低效率、不稳定,这其中有多少珍贵的个人力量被浪费掉了!

许多人都有过这种经历!当这种精神性通过安慰很晚才开始苏醒的时候,心灵已经不能建立起平衡,因为他已经习惯于这种被剥夺精神性的生活了。对宗教狂热这种情况我们也同样深感遗憾。而在寻求自身安全、宁静的心灵和要将心灵不断拉回到充满冲突和情感海洋中的精神之间,存在着斗争。这些都是最重要的心理现象,也许表明了所有最严重的人类问题。在这些事情上面,我们欧洲人依旧充满偏见,被一种先入为主的思想所束缚。我们正是自身思想的奴隶。我们相信意识和思想自由在于否定某些宗教信仰,可是当一个人在其他方面进行抗争的时候,却不会有自由存在,自由只存在于无限的发展之中,在那里生命没有任何限制,无拘无束。没有信仰的人就不会害怕他所不信仰的,也不会与他认为不存在的进行斗争。美国伟大的实证主义者威廉·詹姆士提出了情感心理学理论,他同时也说明了宗教意识的重要心理学意义。我们无法知道思想的未来发展,但是,在“儿童之家”我们通过自由和独立实现了纪律,这就标志着未来教育学发展的基础。对我而言,这为人类通过教育来进行救赎提供了最大的希望。通过思想和意识自由的方式,我们也许正走在一条通往宗教胜利的道路上。经验将会告诉我们,在“儿童之家”进行的心理观察将毫无疑问会吸引人们的极大兴趣。

这本有关方法的书是我一个人编纂的，但是却可以让其他人共同使用。我希望，从使用我们的方法进行儿童个体教育学研究开始，其他教育者能够提出他们的实验结果，而这些结果就是将来我们会看到的教育学书籍。

从学校的实践性方面来看，我们的方法拥有可以在一个教室里面进行教学的优势，而不论孩子们的年龄。在我们的“儿童之家”里，有些小家伙只有两岁半，他们还不能进行哪怕是最简单的感觉练习，而有些五岁半的孩子因为发展的缘故，却可以很容易进到小学三年级中去。所有这些孩子都是通过自己的力量来完善自身，在内部力量的指引下前进的，而这时他们已经成为了独特的个体。

我们方法的一个优势是使农村教学更加便利，对于那些小城镇学校则更具优势。在那里所有的年级都在一起上课，而同时这类学校却只能雇佣一位教师。我们的经验表明，一位教师可以对一群孩子进行指导，这些孩子的发展水平从 3 岁到小学三年级不等。另外一个优势在于使用我们的方法可以非常容易的进行书写教学，这样就可以消除文盲，教会每个人自己的母语。

至于教师方面，她可以在处于不同发展水平的孩子们中间呆上一整天，就像母亲可以在家里面和各个年龄的孩子呆在一起而不会感到疲劳一样。

孩子们进行着自己工作，通过工作实现了一种积极的纪律和日常生活当中的各种独立性，就像通过日常生活孩子们取得智力进步一样。在富有智慧的教师指引下——这些教师关注着孩子的身体发展，同时也关注着智力和道德进步——孩子们可以通过我们的方法实现一种极好的身体发展。另外，孩子们还表现出了人类所特有的完美精神性。

如果我们认为孩子的自然教育应当是纯粹身体教育那就错了。精神也有自己的本质，也要在精神生活当中完善自身，而这种精神生活就是主导着人一生的力量。我们的方法也考虑到了孩子们自发的心灵发展，并且利用了一种经观察和实验证明是明智的方式来帮助心灵发展。如果身体上的照顾导致儿童对身体健康感到快乐，智力和道德照顾也应当使孩子感受到精神上的快乐，使孩子进入到这样一种世界，在那里有无穷的惊喜和发现在等待着他们。

正是通过这样一种快乐，理想的人类成长起来，并且只有这样一种快乐才值得在婴儿的人文教育当中占有一席之地。

我们的孩子与那些在灰墙当中普通学校成长的孩子有着显著不同。他们有着清纯和幸福，直率和开放的性格，他们感觉是自己行为的主人。当他们跑过去围在参观者边上时，他们说着甜蜜的话语，并且用文雅而庄重而友好的方式伸出自己的小手。当孩子们为了感谢参观者的礼貌时，他们明亮的眼神和欢快的声音让我们感觉这些孩子真是不同寻常小大人了。当他们展示自己的作品和才能时，会使用一种非常有信心和简洁的方式，好似希望所有参观者都要称赞一样。经常有一个小家伙在参观者旁边静静的坐着，写自己的名字，并且很有礼貌地说着谢谢，好似他们希望让参观者感觉到内心深处的感激之情一般。

当我们看到上面所有这一切时，当我们穿过这些正在忙碌的孩子们时，发现他们处在绝对的安静之中，这些孩子已经学会了用上面所说的一种方式来深深地享受快乐。这让我们深受感动，感觉到与这些小孩子们的心灵已经进行了接触。

“儿童之家”似乎对每一个人都施加了一种精神性的影响。我曾经看到过一些著名的政治家和外交家们，他们因为贸易和国务问题心事重重，但是到“儿童之家”之后就好像脱掉沉重的大衣一样甩开外部世界的负担，进入一种简单的忘我之中。他们被这种人类灵魂本性发展的场面所吸引，我相信这就是他们称呼我们这些小家伙们为幸福的孩子时的真正含义——这些处在婴儿期的人性却在进化当中要比我们的更高级。因此我理解了英国诗人沃德沃斯为何如此着迷于自然，想要揭示出自然平和和美丽的秘密。而最终揭示给他的是，所有自然的秘密都存在于小孩的心灵当中。沃德沃斯抓住了整个人生的意义。但是这种“存在于我们婴儿时期的”美丽逐渐变得模糊了，开始出现“监狱的影子，而开始成长的孩子们……最后感觉到美丽彻底消失了，已经蜕变成普通。”

确实，我们的社会生活经常是黑暗的，自然生活的消逝充斥在我们周围。而我们的方法为的是要保卫人类心灵中精神的火种，保卫人真实的本性不受破坏，并且将这种本性从压抑和社会的蜕变当中解放出来。这种教学方式受到了伊曼纽尔·康德那崇高概念的影响：

“完美的艺术重返自然！”

图书在版编目(CIP)数据

蒙台梭利早期教育法/ [意]蒙台梭利著;祝东平译. —北京:中国发展出版社,2003.7(2011.5 重版)

(蒙台梭利早期教育原著译丛)

ISBN 7-80087-657-8

Ⅰ.蒙… Ⅱ.①蒙… ②祝… Ⅲ.学前教育-教育法 Ⅳ.G612

中国版本图书馆 CIP 数据核字(2003)第 045033 号

书　　名:蒙台梭利早期教育法
原 著 者:(意)玛利亚·蒙台梭利
译　　者:祝东平
出版发行:中国发展出版社
(北京市西城区百万庄大街 16 号 8 层　100037)
标准书号:ISBN 7-80087-657-8/G·73
经 销 者:各地新华书店
印 刷 者:北京领先印刷厂
开　　本:1/16　640×960mm
印　　张:17.25
字　　数:220 千字
版　　次:2011 年 5 月第 2 版
印　　次:2017 年 12 月第 11 次印刷
定　　价:20.00 元

联系电话:(010)68990692　68990682
